カリブ海の黒い神々

キューバ文化論序説

Koshikawa Yoshiaki
越川芳明

作品社

カリブ海の黒い神々——キューバ文化論序説

目次

まえがき

なぜアフロキューバ文化なのか？

キューバと言えば、誰しもが思い描くのは、燦々《さんさん》と輝く熱帯の太陽とまぶしいほどの白い砂浜、ハバナ市内を疾走する一九五〇年代のアメリカン・クラシックカー、「ソン」のリズムに乗って踊るサルサといったイメージでないでしょうか。いずれも、キューバ政府が推し進める観光産業にマッチした明るいイメージばかりです。

ところが、キューバには一般の観光客の知らない世界があるのです。ここで取りあげるアフロキューバの世界です。なぜアフリカ由来の宗教や文化を論じるのでしょうか。それを三つの観点から説明しましょう。

第一に、キューバのナショナル・アイデンティティは、ヨーロッパ（スペイン系）とアフリカ（それに若干の先住民や中国人移民）が混ざった「混交文化」です。

ながらくキューバの白人支配層はヨーロッパにつながりを見いだそうとして、自国の黒人文化を無視していました。しかし、かれらは自分たちの文化がヨーロッパのそれにはなりえないので、そのことに劣等感を抱いていました。同じくキューバの黒人たちも、白人支配層が作りだした劣悪かつ非人道的な「奴隷制」の犠牲になり、その上、黒人を劣った人種とみなす、白人による科学を装った「人種主義（白人優越主義）」[▼1]を、自らの中に「内面化」してしまい、自分が白人でないことに劣等意識を植えつけてしまいました。唯一、黒人でありながら自尊心を持っていたのは、植民地のプランテーションから脱出して抵抗した「逃亡奴隷」でした。

十九世紀後半から始まるキューバの独立運動では、白人や黒人の区別なく、キューバ人として宗主国のスペインと戦います。それが「独立の父」と慕われるホセ・マルティ（一八五三―一八九五年）の信条です。しかし、マルティより先に東部サンティアゴではアントニオ・マセオ（一八四五―一八九六年）という、軍事的・政治的にすぐれた黒人指導者が出現しています。おそらくそうした出現の下地を作ったのは、キューバ東部における「逃亡奴隷」の歴史でした。

学問の世界で、それまで忌避されていたキューバにおけるアフリカ文化を積極的に研究対象にしたのは、二十世紀の人類学者フェルナンド・オルティス（一八八一―一九六九年）です。キューバのアフロ音楽、アフロダンス、アフロ宗教、アフロ言語などにかんする書籍を精力的に出版しました。

大衆向けの歌や踊りといったキューバ独自の文化の根底には、アフリカの要素が大きくかかわっています。一例を挙げるならば、十九世紀末に東部のサンティアゴ近辺で発生した「ソン」は、いまやキューバを代表する歌謡形式です。この伝統的な音楽は、二十年以上前にアメリカ人ギタリスト、ライ・クーダーによって見いだされた「ブエナ・ビスタ・ソシアル・クラブ」のアルバムのおかげで全世界的な人気を博しましたが、まさにヨーロッパとアフリカの融合したハイブリッドな音楽です。ボーカルがうたうスタイル、デシマという十行詩で書かれた歌詞が韻を踏むこと、ギターがメロディを奏でたりすることなどはスペイン風ですが、パーカッション（クラーベスやボンゴ、マラカスなど）などでリズムを刻んだり、コール・アンド・レスポンスの掛け合い（「モントゥノ」と呼ばれる）がでてきたりして、アフリカ色（コンゴ系・バンツー語系）の強い音楽です。一九二〇年代末に米国のＲＣＡビクター・レコードでヒット曲を出して商業的な成功を収めたトリオ・マタモロスや、ギターやトレス、ベース、ボンゴ、マラカス、クラーベスなどの六人編成バンドとして代表的な楽団のセステート・ナシオナルから始まり、二〇年代から五〇年代にかけて全盛期を迎えます。そしてトリオ・マタモロスに見いだされた天才歌手のベニ・モレら、数々のスターを生み出してきました。

いっとき「ソン」は下火になったものの、天才ピアニスト・チューチョ・バルデスに率いられたイラケレや、フアン・フォルメルに率いられたロス・バンバン、現代ポピュラー音楽界のスターのアダルベルト・アルバレスのグループなどによって、「ソン」は完全復活を遂げました[2]。このことは、アフリカのリズムや言葉がいかにキューバ社会に溶け込んでいるかの証しにほかなりません。アフリカにルーツを持つ詩人たちにも、それは大きな影響を与えてきたのであり、たとえば、ニコラス・ギジェンの詩にもその影響が見られます。

「ソン」はキューバの奴隷制廃止後に発生・発展したものですが、東部のコンゴ系・バンツー語系たちの間でいまでもおこなわれている太鼓儀礼ベンベに、そのルーツのひとつがありそうです。太鼓儀礼ではメロディを奏でる楽器はつかいませんが、太鼓や鉦《かね》という打楽器をつかってリズムを刻み、単純な歌詞をボーカル（司祭や祈禱師）が即興でアレンジして、参加者とコール・アンド・レスポンスで歌を延々と繰り返して一座に興奮と恍惚状態をもたらします。奴隷制の時代には、アフリカの黒い神々と一体となるこうした歌と踊りの機会は貴重でした。身ぐるみ剝がされて新大陸に連れてこられ、物質的に恵まれない艱難辛苦の生活を強いられるなか、太鼓儀礼こそがかれらに現世で生きる意味や動機を与えてくれたからです。

そういう意味では、アメリカ南部の黒人奴隷やその末裔にとっての「黒人霊歌（スピリチュアル）」と同じ機能を果たしていたといえるでしょう。本書でアフロキューバ宗教の儀式について、かなりの枚数を費やして論じているのも、そのことを確認するためです。

フェルナンド・オルティスの『キューバの対位法——タバコと砂糖』（一九四〇年）は、序文を寄せたイェール大学教授で人類学者のマリノフスキーによって「歴史的かつ社会学的調査の傑作」と称されたものですが、この本の中で、オルティスは「トランスカルチュラシオン（文化変容）」という新語を使っています。ざっくり言うと、複数の文化が衝突するときに、支配的な文化がもう一つの文化を飲み込んでしまうのではなく、むしろ支配的な文化もまたもう一つの文化から影響を受けて、二つの文化が互いに「文化変容」を被るというものです。[3]

それをキューバの白人ヨーロッパ文化と黒人アフリカ文化に当てはめてみれば、白人のカトリック教会がアフリカの宗教を抑圧し、飲み込んでいるように見えても、実はキリスト教も黒人の宗教の影響を被っているし、黒人の宗教もキリスト教の影響を被っています。それは一種の相互作用で、学術用語で「シンクレティズム（習合）」と呼ばれるものにあたります。習合の具体例は、本文のあちこちで説明することになるので、ここでは省略します。

ただ、「文化変容」を応用したポストコロニアル批評的な発想で、私が面白いと感じた経験をここでは書いておきます。サンティアゴ市の内陸にあるエル・コブレには、キューバ現代美術界を代表するアルベルト・レスカイによる「逃亡奴隷の記念碑」があります。丘の上にあるその記念碑を見にいったことがあります。記念碑自体も異様なのですが、そのすぐ近くに同じレスカイによる、これまた異様な、そしてインパクトのある逃亡奴隷の壁画がありました。その中に、まるでいたずら書きのように、「カストロは逃亡奴隷《シマロン》である」という文句が書かれていました。もちろん、レスカイは革命の指導者だったフィデル・カストロの中にアフリカ人の血が混ざっている、と言っているのではありません。「逃亡奴隷」の末裔からみれば、白人でありながら、まるで逃亡奴隷のように「抵抗」のメンタリティを持つカストロをほめたたえたのでしょう。あとで論じるように、アフリカ人の奴隷たち、とりわけ逃亡奴隷の「二枚舌のディスコース」（ホミ・バーバ）こそ、小国の代表として、巨大帝国アメリカと丁々発止とわたりあうカストロに必要だったに違いありません。[4]

一口にアフロキューバ文化といっても、サンテリアを信仰するヨルバ語族とパロ・モンテを信仰するバンツー語族では、言語も違えば、文化も違い、風習も違います。第4章では、都会化したアフリカの宗教（サンテリア）に焦点をあて、第5章では、野性味を残したアフリカの宗教（ブルヘリアやパロ・モンテ）に焦点を当てています。そうした違いを認めて、キューバという新天地でアフリカの宗教がどのように発展し、互いに影響を与えあったのか、あるいはいまなお与えあっているのか、その一端をしめしたいと思います。

さて、「アフリカン・ディアスポラ」の最新の研究は、考古学の分野でおこっています。米国の南部からカリブ海域を経て、南米（とりわけブラジル）にいたるまで、奴隷貿易でアフリカから連れてこられた「難民」たちは、従来、ヨーロッパ的視点（二分法）で、主人と奴隷というふうに定義されてきました。しかし、二十世紀後半に、それまでユダヤ人に適応されてきた「ディアスポラ（離散）」という概念を、ユダヤ人と同じように故郷を失って根なし草の状況を経験したアフリカの民たちにも応用する研究があらわれ、それを「アフリカン・ディアスポラ」と呼んでいます。とりわけ、先行する文化人類学や歴史学や言語学の分野で「逃亡奴隷《マルーン》」が「抵抗」の秘密基地とした「聖域」の研究が進みましたが、十六世紀から十八世紀にかけての文献がほとんどありません。あったとしても、それはペンを持つヨーロッパ人の残した手記や日記、「公的記録」です。そうした文献資料の欠如や不足を補う形で、今、とても刺激的な「アフリカン・ディアスポラの考古学」があらわれ、かつての被抑圧者の共同体をめぐる謎の解明に取り組んでいます。（詳細は第6章「逃亡奴隷の哲学」を参照してください）

「本質主義」に異を唱える

そして、アフロキューバ文化を取りあげる第二の理由としては、それがわれわれの日本文化の考察に応用できると考えるからです。

一つには、「日本女性はおしとやかだ」とか「日本人は従順だ」といった、本質主義的な考え方（日本人を一般化しやすい傾向）が根強いこの国に一石を投じたいという思いもあります。

あるとき深夜に、ハバナで乗り合いタクシーに乗ったことがあります。郊外での儀式が夜遅くにずれ込み、やむをえず市街地のホテルに帰るために乗らざるを得ませんでした。客の中に酔っ払いがいて、私が手首にしていたババラウォ（サンテリアの司祭）のブレスレットをみて、お前みたいなアジア人がババラウォのはずなどない、と喧嘩《けんか》を売ってきたのです。

「オーセンティシティ」という言葉があります。伝統芸能から伝統料理まで、ある文化の担い手がどれだけ「本物」らしいかを問う用語です。「正統性」「正統的」とでも訳すのでしょうか。たとえば、歌舞伎を見て、この役者の演技は「オーセンティックだ」といえば、誉め言葉になります。きちんと昔から代々受け継がれてきた演技の基本を習って、自家薬籠中のものにしていると思われるからです。あるいは、日本舞踊や日本料理やフランス料理やクラシック音楽でも同じでしょう。

ですが、日本人の中には、歌舞伎や日本舞踊といった日本文化は日本人にしかわからないと考えている人がいます。また、フランス料理はフランス人にしかわからないというフランス人もいるし、クラシック音楽はヨーロッパ人にしかわからないというヨーロッパ人がいます。そういう考え方をする人のことを「本質主義者」といいます。

あるカテゴリーに属する人がみな同じ本質を持っているとみなす思想です。ですから、そういう

「本質主義者」にとっては、外国人の踊る日本舞踊などは嘘くさく（つまり、非オーセンティックに）思えてしまいます。日本人のつくるフランス料理も、アジア人の演奏するクラシックも同様です。

そこで、アフロキューバ文化の問題に話を戻すと、アフロ宗教の「サンテリア」や「パロ・モンテ」は誰のものか、という議論があります。もちろん、それらのルーツはアフリカです。しかし、カリブ海にやってきて、最初に述べたように、アフリカの黒い神々は「文化変容」を余儀なくされました。

「本質主義者」のキューバの黒人たちは、カトリック教会の教義との「習合」を否定的に考え、自分たちの宗教にどれほどアフリカ性が残っているかを強調しようとします。さきほど私が例として挙げた酔っ払いのハバナ人は教養のない「本質主義者」でしたが、アフロ宗教がアフリカ系の人のものだという考え方では同じです。かつて「ネグリチュード」というアフリカ回帰の思想がありましたが、アフリカ中心主義（アフロセントリズムと呼ばれます）は白人ヨーロッパ中心主義（ユーロセントリズム）の裏返しです。フランツ・ファノンは、「西欧文化の無条件の肯定につづいて、アフリカ文化の無条件の肯定がやってきた」と、ネグリチュードを回想しています。▼5

いまや、「サンテリア」や「パロ・モンテ」はアフリカ系の黒人だけのものではありません。私のババラウォ仲間にも、キューバの白人（スペイン系）がいます。メキシコやパナマ、スペインやベネズエラから修行にやってくる白人たちもいます。ですから、日本人だからと言って、ババラウォになれないわけでもないし、ババラウォとしておかしい（非オーセンティックな）わけではない、と私は思うのです。あるのは、研鑽を積む良いババラウォと、そうでないババラウォの違いだけです。

そんなわけで、私は「非本質主義者」なので、外国人の横綱でも、外国人の板前でも、日本人と同様の、あるいはそれ以上の価値を認めています。なぜならば、かれらは日本人以上の努力を要求されたり、鍛錬を経てきたりしたことが容易に想像できるからです。

アフロキューバ宗教は、いわばキューバの周縁に追いやられた「他者」の文化です。私は、それを論じる際に、その遠い射程として日本における「他者」の文化への目配りもしなければならないと感じています。

コロナ禍によって日本社会の歪《ゆが》みがより鮮明になり、社会的・経済的に弱い「他者」（非正規雇用者や外国人労働者、難民）がより社会の周縁へと追いやられています。コロナウィルスへの感染リスクもそういった人々のほうが高いはずです。

本書で、「アフリカン・ディアスポラの民」が未知の難問にどう対処したかをめぐる考察に触れることによって、間接的にでも、より多くの日本人が社会の周縁に目を向けるきっかけになるように願っています。

アフロ文化とアメリカ文学

そして、最後の三つめの理由ですが、これは個人的な事情にかかわります。私は二〇〇九年夏に、いまのパドリーノ（代父）のもとでサンテリアの「オルーラの手」と呼ばれる、一種のイニシエーション（通過儀礼）をおこないました。三日かけて私の運勢と守護霊を占ってもらう儀式です。

それから数年後、二〇一三年夏には、ババラウォになる修行をしました。ハバナっ子のペドロと一緒に儀式部屋に一週間閉じ込もって、多くの先輩ババラウォからイファ占いの基礎を教えてもらい、実にさまざまな秘儀を経験しました。

これはアフロキューバ文化を研究者として外部から観察するのではなく、一人の人間として内部で体験するためでした。残念ながら、秘儀のことは他言してはならないと厳命されているので文章にはできませんが、サンテリアの根幹をなすイファ占いのことは、第3章で詳細に触れています。

そうしたアフロキューバ的な（植民地主義と奴隷制はカリブ海の島々で共通しているので、「アフロカリブ的な」とも呼べる）体験が、自分が長らくかかわってきたアメリカ文学の研究とどうかかわるのか。これが長い間、私のひとつの課題でした。そのふたつはまるで水と油のように、分離しているように思えました。

しかし、それらを融解させる糸口はまったくないわけではなく、たとえば、カリブ海のジャマイカ出身で一九二〇年代のニューヨークの黒人たちの文芸運動「ハーレム・ルネッサンス」を先導した詩人のクロード・マッケイ、詩と小説の混在する実験的なモダニズム作品『サトウキビ』を書いた混血のジーン・トゥーマー、白人か黒人かの区分（白人中心主義）しか認めないアメリカの現実を小説『パッシング（邦題は、白い黒人）』に書いた混血作家のネラ・ラーセン、キューバ詩人ニコラス・ギジェンの作品の英訳もおこなっている混血詩人・小説家のラングストン・ヒューズ、そのライバルでもあった文化人類学者で小説家のゾラ・ニール・ハーストンなどです。

これらの作家や詩人は、二十世紀アメリカの悪名高いジム・クロウ法の持つ非人間性を身をもって体験していました。というのも、その法律は、俗に「ワン・ドロップ・ルール」とも呼ばれ、祖先や両親の中に一人でもアフリカ人がいれば、その人は「黒人」と定義されるのでした。つまり、白人は「純粋」な人種であり、黒人の「不純」な血を認めないという白人優先主義のイデオロギーのもとで作られた法律だったのです。

さきほど挙げた文学者たちは、クロード・マッケイをはじめとして、アフロカリブ文化の観点から、いかにこの合衆国の法律が狭隘《きょうあい》で人種差別主義的であるか知っていて、それを相対化することができていました。そして、そうしたアウトサイダーの発想を創作に活かすことができました。ですから、かれらの作品を論じることで、私の課題はある程度解決できます。

しかし、私の野心はそこにとどまりませんでした。アメリカの法律で「白人」と規定されているような有名な作家の、古典と見なされているような作品の中に、「不純」とされるアフリカの文化や先住民の文化の「痕跡」が見つけられないだろうか。そうした野心を持ってつづったのが、最終章にあるヘミングウェイの『老人と海』論です。

それはある意味で、「白人」作家ヘミングウェイを混血化する試みです。文学史のテクストを見れば、よく黒人作家、アジア系作家、ヒスパック系作家、女性作家というレッテルが貼られています。ただの「作家」と呼ばれるのは、白人男性作家だけです。それ以外は、「作家」という名詞の前にいろいろな形容詞がつきます。そのことは、アメリカ作家とは「白人男性」でなければならないという暗黙のイデオロギーを反映しています。

ですから、私の試みは、ヘミングウェイを混血化して、そうしたイデオロギーを無化しようとするものです。このヘミングウェイ論を読んだ方は、今後、ヘミングウェイのことをお気楽にマッチョな白人男性作家と呼べなくなるでしょう。

このヘミングウェイ論をはじめとして、ここに収録した文章は、私にとって未知の分野への挑戦でした。サンテリアの二百五十六通りの運勢のひとつに「大いなる冒険に人を駆りたてるのは、その人の知性である」ということわざが出てきます。お金や名誉ではなく、知性（頭脳）の活性化のために、どうぞご一緒に冒険をお楽しみください。

第1章　大きな緑色のトカゲとカリブ海の荒ぶる神
――ふたつのアフロキューバ表象

1　大きな緑色のトカゲ――詩人ニコラス・ギジェンが捉えたキューバ

わたしの緑色のワニ／ムラータが笑う／セレナーデ／マラカスとボンゴの魔術師
――セリア・クルースがうたう「わたしの緑色のワニ」より

キューバは北回帰線と赤道のあいだの熱帯に位置し、森林や植物に被われている。東はグアンタナモ州から西はピナール・デル・リオ州まで約一千キロメートル。東京から博多までと同じくらいの距離だ。だが、どこを歩いても、ジャングル、サトウキビ畑、バナナやパパイヤの木、マンゴやアボカドの木、灌木や雑草が生い茂っている。

晩年をこの地で過ごしたアメリカ作家へミングウェイは、愛船ピラール号に乗って、北側沿岸沖に連なる小さな島々「ハルディネス・デル・レイ（王様の庭）」でドイツ軍のUボートの探索をおこない、それを『海流のなかの島々』（一九七〇年、没後刊行）に書いた。いま小説の舞台になったカヨ・ココやカヨ・ギジェルモを歩いてみれば、美しい砂地の浜辺やマングローブ林が広がっている。他にも、

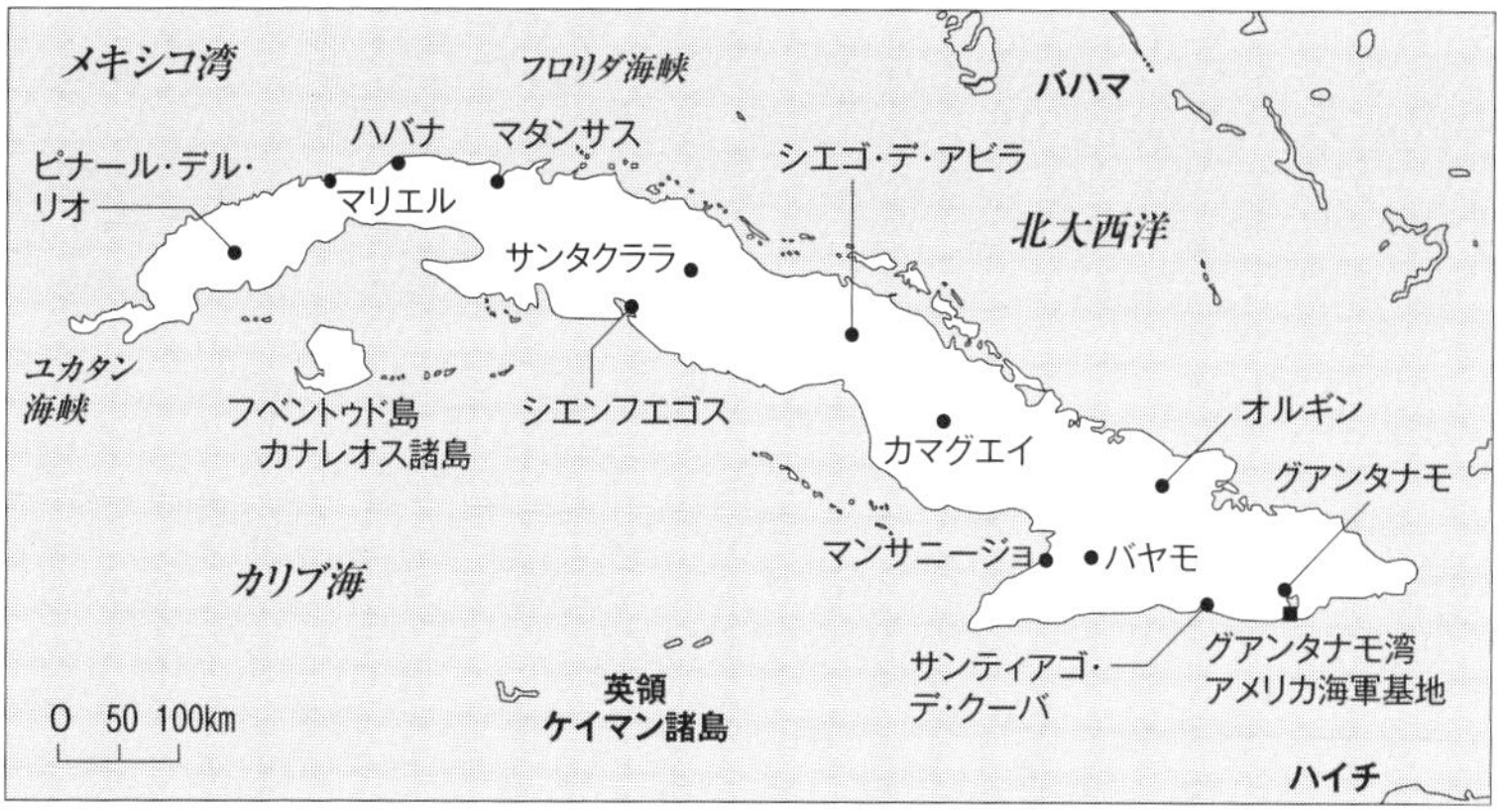

図1　キューバの地図

西部のピナール・デル・リオ州のビニャレス渓谷や東部のバラコアなど、古代の地殻変動で作られた自然景観の素晴らしいところがたくさんある。島全体に、「エコツーリズム」のコンテンツとなる緑の資源は無尽蔵にありそうだ。

そうした事情から、キューバ島はアメリカに亡命した人気歌手のセリア・クルース（一九二五―二〇〇三年）の歌のタイトルにあるように、「緑色のワニ《ココドウリロ・ベルデ》」という愛称でよく呼ばれる。緑豊かなこの島の地形を上空から見てみれば、東のほうを頭部に見立てることで、この辺に出没するワニのようなイメージになるからだ（図1参照）。セリア・クルースはうたう。

わたしの緑色のワニ／ムラータが笑う／セレナーデ／
マラカスとボンゴの魔術師
わたしの緑色のワニ／あなたの掌《てのひら》の中で／消えてゆく
／イェマヤーとチャンゴーの／古典的な伝説
わたしの緑色のワニ／あなたの泡の海／あなたは雄大
な月／あなたは熱帯の太陽
わたしの緑色のワニ／砂糖の塊《かたまり》／あなたの海岸の／か
もめの巣

ワニと呼びかけておきながら、実は甘いメロディに合わせて、恋人に向かってうたうようなロマンティックなセレナーデ。恋の対象としてのキューバである。セリアは革命直後に合衆国に亡命してしまったので、キューバには望郷の念しかないのであろう。

一方、二十世紀のキューバの「国民詩人」のニコラス・ギジェン（一九〇二―一九八九年）は、キューバ島をワニではなくトカゲに喩《たと》えている。姿形は似ているが、トカゲはワニとちがって雑食、草食である。食べるのは昆虫や植物で、凶暴ではない。詩人は、「肉食的」な米国と違って、キューバが雑食系や草食系のエコロジカルな国と言いたいのだろうか。

ニコラス・ギジェンを簡単に紹介しておこう。ギジェンは詩集『ソンのモチーフ』（一九三〇年）でデビューを飾り、反米・反独裁という政治色を押し出した詩集『西インド諸島株式会社』（一九三四年）を刊行している。アフロ信仰や黒人民話を素材にしながら、キューバ歌謡の「ソン」のリズムや音を援用した口承詩を数多く作った。

実際にどのような声で自作を読んでいたのだろう。ビート世代のアメリカ詩人たちは、詩の音律的な要素を重視して、頻繁に観客を前にしてポエトリー・リーディングをおこなった。ギジェンも、アフロ音楽を活かした口承詩だから、きっと朗読を残しているはずだ。

二〇一一年の夏に、私はハバナ滞在中にベダード地区にある「作家・芸術家組合（ＵＮＥＡＣ）」を訪れて、デジタル記録に残っているギジェンの朗読を聞かせてもらった。

大太鼓のように重たく太く朗々と響く声だった。歌ではないので、メロディはついていないが、こちらの鼓膜に訴えかけてくるのだった。

セリアの甘い歌と違って、ギジェンの描くキューバは単純ではない。詩人の作り出すイメージを手がかりにして一つずつ見ていこう。

ギジェンの詩「大きな緑色のトカゲ」の第一スタンザはこんな感じである。

カリブ海とも呼ばれる
アンティリャス諸島の海を
わがキューバが　帆走する
荒波が　打ち寄せ
波の花が　飾りつけ
太陽が　追いかけ
風が　あらがい
涙をながし　うたう
キューバが　地図の上を
航行する
石と水の目を持つ
大きな緑色のトカゲ[1]

「帆船」としてのキューバ

詩人はキューバ島を「帆船」に喩える。「帆船」と同様、キューバ島も海にとり囲まれていて、ときには荒海と折り合いをつけなければならない。「帆船」は風がないと前進できないが、そのように、農業や観光業を主産業とするキューバも、太陽や降雨などの自然環境から大きな影響を受ける。それだけでなく、かつてはスペインから、独立後は米国から、島の政治や経済が大きく影響を受けてきた。

そうした天候や外的圧力の影響を受ける「帆船」のイメージが、キューバ史の中で、ねじれを持ってまず連想させるのは、コロンブスの航海であろう。キューバ島（帆船）を侵略・略奪する最初の外敵としての、三隻の「帆船」艦隊[2]。

一四九二年夏にスペインのパロス港を出発したコロンブスの一行は、ポルトガル沖のカナリア諸島を通過して、十月中旬にはタイノ族の民たちがグアナハニ（Guanahani）と呼んでいた島を「発見」し、スペイン語で「サン・サルバドル（キリスト教の救世主）」と命名する。その後、十月末には五番目の島、キューバ島に到着する。

その数日前に、コロンブスは地元民によって「クーバ」と呼ばれている島がシパング（日本）に違いないと思ったようだ。航海記の十月二十四日の記述である。

「この地（イサベラ島）の者達の話によると、クーバ島は非常に大きくて、そこでは取引もさかんに行われており、黄金や香料もあれば、大きな船もあり、また商人も居るということでした。……私は言葉が判りませんが、この島々のインディオ達や、船に連れてきている者達の手真似から、そのとおりだと思いますし、この島こそは、シパング島に違いないと考えます……この島については、幾多のすばらしいことが伝えられており、私の見た地球儀や世界地図絵にも、この辺りにこの島が記されているのであります[3]」

コロンブスは、当時「インディアス」と呼ばれていたアジアを目指していた[4]。金、銀、香料などの産物を持ち帰り、その一部を所有し、また提督（兼副王、兼総督）として、征服した土地に君臨しようとしたのである。中でも、ひときわ大きいシパング島は、中世から「黄金の島」の噂が立てられていたので、コロンブスも夢を膨らませたに違いない。しかし、それはインディアスの側から見れば、ヨーロッパからの一方的な帝国主義的侵略・略奪にほかならなかった。

コロンブスだけではない。それ以降に「黄金の島」を目指し西方航海を果たしたエルナン・コルテスのアステカ王国侵略、あるいは、ピサーロのインカ王国侵略など、そうした例には事欠かない[5]。したがって、ギジェンによって「帆船」と暗喩されたキューバには、そうしたヨーロッパの侵略者・略奪者の遺伝子が宿っていることが含意されている。ギジェンにとって、キューバはただ単にヨーロッパによる侵略の犠牲者ではないのである。

幻の島「アンティリア」とシパング島

再び、ギジェンの詩に戻ろう。詩人は「帆船」の航行する海を「アンティリャスの海」と表現している。これも大航海時代以来のカリブ海史を踏まえたものだろう。

現在の世界地図では「アンティリャス（諸島）」は二つに分類されている。西側はキューバ島やイスパニョーラ島など、比較的大きな四島からなる「大アンティリャス諸島」、東南側はバルバドスやトリニダード・トバゴ、マルティニークなどをはじめ、比較的小さな島々が弧状につらなる「小アンティリャス諸島」である。キューバ島は大アンティリャス諸島の中でも一番大きい島だ。

ちなみに、西インド諸島という呼称は、大小アンティリャス諸島を包括するだけでなく、北のバハマ諸島を含む大きな海域を指す。なぜギジェンは、「西インド諸島の海」と言わずに、「アンティリャスの海」と言ったのだろうか。

そもそも「アンティリャス」という呼称の由来はなんなのだろうか。アンティリャス（Antillas）という呼び名はスペイン語である。フランス語ではアンティル（Antilles）と呼ぶ。いずれにしても、「前に」という意味のantesと「島々」という意味のislasを合わせた合成語である。

大航海時代以前の中世ヨーロッパでは、カナリア諸島とインディアス（アジア）の間に、大陸（あるいは大きな島）があると信じられており、「（アジアの）前にある島」という意味で、「アンティリア」と呼ばれた。中世ヨーロッパのキリスト教徒たちによる想像の島である。

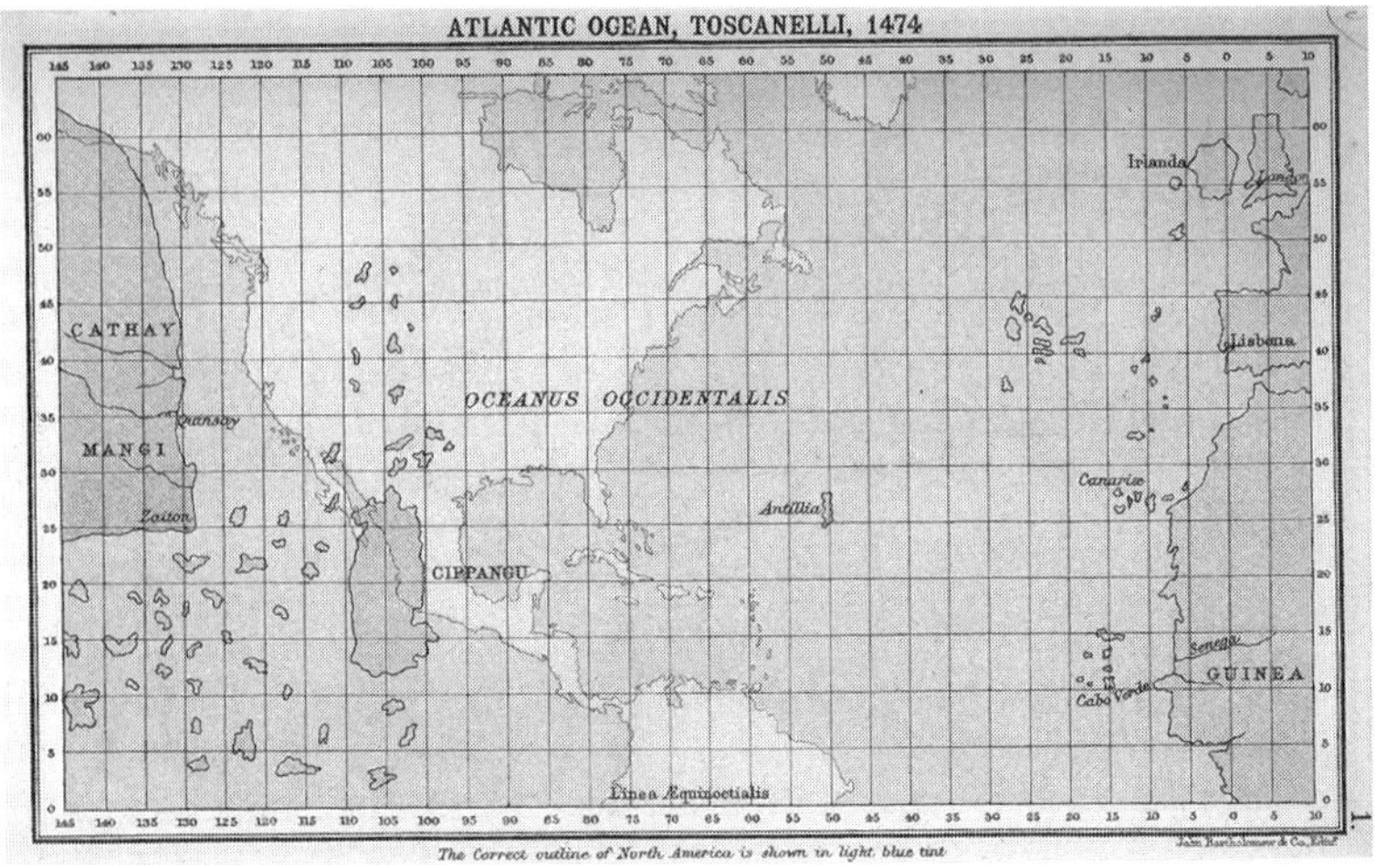

図2　中世末期の幻の島アンティリア（中央の小島）。パオロ・トスカネリの地図（1474年）

いま手元に、その「アンティリア」を描いた、中世末期の世界地図が二つある。イタリア・フィレンツェ生まれの天文学者、パオロ・トスカネリ（一三九七―一四八二年）の世界地図と、ドイツ・ニュルンベルク生まれの商人マルティン・ベハイム（一四五九―一五〇七年）の地球儀である。

図2はエディンバラ生まれで、英国王室御用達の地図製作者J・G・バーソロミューが復元したパオロ・トスカネリの地図である。[6]

イタリア人のパオロ・トスカネリは、当時、地球図と航海に関する権威として知られており、ポルトガルの司祭に、自分の描いた地図と手紙を送ったとされる。それらは紛失してしまったが、トスカネリは手紙と航海図を描き直し、第一航海に出かける前のコロンブスに送ったという。コロンブスにとって、トスカネリの手紙と航海図は航海の指針であった。[7]

図3は、現存する最古のマルティン・ベハイムの地球儀（一四九二年）に基づく世界地図である。[8]マルティン・ベハイムは、ドイツ・ニュルンベルク市議会議員たちから資金を募り、美術家のゲオルグ・グロッケンドンらに地球儀を作らせた。この地球儀

図3　中世末期の地図でとりわけ大きいシパング島

の意図は、マルコ・ポーロによって伝えられた中国や日本に西周りの航海で到達できると示すことだった。その地図によれば、シパング（日本）はカナリア諸島の西に経度八十度しかなく、カタイ（中国）はそこからさらに三十五度の地点だった。ベハイムはかれ自身西周りの航海の先陣をきりたいという思いがあり、航海に対するマクシミリアン皇帝の後ろ盾がほしかったようである。[9]

二つの世界地図を見比べてみると、ある共通点に誰でも容易に気づくだろう。幻の島アンティリアが小さいのに対して、その背後に控えるアジアのシパング島が目立って大きいことである。それはなぜだろうか。

「アンティリア」という島には、キリスト教の司教が治める「七つの都市」伝説が付随している。八世紀から十五世紀末までイベリア半島をイスラム教徒に征服された時代に、七人の司教が西の大洋に島を発見し、七つの入植地を作ったという伝説だ。「七つの都市の島」とも呼ばれるこの島には、たとえちっぽけでも世界の隅々まで掌握しようとするキリスト教の世界制覇（打倒イスラム教）の欲望が透けて見える。[10]

一方、周辺の島々に比べてもひときわ大きいシパング島はどうだろう。中世ヨーロッパの日本観に大きな影響を与えたのは、いうまでもなくマルコ・ポーロの『東方見聞録』である。マルコ・ポーロは、日本に来たわけではなかったが、中国に滞在して見聞きしたことを記述した。そこには、カタイ

（中国）から千五百マイル東の海上にある日本で金や宝石が豊富に取れること、宮殿は黄金で作られていることなど、まるで「黄金の島」であるかのように、キリスト教徒たちの物欲を掻きたてる記述が見られる。[11]

先ほど触れたフィレンツェのトスカネリがコロンブスに送った手紙の中にも、アンティリアとシパングの記述が見られる。アンティリアはシパングの位置を示すための指標にすぎない（「アンティリアの島から最も高貴な島シパングまでは、十スペース（十マス）ほどです」）。一方、シパング島についてはマルコ・ポーロの見聞録をそっくりなぞるように、「高貴な島というのは、この島が黄金や水晶、宝石などが豊富で、寺院や王宮が純金で覆われているからです」[12]と説明を加えている。これを読んで、コロンブスがどう反応したのか、想像に難《かた》くない。中世ヨーロッパの世界地図に描かれた大きなシパング島は、キリスト教が「啓蒙」の光を当てる対象であると共に、いやそれ以上に、キリスト教徒たちの物欲の対象であることを表している。

コロンブスが見たキューバ＝シパング征服の夢は、スペインによる金銀財宝、香料の略奪だけでなく、植民地経営という形で四百年も続いた。「アンティリャスの海」の他の島々についても、ヨーロッパ諸帝国による領有という、同じような構図が見られた。[13]

伊藤みちるによれば、一つの島をめぐってヨーロッパの諸帝国が「領有権」を何度も争うという事態があったという。[14]さらにいまなお、フランスの海外県としてのマルティニークやグアドループ、イギリスの自治領としてのケイマン諸島やバーミューダ諸島や米領ヴァージン諸島、オランダ王国の海外自治体としてのアルバやキュラーソやシント・マルテン、米国の自治連邦区としてのプエルト・リコなど、欧米の国々が領有している島が少なくない。

先史時代のカリブ海

大航海の時代に、ヨーロッパ人がカリブ海の島々にやってきたとき、島のあちこちに先住民の人たちが集落をなして暮らしていた。キューバ島で言えば、東部のほうにはタイノ族の人たち、西のほうにはグアナアタベイ族の人たち、シボネイ族の人たちがいた。とはいえ、先住民たちは島から島へ自由に移動していて、そのために、コロンブスの一行も、先に到達した島の先住民を道案内に数人連れていき、他の島の情報を得ていた。

いま、キューバがどのような島であったのか、キューバ人がどのような人からなるのかを探るために、コロンブス到来以前の「先コロンブス期」にまで遡《さかのぼ》り、先住民の文明に触れてみよう。

カリブ海の島々に住みつくようになった最初の人類は誰かという刺激的なテーマをめぐっては、ここ三十年間に研究者（特に考古学者）の間で激しい議論がなされているようだ。陸路だけでなく、海路や水路も、人類にとって開拓すべき重要な「道」だった。だが、古代人のそうした「旅」は、生き延びるためだけの目的だったのだろうか。

狩猟民族や漁民、採餌者の小グループが「カノア」とタイノ族の言葉で呼ばれる「丸木舟《カヌー》」でカリブ海の島々にやってきた。考古学者のアーヴィング・ラウス教授らによる先駆的研究によれば、「石器時代」（打製石器技術）——紀元前五〇〇〇年から四〇〇〇年ごろまでに、中米大陸からユカタン通路を通ってキューバ島やイスパニョーラ島への移動がおこなわれたようだ。さらに、「古期」（磨製石器製作技術）——紀元前二五〇〇年ごろには、トリニダードから小アンティリャス諸島を通って大アンティリャス諸島への移動が見られた。そして、土器時代（サラドイドの土器）——紀元前五〇〇年ごろに、オリノコ川の河口（ベネズエラ／ギアナ）から小アンティリャス諸島を経由してプエルト・リコ島への移動があった。このグループがプエルト・リコに到達した後、約千年の中断があり、その後五○○年ごろに、イスパニョーラ、ジャマイカ、キューバ、バハマでの定住がおこなわれたようだ。

現在のベネズエラとカリブ海南東部の島々の先コロンブス期の先住民の文化を「サラドイド文化」（紀元前二○○○年から紀元五四五年ごろまで）というが、その文化の担い手であった先住民をめぐる最新の遺伝子研究、歯形態学の成果などにより、前述したようなベネズエラのオリノコ川の低地から小アンティリャス諸島、プエルト・リコあたりまでへの先住民の移住が証明されている。

これまでにプエルト・リコ＝ベネズエラ・クラスター、キューバ＝ユカタン・クラスターが確認されている。三つの近接する島々（プエルト・リコ、イスパニョーラ、キューバ）で特徴のあるハプログループ（DNA分析で、共通の祖先をもつ集団）の変異が見られ、それによって、カリブ海における人類の定住は、さまざまな時代に南北両大陸から移住がおこなわれた結果であるとの推測がなされている。[15]

「奴隷船」とサトウキビ

ギジェンの詩に戻ることにしよう。第二スタンザには、奴隷制の舞台となったサトウキビ畑が登場する。

鋭く伸びたサトウキビが
丈高い砂糖の冠を編む
自由の王冠ではなく
奴隷たちの王冠
マントの外側は　女王でも

マントの内側は　奴隷
最も悲しい存在
地図の上を
キューバが航行する
石と水の目を持った
大きな緑色のトカゲ

海岸沿いに決められた
警備につくきみよ
アメリカの沿岸警備隊よ　気をつけよ
槍の先に
波のとどろきに
炎の叫び声に
爪で地図をはがそうとする
目覚めたトカゲに
石と水の目を持つ
大きな緑色のトカゲ▼16

第二スタンザの「サトウキビ」だが、言うまでもなく、サトウキビを原料にした製糖業は、十九世紀後半以降のキューバの一大産業である。二十世紀初頭には米国資本のもとで、好ましい収益をあげもしたが、一九二九年の「大恐慌」の影響を受け、価格下落により大打撃を被った。

キューバにとって、サトウキビが歴史的に連想させるのは、なんといっても十六世紀に導入された「インヘニオ」と呼ばれる、サトウキビ農園と製糖工場が一体となった生産体制と、そこに組み込まれた奴隷制である。

農園と工場での肉体労働は、アフリカから連れてこられた奴隷たちに委《ゆだ》ねられた。十九世紀後半に奴隷制が廃止され、製糖工場で大規模な近代化や機械化が進み、生産体制が「セントラル（近代化した工場）」と呼ばれるようになっても、サトウキビ畑での刈り取り作業は依然として人力によるものであり、自由黒人や移民を頼りにするしかなかった。キューバのサトウキビと製糖業については、次章で詳しく論じることにしよう。

詩人がサトウキビの茎のてっぺんを「王冠」に見立て、それを「奴隷たちの王冠」と呼んだのは見事というしかない。「自由の王冠ではなく／奴隷たちの王冠／マントの外側は　女王でも／マントの内側は　奴隷」とつづく。通常は、ギジェンの言うとおりだが、実は、奴隷の仲間でも「自由の王冠」「王様の冠」を被った者がいた。それについては、第6章で詳しく論じることにする。

ここで少し寄り道をして、ヨーロッパから征服者を連れてきた帝国の「帆船」に対して、アフリカから奴隷を連れてきた「奴隷船」をテーマにしたギジェンの詩を見てみよう。

「私は奴隷船でやってきた」は、アフリカ奴隷たちのサトウキビ畑での報われない重労働をこんなふうにうたっている。

私は奴隷船でやってきた
私は連れてこられたのだ
サトウキビ　鞭《むち》　プランテーション

鋼《はがね》の太陽
キャラメルのような汗
サトウキビの茎に突き刺さる足

笑顔のアポンテが私に語りかけた
私は言った——おまえが欲しい
ああ、死だ！　それから　沈黙
あとは影
なんと長い　激しい眠り
きつい眠り
雪白とエメラルド色の葉を持つ
ヤグルマの木
月の下に▼[17]（以下略）

（『私は持っている』一九六四年より）

サトウキビ畑での奴隷としての使役は、日中は熱帯の「鋼の太陽」に肌を焼かれ、「キャラメルのような汗」を流し、足は「サトウキビの茎に突き刺さる」ような、容赦ない肉体労働だった。少しでも手を休めれば、「マヨラル」と呼ばれる農場監督のきびしい鞭が待っていた。夜になっても、疲れきった身体を休めるだけで、楽しみはない。安眠とはほど遠い、これまた使役のような疲れる眠りがあるだけだ。

最後のほうに出てくる「ヤグルマの木」は、熱帯の高木である。キューバのアフロ信仰に詳しいリディア・カブレラによれば、ヤグルマの木は、正義や法や秩序をつかさどる精霊オバタラのものと信じられている。表がエメラルド色、裏が白色をした大葉は、その他の薬草と共に熱湯で煎じることで、ぜんそくの薬となる。また、信者は玄関のドアの内側に一枚の大葉を貼っておいて、押し売りを追い払ったり厄祓《やくばら》いに使ったりする。コンゴ系の信仰パロ・モンテの信者マヨンベロたちは、高くそびえ立つヤグルマの木を、夜の鳥フクロウ（スンスンダンバと呼ばれる）のための監視塔と見なしている。フクロウがそこを根城として、死者たちのメッセージを受け取ったり運んだりすると信じているからだ。フクロウがそこで敵を待ち伏せするので、ほかの鳥たちはヤグルマの木を「見張りの木」と呼びならわすという▼[18]。

　そうしたアフロキューバ文化の背景的知識を持って、この詩の最後の三行を読むとき、真っ暗な空に月が浮かび、その月の光に照らされてヤグルマの木が黒いシルエットをなす光景は、ちっとも叙情的ではない。むしろ不吉で不気味な光景だ。昼も夜も、心休まらない奴隷たちの心境が伝わってくるはずだ。

「帆船」には、ヨーロッパの侵略者・征服者たちの「隠された貪欲さ」が寓意されていた。それに対して、「サトウキビ畑」には、奴隷制によって抑圧されたアフリカ奴隷たちの「報われない労働の苦痛」（キャラメルのような汗）と「絶望」（ああ、死だ！）や「誇り高い無力さ」（奴隷たちの王冠）が寓意されている。

　ヨーロッパの侵略者とアフリカの奴隷、その両者の相反する特性を備えて、「クレオール化した」キューバは、最後に「大きな緑色のトカゲ」へと変身を遂げる。そこにもキューバの相反する特性が書き込まれている。

　最初に私は、「トカゲはワニとちがって雑食、草食である。食べるのは昆虫や植物で、凶暴ではない」と述べたが、最後の第三スタンザには「爪で地図をはがそうとする目覚めたトカゲに（気をつけよ)」とあり、詩人はキューバの「凶暴性」についても言及している。

かくして、詩人は外からの（とりわけ米国からの）政治的・軍事的脅威にさらされてきた小国キューバの受動的な警戒心だけでなく、内に隠し持った凶暴さ・攻撃性にも目を向けるのだ。

石とは何か

すべてのスタンザを締めくくる謎のリフレインについて触れておこう。「石と水の目を持つ／大きな緑色のトカゲ」である。「石と水の目」とは一体何だろうか。

まず、「石」から考察していこう。そもそもキューバ島は厚い岩盤の上にできている。サンゴ礁や火山島である小アンティリャス諸島の島々と違い、キューバをはじめとする大アンティリャス諸島は、パナマ地峡より北の大陸がメキシコ湾のほうに押し出されてできたという説がある。

最新の地質学の研究成果を使って、ギジェンの「石」の解読を図ることにしよう。二〇〇〇年以降、地球の岩石の磁気や放射性同位体の分析を応用した地質学の分野で、古代カリブ海の地殻変動をめぐってめざましい研究成果が出てきている。日本でも地震の予測などで使われる、海洋プレートの挙動を深海で直接探る「地球・海洋科学」の研究が注目されている。

例えば、火山噴火を起こすマグマの生成温度（つまり岩石の溶融温度）を推測する「プルーム（地球内部のマントルに生じる巨大な上昇流）」の研究（ウェールズのカーディフ大学のヘイスティ教授ほか）によれば、もともと太平洋領域にあった「カリブプレート」がおよそ九千万年前に北東方向へ移動して、大アンティリャスの「弧」と衝突し、海洋への沈み込み現象を起こしたという。その結果、北米と南米の間に「カリブプレート」の嵌入《かんにゅう》が起こったというのだ。▼19
さらに、カーディフ大学のカー教授が「カリブプレート」の海洋玄武岩をサンプルとして採取し、その放射性同位体を調べてみると、ゴルゴナ島（南米コロンビアの太平洋側の島）のそれと似た化学組成が見られたという[20]。

それらの研究を受けて、ピッツバーグ大学の「地質学・環境学」のリディアック教授は、最新の「古地磁気学（Paleomagnetic Studies）」の成果を応用して、「カリブプレート」の動きや大アンティリャス諸島形成が起こった時代を推定する。教授によれば、大アンティリャス諸島の島々の形成は、ユカタン半島の反時計回りの回転によるものであり、白亜紀後期に、ジュラ紀の海洋地殻（最上層）が初期白亜紀の大アンティリャスの「弧」（古代太平洋プレートの東のへりにできた）の下に潜り込むことでできあがったものだという[21]。

端的にいうと、それはキューバ島を含む大アンティリャスの島々がメキシコをはじめとする北米大陸と繫がりを持っていたということだ。キューバ島は孤立した島のような印象を受けるかもしれないが、実は、そうではないのである。

キューバ島は、日本列島と同様に、大陸のような岩盤でできているので「堅固」である。それと同時に、「海洋プレート」の動きによって「地震」に襲われることもあり、「変動」を余儀なくされる。「堅固」「安定」という要素と、「変動」「不安定」という、相反する特性を持っている。ギジェンが「石」に込めた意味に、そうした相反した特性を読みこんでもよさそうだ。

カリブ海の持つ今日的な意味

それでは、もう一つの「水」はどうだろうか。

キューバは水には事欠かない。五月から十月までは雨期になる。とりわけ、夏の季節に大空を覆う入道雲がもたらすサンダーシャワーも強烈だし、九月から十一月までのハリケーン・シーズンもある。

ちなみに、キューバの年間降雨量（二〇一八年）は、千二百二十五ミリ。日本はややそれより多く、千六百六十八ミリである。[22] 豊富な雨水は自然への恵みとなって、島に草木を生い茂らせる。と同時に、それはときに島の社会に甚大な被害をもたらす。水は島に欠かせない恵みをもたらすが、災害や破壊ももたらす。キューバ的文脈でみれば、水にも石と同じように、相反する特性がある。

さらに、いうまでもなくキューバ島は、日本と同様に、周囲を海に囲まれている。島を取り囲む海は両義性を有している。人々を島に閉じこめる閉鎖性と、外の世界へと通じる開放性である。

では、現代のポストコロニアルな状況の中で、「アンティィリャス諸島の海（カリブ海）」はどのような意味を持つのだろうか。

マルティニークの重要な思想家であるエドゥアール・グリッサンは、アンティィル（アンティィリャス）という表現を好んでおり、『アンティィルの言説』（一九八一年）と題した著作のなかで、「アンティィヤニテ（アンティィル性）」という言葉を使って、カリブ海の島々の連結・連帯を説く。

「フランスの海外県であるマルティニークは単独で生きることができるだろうか？　アンティィル的な文脈ではイエスだ。経済の専門家たちは嘲笑する。『カリブ海の島々の経済は補完的でないし、低開発の国ばかりだから』と。しかしながら、スティィルン首相は、〈アンティィヤニテ〉を追求できると信じた。それで、ほかの政治家たちよりもずっと大胆に、ドミニカやサンタルシアと同盟を結んだのである[23]」

さらに、グリッサンは、「アンティィリャス諸島の海（カリブ海）」の持つ象徴的な意味について、ヨーロッパの地中海と比較して興味深い考察をおこなっている。

「地中海は一点に集中していく海なのです。さまざまな文明と巨大な一神教がいくつも地中海周域で生まれたのは、この海の力が数々のドラマ、戦争、衝突を経ながら、人間の思考を『一者』と統一性の思考へと向かわせるからなのです。一方、カリブ海は、回折する海、多様性の情動へと向かう海で

図4　九重自然史研究所便り「イスパニョーラ島の生物」より
https://blog.goo.ne.jp/kokonoe-kinh/e/98f413120c0126670fd5f3dd1295420c

す。カリブ海は（中略）諸々の出会いとそこから生まれる諸関係の海なのです」[24]

　カリブ海の海流の方向をしるしたのが、上の図4である。大小アンティリャス諸島とフロリダ半島、バハマ諸島までをカバーする海流の方向である。[25]

　グリッサンのいう「回折する」カリブ海という表現は、実際にカリブ海の海流の方向を見てみると、よくわかる。「回折」とは、物理学の用語で、「波が障害物に遮られたとき、その物陰の部分にも波がまわりこんで伝播する現象」（『大辞泉』）をいい、海波の他に、音波、電磁波、物質波でも起こるという。アンティリャス諸島の海域では、海流は決して一点に集約されることなく「回折」している。とりわけ、イスパニョーラ島（ハイチとドミニカ共和国がある）とキューバ島のあいだのウインドワード海峡では、メキシコ湾流のほうへ北上する波の流れと、カリブ海のほうへ南下する波の流れとに分化する。

　確かにコロンブスの帆船（と、それに続く征服者たち）は、この回折する波の恩恵を受けて島々を「発見」することができた。その波は、ヨーロッパの諸帝国がカリブ海の島々を隅々まで「植民地化」し、三角貿易と奴隷制によって富を蓄積することを可能にした。

その一方で、カリブ海の回折する波は、歴史の裏舞台で抑圧する「ヨーロッパ人」と抑圧されるアフリカ人奴隷との間の「混血」をもたらした。それは単に血の混じり合いだけでなく、ヨーロッパやアフリカとは違う、カリブ海ならではの文化変容をもたらした。グリッサンのいわゆる「クレオール化」である。

奴隷制とクレオール化について、グリッサンはこう述べる。「ネオアメリカは――ブラジルであれ、カリブ海沿岸であれ、島嶼部であれ、合衆国南部であれ――奴隷制や奴隷制諸システムによる抑圧と剝奪をとおして、クレオール化を本当に経験してきたのです」[26]「クレオール化」とは、いわば意識の「混血（メスティサヘ）」である。このネオアメリカ特有の「文化変容」については、折に触れて他の章でも述べていくことにしよう。

石と水を比べてみれば、石は固体なのに対して、水は液体である。石は堅固で定形であるのに対して、水は流動的で不定形。詩人にとって、キューバ島は「石と水」のように背反する要素を備えている。そうしてみると、「目」とは、そこから入った情報を大脳によって処理する「思考や思想」の暗喩であり、キューバはときにかたくな、ときに流動的な思考をおこなって、強大な存在（米国）と対等に伍してゆく。

それが「大きな緑色のトカゲ」が持つとされる「石と水の目」の意味だろうか。詩人にとって、「大きな緑色のトカゲ」とは、か弱さと凶暴さ、卑小さと尊大さといった両義性を有した、そんな複雑な国家キューバの別名である。

最近の生物学の遺伝子研究によれば、「緑色のトカゲ」（学術名はアノリス・カロリネンシス〔Anolis

carolinensis」）は、鮮新世（約五百万年前から約二百五十八万年前）の氷河期に気候変動の影響を受けることなく、キューバ島から、その頃北米大陸から切り離されていたフロリダ島に広がっていったという[27]。「緑色のトカゲ」は、人類の移動よりも早く、カリブ海から北米へと移動をおこなっていたのである。

　二十世紀初めにスペインから独立したものの、キューバは覇権を握ったアメリカ帝国の支配下に置かれてしまった。ようやく一九五九年の革命によってバチスタ独裁政権を倒し、アメリカ資本を追いだしたが、それ以来、アメリカによる経済制裁を受け続けている。ソ連および東欧共産圏との連携も、一九九一年のソ連の崩壊によって失われた。それでも、キューバはカリブ海諸国や中南米だけでなく、北米ともカリブ海の回折する海流を使って、したたかに「大きな緑色のトカゲ」よろしく、通じ合うことだろう。

2　カリブ海の荒ぶる神——画家ヴィフレド・ラムの捉えたキューバ

プロスペロ　精霊よ、おれが命じたとおり、あの嵐《テンペスト》を差し向けてくれたんだな？
——シェイクスピア『テンペスト』（第一幕、第二場）より

はじめに

熱帯性低気圧のハリケーンは、通常、八月から十月にかけてキューバ島にやってくる。ルートはたいてい決まっている。小アンティリャス諸島の南のほう（ウィンドワード諸島）から貿易風に乗って北上してくる。八月、九月はカリブ海の東部を北西方向に向かう。十月は、カリブ海南部の海域を北上する。

キューバの人類学者フェルナンド・オルティスによれば、大航海の時代にカリブ海で初めてその破壊的な嵐に遭遇したヨーロッパ人たちは大陸の竜巻を思い出したが、ここの嵐はヨーロッパの竜巻以上に恐ろしいものだと感じたという。

それはただの自然現象ではなかった。「すべての大陸に竜巻があるように、すべての海に嵐《トロンバス》がある。しかし、ハリケーンこそ、その巨大な破壊力から見て、あらゆる流星群（自然現象）の中でも一大君主だった」▼1

ヨーロッパ人は、当時、ヨーロッパで起こっていた、彗星や流星群、疫病（ペスト）などと同様に、ハリケーンの破壊力を神話によって解釈し、理解しようとした。

新大陸で先住民に対して迫害や虐待の限りを尽くしたヨーロッパの荒くれ者（キリスト教徒）たちにとっても、荒れ狂うハリケーンは「地獄の霊」の仕業《しわざ》のように思われたという。そうでなければ、宗教的な意味を帯びた畏怖すべき対象であった。

オルティスはこうも言っている。「ハリケーンは、その破壊力のために、かれらキリスト教徒にとって『不吉』そのものだったが、昔からこちらで言われているように、これらの西インド諸島の流星（嵐）が常に反時計回りに動いていることを、かれらが知っていたかどうかはわからない[2]」

日本語の「ハリケーン」は、英語のhurricaneの発音をカタカナ書きしたものであるが、スペイン語ではhuracánと書いて「ウラカーン」と発音し、「カ」にアクセントが置かれる。

そもそも「ウラカーン」という名称は、スペイン語にあったわけではない。スペイン人たちがカリブ海の先住民たちの使っている名称を借用したのである。タイノ族の神話によれば、毎年、夏から秋にかけて怒り狂う凶暴な神を「フラカーン」と呼んでいたという。荒ぶる神フラカーンが大陸の海岸線を粉砕し、その後、土地をバラバラに分断してカリブ海の群島ができあがったという創造神話もある[3]。

さらに「フラカーン」という先住民の名称には、派生語がいろいろとあり、先コロンブス期のメキシコ、中南米、南米大陸の北部沿岸では、フンラカーン（hunrakán）、ユラカーン（yuracán）、ヨロカーン（yorocán）などとも呼ばれていたらしい[4]。

ユカタン半島のマヤ系キチェ語族の創世神話『ポポル・ヴフ』にも、この「フラカーン」はあらわれる。神話によれば、「フラカーン」はただの荒ぶる神ではなく、万物創造にかかわっていたらしい。英語版の翻訳者であるクリステンセンによれば、例えば「大空の心臓」が登場して、夜の暗闇の中であらゆる生命に息吹を与えるという。「大空の心臓」は三人いて、一人は「落雷のフラカーン」、もう一人は「年少の落雷」、三人目は「突然の落雷」で、この三人が一体で「大空の心臓」となり、崇高神や羽毛を持つ蛇（ケツァルコアトル）と共にこの世にやってきて、光と生命をもたらす[5]。キチェ語の「フラカーン」には「一本足」という意味がある。一本足の神は、先コロンブス期のメソアメリカに広く見られ、そのうち重要な例は、メキシコ・パレンケの、片足が人間でもう片方の足が蛇であるマヤ族の神「カウィル（K'awil）」である。この一本足の神は、竜巻みたいに真っすぐ大空につながり、大空との親族関係を表すという[6]。

このように、メキシコから中南米にかけて、さらにカリブ海の島々で「フラカーン」をめぐるさまざまな神話があり、その起源をめぐって、従来はメキシコのユカタン半島からカリブ海域に広がったという学説が流布していた。つまり、「フラカーン」という荒ぶる神をめぐる神話は、ユカタン半島のキチェ語族からカリブ海のアラワク族が借用したものだと考えられていた。

だが、フェルナンド・オルティスはドイツの人類学者ルドルフ・シュラーの説を援用しながら従来の説を否定し、マヤ系のキチェ語とカリブ海のアラワク語との間に「密接な遺伝的親和性」が存在するとして、双方のフラカーン神話を認めるべきだと主張している[7]。

そうした学者の間における神話の起源論争はさておき、ユカタン半島のみならず、カリブ海域の島々で、荒ぶる神をめぐって同じような神話が語られていたということは、アンティリャス諸島の住民たちが古代から船を使って互いに行き来し、知恵や情報（文化）を共有していたことの証しに他ならないだろう。

シェイクスピアの「ハリケーン」

シェイクスピア（一五六四―一六一六年）は、コロンブスから一世紀ほど遅れて生まれたが、カリブ海の嵐をモチーフにした作品『テンペスト』（一六一一年）を晩年に残している。周知のように、大英帝国はスペインやポルトガルなどの西洋の列強に遅れて新大陸の植民地経営に乗り出した。

シェイクスピアは、一六〇九年に北米ヴァージニアの植民地に向かいながら、バーミューダ諸島で嵐によって遭難した英国のヴァージニア船団一行のニュースを知っていたようだ。

『テンペスト』では、カリブ海の嵐はただの自然現象ではなく、主人公プロスペロが「魔術」を使って、精霊エアリエルに命じて起こさせる「天災」である。プロスペロは、ミラノ公国から自分を追放した連中（「大公」の座に就いた弟アントーニオら）に復讐をするために「魔術」を使う。この時代、「魔術学」はれっきとした学問であり、プロスペロはそれを修得したということになっている。

シェイクスピア学者の間では、プロスペロの人物像をめぐって議論があるようだ。大公の座を簒奪《さんだつ》した相手を最終的には許す「寛容な指導者」という、素朴なプロスペロ像がある。だが、それはあまりにナイーブだとして、先住民キャリバンを搾取する植民地主義者と見なす立場（ポストコロニアリズム批評）や、初演のイギリスの政治状況に注目して、プロスペロと先住民キャリバンとの関係に、ジェイムズ王と下院との関係を重ね合わせて考察する立場（新歴史主義批評）などがある。[8]

この作品にカリブ海の嵐は登場するが、先住民の使っていた「フラカーン」という名称は登場しない。嵐の名称として使われている語は、ストーム（storm）とテンペスト（tempest）である。

面白いことに、それらの名称の使用に一つの特徴が見られる。「テンペスト」という語は作中に四度出てくる。そのうち一回はト書きで、しかも形容詞「嵐の（tempestuous）」である。あとの三回はセリフの中に出てきて、それを発するのはプロスペロだけである。

一方、「ストーム」は七回出てくる。水夫長が一回、プロスペロの娘ミランダが一回（ただし、海嵐〔sea-storm〕という形で）、あとの五回は道化のトリンキュローが発する。

英語史で「嵐」といえば、ゲルマン語に由来する「ストーム」のほうが圧倒的に古い。『オックスフォード大辞典』によれば、すでに九世紀に古英語の用例がある。

一方、英語の「テンペスト」はラテン語の「テンペスタテム（temepstatem）」に由来しており、十三世紀になってようやく出現し、中世英語に用例がある。▼9 では、なぜプロスペロだけがこの作品ではラテン語に由来する「テンペスト」という単語を使っているのだろうか。そこにどのような意味があるのだろうか。ラテン語の知識を有するミラノ公国の元大公（プロスペロ）と、そうした知識のない水夫や道化や女性（娘）との関係は、一般庶民（観客）に自分たちとイギリス王室（上流階級）との上下関係を類推させるものだった。だとすれば、その知識の有無は、両者の間の「階級差」や「性差」をうき立たせるものではなかったか。

さらに、すでに触れたように、プロスペロが嵐を引き起こす精霊と交信しているのは、超能力でもなんでもなく、修得した中世の学問（魔術学）によってである。プロスペロは、そうした古い学問だけでなく、近代人の「教養」としての外国語・ラテン語の知識も有している。プロスペロだけにみられる「テンペスト」という語の使用は、かれが為政者として、他に抜きん出た能力を有しているということを示唆していないだろうか。

近代の始まる大航海の時代、地中海の覇権争いは大西洋をめぐる覇権争いへとシフトしていた。自国と母語についての知識や情報しか持たない為政者はそうした覇権争いに加われなかったが、プロスペロのような外国の情報や外国語の知識をもつ近代人は覇権争いに加わることができた。そのことが、キャリバンに象徴される先住民を搾取する以前に、そもそもプロスペロが「植民地主義者」と見なされても仕方ない理由である。

ちなみに、英語の文献に「ハリケーン」の変異語《ヴァリアント》が出てくるのは、一五五〇年以降のことである。最初の用例として、『オックスフォード大辞典』は、リチャード・イーデンによるラテン語の文献からの英語訳『新世界の数十年』（一五五五年）を挙げている。

「この年のテンペストは（ギリシャ人は台風と呼んでいるが）……当地では『フラカネス』と呼ばれているのだが……激しく凶暴な『フラカネス』で、大木を根こそぎにしたのである」[10]

そんなわけで、シェイクスピアの時代に、カリブ海の「フラカーン」という呼び名は、新大陸に関する外国語文献の英語訳を通じて、大西洋での覇権争いに加わろうとする英国の為政者たちの耳に入っていたはずだ。

だが、『オックスフォード大辞典』によれば、「ハリケーン」という英語自体は、一六八八年ごろにようやく英国で定着したという。すでに、シェイクスピアが『テンペスト』を発表して七十年以上たっていた。先ほど触れたカリブ海の先住民の言葉「フラカーン」が、スペイン語やポルトガル語の派生語「フリカーン」を経て英語圏に「輸入」されたのだ。だから、『テンペスト』に「ハリケーン」という語が登場しなかったのも無理はない。

サトウキビ畑の黒い神々

キューバの二十世紀の画家ヴィフレド・ラム（一九〇二―一九八二年）は、ビジャクララ州のサグア・ラ・グランデで生まれた。のちにチェ・ゲバラに率いられたゲリラ軍がバチスタの政府軍に壊滅的な打撃を与えることになる中部都市サンタ・クララの目と鼻の先にある、のどかな田園地帯だ。

父ラム＝ヤムは、広東省生まれの中国系移民だった。父は商店のオーナーであり、その地域の中国系移民のあいだでは尊敬されていたらしい。いくつかの中国語の方言を話し、教養があり、代書人もやっていたからだ。[11]

二十世紀になると、米国でアジア人を排斥する黄禍論が盛んになり、カリフォルニアの中国系移民がキューバにやってくる。かれらはそれ以前の中国系移民とは違って裕福な人たちであり、ハバナでアジア食品の販売や中華レストランなどをはじめて、キューバのビジネス界にも食い込んだ。ハバナのセントロ地区には中華街があり、かれらは中華料理、東洋医学（針灸）、太極拳などの文化をキューバにもたらした。

ヴィフレドの母親はアフリカ系とスペイン系の血を引く混血女性《ムラータ》だった。幼いヴィフレドには、アフロ信仰に知悉《ちしつ》した黒人のマドリーナがいた。マドリーナというのは、カトリック社会では「母親代わり」の役割を果たす人のことだ。マントニカ・ウィルソンという女性で、アフロ信仰「サンテリア」の女司祭《サンテラ》でもあり、ヴィフレドは、パリ時代に師匠のピカソなどに、このマドリーナが執りおこなった宗教儀式のことを語っていたようだ[12]（図1参照）。

図1　マントニカ・ウィルソンの肖像

キューバの一大産業である製糖産業を担ったのは、黒人奴隷とその末裔だった。灼熱の太陽のもとでのサトウキビ刈りや、製糖工場でのサトウキビ搾りの作業など、激しい肉体労働に従事させられた。一八八六年にキューバで奴隷制が廃止されてからは、黒人のほかに、その他の移民たちもサトウキビ畑で働くようになった。

十九世紀の半ばには、すでに中国からの年季労働者《クーリー》がキューバにやってきていた。中国系移民が初めてキューバにやってくるのは、一八四七年のことだったという。スペイン船オケンド号に乗って二百六名がハバナ港に着いた[13]。

中国人移民とアフリカ系黒人との接点は、サトウキビ畑での肉体労働であり、かれらはともにキューバ社会の周縁におかれた者同士であった。砂糖の歴史に詳しいキャロル・オフによれば、「数万人の中国人クーリーとアフリカ人奴隷は、命をつなぐのがやっとの賃金で働き、砂糖貴族のプランテーションの繁栄を維持していた[14]」

逆にいえば、のちに画家になるヴィフレドには、絵の素材となるサトウキビ畑を舞台にした、豊かなアフロ＝アジアのディアスポラ文化の土壌があった。アフロ＝アジアのディアスポラ文化とは、端的にいえば、当時のアメリカやキューバの資本主義社会が重視するモノと金ではなく、目に見えないスピリット（精霊、エネルギー）を尊重する文化である。

プロスペロはエアリアルという精霊と交信できる能力があったが、精霊を尊重するどころか、家来・手段としてしか見なかった。だから、ラムの時代に生きていても、ディアスポラの文化を理解する者にはなり得なかっただろう。サトウキビ畑は、資本家から見れば、できる限り労働賃金や諸経費を安くして、サトウキビによる収益をあげるための手段でしかない。それに対して、ディアスポラの民にとって、サトウキビ畑とは血と汗を流す労役の場であると同時に、スピリチュアルな覚醒をもたらす現場だった。

ラムの『ハリケーン』

ヴィフレド・ラムの『ハリケーン』（一九四五年）を見ていこう（図2参照）。それは、まるで秩序の存在しないカオス的な世界を描いているように見える。精霊や人間、動物や植物が分離せずに、合体したり共存したりしている。

だが、アフロ信仰の思想や神話を下敷きにして見てみると、必ずしもカオスとはいえない世界が見えてくる。

たとえば、左上と右端に、小舟のような容器の上に載った、石に目と角がついた小さな像が見える。アフロキューバ宗教、とりわけヨルバ族の信仰「サンテリア」（「ルクミ」とか「レグラ・デ・オチャ」とも呼ばれる）で信奉されている、道や玄関をつかさどる精霊エレグアの偶像である。

通常は、三角形の石にディログンというアフリカで貨幣の代わりをし

図2　ラムの『ハリケーン』

た宝貝を使った目が二つついている。しばしば、ラムの絵には「悪魔」みたいに角が描かれている。通常、エレグアの頭部に角はついていないが、これはラムの独創かもしれない。

ラムと「ネグリチュード」というアフリカ回帰の思想との関連を論じたリンズリーは、アフリカ芸術のラムへの影響に言及し、「（アフリカの）バウレス・ゴリ族の仮面の丸い角のある頭部がラムの作品に頻繁に登場する」と述べている。[15]

ラムの絵『ハリケーン』の中には、容器に載せられたエレグアの他に、植物と合体して、その頭部になっているエレグアもいる。若い顔と老人の顔が見られる。

「オルーラの手」と呼ばれるイニシエーションの儀式をおこなうと、入信者はオグンやオショシ、オスンと一緒にエレグアを戴《いただ》くことになる。その四名の精霊《オリチャ》は強力な戦士になって、信徒を守ってくれるという。とりわけ、エレグアは四人の戦士の中で先頭に立つ。自然界では、三角形の岩や石がエレグアの象徴になる。通常、黒人司祭《ババラウォ》が秘儀の入魂儀式をおこない、それをエレグアのアバターとする。

精霊は万能ではなく、それぞれ独特な特徴を有している。エレグアは、とても賢い老人であり、他方、とてもいたずら好きの子供であるといった二面性を持っている。父オバタラ（平和や秩序をつかさどる精霊）のために人々の言動を見張ったり、観察したりしている。人が正しくないおこないをすると、そのことをオバタラに伝える。また、エレグアは交差点で、人のために道（旅や移動のための）を閉じたり開けたりするというので、信者たちは旅をするときは、必ずエレグアに捧げものをする。

宗教儀式の「道」を開くのはエレグアだ。どのような儀式でも、始めるにあたって、まずエレグアにお伺いを立てる。ババラウォはココナッツの殻を使ったオビ占いをおこなう（第4章で詳述）。エレグアが「道」を開いてくれないと、何も始められないからだ。

エレグアへの祈禱やお供えがキリスト教徒にとっては「悪魔」を頼りにする邪教のように映るかもしれない。しかし、エレグアは「悪魔」ではない。ヨルバ族の宗教は、キリスト教のように二元論の世界観を有しておらず、地獄もないし悪魔もいない。

エレグアの強力なアバターの一人、エチュは長らくキリスト教徒によって「悪魔」の扱いを受けてきたが、正義と悪、幸福と不幸といった二極のバランスを取る精霊として、人間や世の中が片方に傾いたときにもう一方へ揺り戻す働きをする。

だから、ラムの「エレグア」はアフロキューバ信仰を「呪術」を見なすカトリック教会や白人キリスト教徒の見方を、わざと反映させているのかもしれない。というのも、キューバの黒人たちは白人の目をたぶらかす、ホミ・バーバのいう「擬態《ミミクリ》」の方法《ディスコース》をとっているからだ。それはバーバの言葉を借りれば、「二重の分節化＝二枚舌の記号」である。[16]

カリブ海ではアフリカのような偶像崇拝はおこなっていない。より正確に言えば、キリスト教徒の支配者によって偶像崇拝を禁止されてきたので、おこなえないのだ。それが「擬態《ミミクリ》」の方法を取らざるをえない理由である。ディアスポラの民の信仰において、アフリカの精霊たちはことごとくキリスト教の聖者との「習合」を強いられてクレオール化する。

その一例として、アフリカの精霊を祝う日は、カトリック教会の「聖人暦」にしたがう。例えば、平癒の精霊ババルアイエは、キリスト教の聖ラザロと習合させられて、祝日は聖ラザロの祭日の十二月十七日である。お金と恋愛をつかさどる精霊オチュンの祭日は、「エル・コブレの慈善の処女聖母」の祝日の九月七日である。ディアスポラの民がお祭りをしたい場合は、一応そうしたカトリック教会の規則に則って、アフリカの太鼓を使った憑依儀礼をおこなった。ある意味、それは妥協の産物である。

さらに、占いの盆によって象徴されるオルンミラや、エレグアをはじめとする戦士たちを除いて、ディアスポラの民がアフリカの精霊たちを表現できるのは、唯一、色のシンボリズムに基づいた色彩によってだけだ。

例えば、人類の創造者オバタラは、純潔を意味する「白」で表すとか、愛情をつかさどる海の女神イェマヤーは波の色の「青と白」で表すとか、雷・太鼓をつかさどるチャンゴーは「赤と白」で表すといったように。

ヴィフレド・ラムの『ハリケーン』は、そうした「擬態」を強いられたアフロ＝アジアのディアスポラ文化を表現している。このような姿勢は、ラムと同じようにヨーロッパの学問や芸術を学んだキューバの「民俗学者」リディア・カブレラや小説家アレホ・カルペンティエルの仕事に通じる。▼17

さて、『ハリケーン』という作品に描き込まれたアフリカの精霊は、エレグアだけではない。

右上には（そして左下のほうにも、植物と合体した、よりラディカルな形で）、鉄製の馬蹄が描かれている。左下には、植物の一部と化した人間の手が握った、尖《とが》ったナイフが描かれている。馬蹄もナイフも、鉄をつかさどる精霊オグンの象徴である。三角形の石がエレグアの象徴となるように、鉄の容器やナイフ、金床《かなとこ》のミニチュアなどはすべてオグンの象徴となる。オグンやエレグアをはじめ、「戦士《ゲレロス》」と呼ばれる限られた精霊たちだけは、色のほかに、そうした道具類でも偶像に代わる役割を果たす。

修辞学の世界では、例えば、王冠で王様を表すような「換喩」と呼ばれる表現方法がある。ディアスポラの民は自分たちの神々を拝むことは禁じられていたので、神々をそうした比喩表現（オグンのナイフや馬蹄）であらわす工夫をせざるをえなかった。奴隷たちの神々は、キリスト教社会の中では表立って祀《まつ》ることができない秘密の神々、いわば「納戸《なんど》の神」だった（図3参照）。

皮肉なことに、表に出せない秘密の神々であったために、信者たちの心の中では、その分パワーを有することになった。それがディアスポラの民の禁じられた宗教に見られる興味深い逆説である。

オグンをめぐる「神話《パタキ》」はたくさん存在するが、そのうち有名なものにはこういう話がある。オグンは、父オバタラと母イェム（別の説ではイェマヤー）の間にできた子だったが、長じて母に懸想《けそう》して、こっそり用意した炒《い》ったトウモロコシを見張りのオスンにたらふく食べさせて眠らせ、母と契りを結ぼうとしたという。[18]
エレグアの密告で、激怒した父はオグンに罰を与えようとしたが、その前にオグンは自らの罪を恥じて、「父よ、私を呪わないでください」と懇願し、犬を連れて森に引きこもった。自分自身を罰する決意をして、孤独のうちに夜も昼も鍛冶屋の仕事に打ち込む。
キリスト教のみならず、アフロ信仰でも、近親相姦はタブーとして固く禁じられている。だが、オグンの神話は善悪二元論によらない、アフリカ的な人間観をかいま見せる。

図3　サンテリアのエレグア（手前）とオグン

というのも、神話の続きでは、鉄や金属（そして鉄や金属に象徴される高度な産業文明）をつかさどるオグンが森に象徴される大自然の中に引きこもってしまうと、都市文明は不都合をきたす。そこで、父オバタラはオグンを町に連れ戻すべく使いをやる。だが、実直で融通の利かないオグンはがんとして受けつけない。最後に、才色兼備の川の女神（恋愛と金をつかさどる精霊）オチュンがその大役を買ってでて、ハチミツと自らの媚態を用いて、オグンを連れ戻すことに成功する。そしてオグンが戻ってきてくれたおかげで、都市機能も回復する。
このオグンの神話に見られるように、ディアスポラの民の信じる神々は万能ではない。むしろ、キリスト教では悪とされるような罪も犯す。だが、同様に、人類に対して善行もおこなう。

　信者たちが信じている精霊オグンの特性として、失敗を率直に認め、その責めを進んで受け入れる潔さがある。逆に、自分が潔癖症であるので、他人の罪も許さない。鉄に見られるように、硬く、柔軟性に欠けるという点がある。実直で酒好きで、情熱的で、勇敢で、衝動的で、猜疑心が強いのもオグンの特徴だ。人懐っこくフレンドリーなので、常に異性の興味をそそり、さまざまな異性と性的関係を持つが、一人の異性に執着しない。人を恐れ、また人からも恐れられる。暴力的なところがあり、衝動に駆られて行動し、失敗をしでかす。

　ラムの『ハリケーン』には、他にも重要な精霊が描かれている。絵の右下には、嵐のなかにもかかわらず、炎が描かれている。それは、稲妻や雷、戦争、太鼓（踊り・音楽）をつかさどる精霊チャンゴーである。エレグアとオグンの兄弟とされる精霊の一人だ。チャンゴーはオヨという王国の王様《アラフィン》だったという。

　その神話の一つに、チャンゴーが王様になった経緯《いきさつ》を語る話がある。

　オロフィン（神）が地球を創造しようとしたときのことだ。オロフィンはコーラの木の実を投げ、それが海に落ちた。そこから、一本のヤシの木と、毛の塊のような髪を持った七人の王子が生まれた。その中に、オランミヤン・チャンゴーがいた。かれが一番小さかった。オロフィンが王子たちに与えたものは、すべていいもので、みんなが受け取った。

　だが、チャンゴーには一枚の布きれと鉄の杖だけしか残ってなかった。チャンゴーは、ほかの王子たちにすべていいものが奪われたと思い、そのとき海水しかなかった地球を揺り動かして、海中に土を埋めて山をつくり、一羽の鶏を放った。鶏はごみを掃除しはじめた。鶏は海上で大きく成長して、土地ができたところまで飛んでいき、それを自分のものとした。

　ほかの王子たちは、チャンゴーが持っているものに目移りした。王子たちは自分の土地を鶏に奪われ、チャンゴーの持っているものを奪おうとした。

だが、チャンゴーの鉄の杖は強力な防御の武器となり、チャンゴーはそれを使って、勝負をつけようとした。

王子たちは、地球をみんなで共有しなければならない、とチャンゴーに申し出た。

チャンゴーは答えた。もちろん、そうしてもいいぞ。だが、統治するのはわたしだ、と。

かくして、チャンゴーはオヨの土地をみんなに分配してやり、オヨに最初の王朝を築き、最初の王様になったという。

もちろん、この物語は、ディアスポラの民によって伝えられた、チャンゴーをめぐる無数の「神話」の一つにすぎない。ラムの描くチャンゴーの炎に何を読み込むかは、見る者の主観に委ねられている。気前のいい政治家なのか、手に負えない暴君なのか、異性にも同性にも人気のある色男なのか。

カリブ海の「混血主体」をどう描くか

皮肉にも、ラムにホミ・バーバのいう「擬態《ミミクリ》」の思想を実行に移す機会を与えたのは、ヨーロッパにおける戦争だった。とりわけナチスドイツのフランスへの侵攻によって、ラムは、詩人でシュルレアリストのアンドレ・ブルトンと一緒に南仏へ「逃亡」し、そこからカリブ海へ帰還することになった。

一九四一年三月、ラムとブルトンの一行はマルセイユを出港した。同じ船には文化人類学者のクロード・レヴィ゠ストロースも乗り合わせていて、ラムはレヴィ゠ストロースからブラジルにおけるヨルバ族の信仰カンドンブレについて聞く機会を得た。

仏領マルティニークでは、詩人で思想家のエメ・セゼールと会ったが、セゼールは雑誌『トロピーク』を創刊し、「西洋的な『普遍』ではなく、黒人であることに立脚しながら真に人間的な新しい『普遍』を創造するように訴えていた」という。[19]

ラムはすでにパリ時代に「ネグリチュード」というアフリカ回帰の思想に触れていた。だが、ヨーロッパにいるアフリカ人と、カリブ海の混血文化のアフリカ人とでは拠って立つところが違っていた。「サンゴールのような（ヨーロッパにいる）アフリカ黒人にとって、ネグリチュードとナショナリズムの間には単純なつながりが見えたとしても、ディアスポラの黒人（カリブ海の混血文化）にとっては、状況はより複雑だったのである」[20]

というのも、カリブ海の「ディアスポラの黒人」にとって解決すべき問題があったからだ。それは、精神科医のフランツ・ファノンが『黒い皮膚、白い仮面』（一九五二年）で論じたように、新大陸の植民地主義の差別構造を内面化してしまう黒人側の心理機制をどのように克服するかという問題だった。

もっと平易にいうならば、母がムラータだったヴィフレド・ラムのようなカリブ海の混血の人間は、アフリカの黒人のように「アフリカの大地」にどっかと足を下ろし、アフリカの文化を称揚しながら、白人文化に抵抗するわけにはいかなかった。自らの中に白人文化を一部抱えていたからだ。ラム自身はキューバに帰還した頃のことをこう回想している。

「当時のハバナは、甘い音楽、ルンバ、マンボが流れる歓楽街だった。黒人は、絵のように見栄えがすると思われていた。かれらは白人の猿真似をして、自分が白い肌を持っていないことを悔やんでいた。黒人たちは分裂していた――黒人はムラートを自分の子と見なさなかった。一方、ムラートはもはや父親のように黒くはなかったが、白人でもなかったので、自分自身の混血の肌を嫌っていた。混血女性ムラータに関しては、白人男性の欲望の対象になり、しばしば売春婦になっていた」[21]

もう一つの『ハリケーン』

ここで、キューバに帰還してのちに描かれたいくつかのラムの絵に言及しておきたい。まずは『ハリケーン』とほぼ同時期に描かれた、ラムの代表作『ジャングル』（一九四三年）から（図4参照）。それは「キューバに戻った数年間で、ラムの芸術的探究の、主題の方向性と象徴的革新を特徴づける」[22]とも言われる作品だ。というのも、ここには人間や動物や植物の合体が見られるだけでなく、アフロ信仰の憑依儀礼のメタファーが描かれているからだ。一番左側に、馬の頭部とパパイヤの形をした女性の乳房や、人間の手や脚が合体した形がある。

図4　ラムの『ジャングル』1943年

馬とは、アフロ信仰「サンテリア」において、特殊な意味を有している。神がかりの太鼓儀礼で、オリチャに乗り移られる信者は「馬」と呼ばれるからだ。それは「オリチャが馬に乗るために降りてくる」と言われる現象である。憑依された信者は、オリチャから新たな活力を与えられるので、神聖な存在とみなされる。

この絵に限らず、ラムは馬と女性の合体したモチーフをよく用いる。例えば、『誕生』(一九四七年)では卵を産む馬と女性の合体したフィギュアが描かれている(図5参照)。フレッチャーは、憑依された女=馬が持つ意義についてこう述べている。

「絵の上の方では、痛々しいほど広がった人物が鳥(おそらくキリスト教の三位一体の聖霊への幻想)をハイブリッドの馬に向けて落とし、それが次に大きな卵を地面に落としている(もちろん、卵は新しい人生と無限の可能性のための普遍的なシンボルだ)。『誕生』は、オリチャによる信者への超自然的な憑依

図5　ラムの『誕生』1947年

を表象している。これは、新たに力を与えられた、よりスピリチュアルな人間を生み出す行為なのだ[23]」

ラムは、馬＝女性を「多産」という肯定的なシンボルとして捉えている。言い換えれば、アフロ信仰の太鼓儀礼を後進的なものとして捉える白人知識人層を挑発しているのだ。『ジャングル』において、馬の頭を持つ女性のモチーフは憑依の象徴となっているが、別次元の意味も付与されているようだ。

実は、この絵に描かれているのは、タイトルにもなっているジャングルではなく、サトウキビ畑である。キューバでは、サトウキビ畑は植民地主義（近代的な資本主義的産業経営）の代名詞みたいなものだが、それをジャングル（未分化の大自然）と読み替えるところに芸術家の「発見」がある。

その「発見」のおかげで、サトウキビ畑で使役されてきた黒人奴隷の側から「キューバの風景」を見る視座が得られる。ラム自身は、この絵が象徴的な作品であると断って、こう言っている。

「このタイトルはキューバの実際の田舎《いなか》の風景とは何の関係もありません。キューバにはジャングルなどはなく、森や丘、開かれた野原があるばかりですから。絵の背景はサトウキビのプランテーションです。私の絵は（黒人の）精神状態を伝えることをめざしていました[24]」

サトウキビ畑を黒人奴隷（しかも黒人女性）の視座から見るということは、レイシズム（人種差別）やセクシズム（性差別）の抑圧を受けた有色の女性の立場に立つということだ。

当時、アメリカ人男性の快楽の吐け口になっていた、ハバナの夜の街を念頭に入れれば、馬の頭を持つ女性という一見醜いフィギュアは、反植民地主義的な（すなわち、白人男性の言いなりにならない）女性の表象なのだ。というのも、従来、西洋人の男性の画家たち（ゴーギャンなど）によって描かれてきたのは、「西洋人の男性の性的欲求を満たすために存在する、エキゾチックで植民地化された女性像[25]」だったからだ。

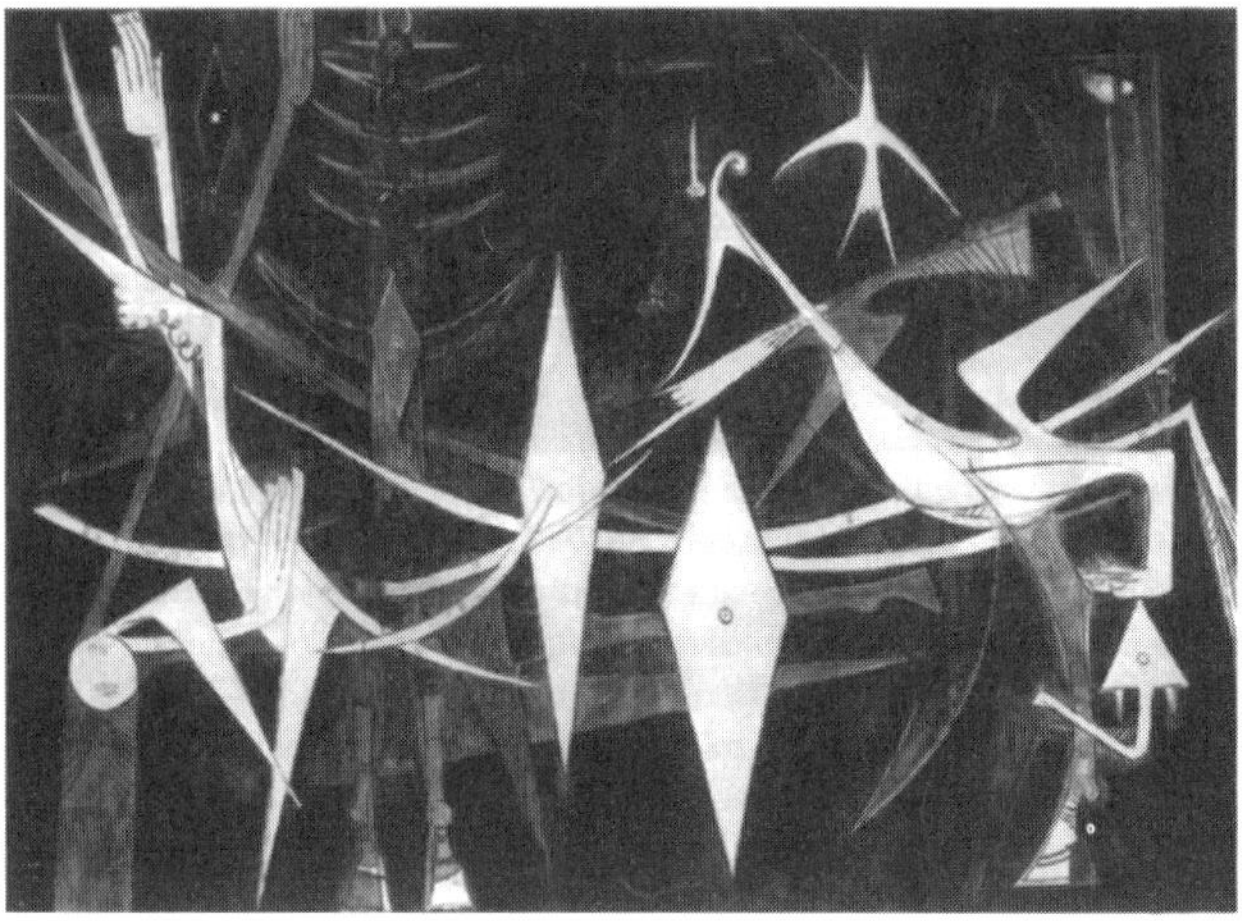
図6　ラムの『コンポジション』1957年

さらにいうならば、これは抑圧された市民によるバチスタ独裁政府の打倒、すなわちこれからやってくる「キューバ革命」を予告するものである。そういう意味で、この絵画は政治的なのである。

この絵は「ヴードゥーの憑依やアフリカの神々が、抑圧された黒人大衆の集合的記憶から噴火してくる絵、社会で進行中の激変、新植民地主義の主人（アメリカ）に対する元奴隷たちによる革命の象徴[26]」だったのだ。

馬のフィギュアが出てくる『コンポジション』（一九五七年）に少しだけ触れておこう（図6参照）。絵画の左半分には大きな馬の肋骨のほかに、鳥の体にエレグアの頭や人間の手がついた存在が描かれている。右半分に見られるのは、鳥の体に馬の顔や脚や尻尾、睾丸やペニスがついた不思議な怪物である。さらに、片手が人間で、もう一方の手が鳥の羽根である、人間と動物（馬や鳥）が合体した姿となっている。

しかも、馬の顔は白と黒で、ハイブリッドとして描かれている。ラム自身の言葉によれば、肋骨や脊髄は「打ち負かされることのない力」の象徴である。

このように、アフロ信仰表象にしても、ラムの場合は単純ではない。ピエール・マビーユはラムの代表作『ジャングル』の画法について、西洋の「遠近法」の発見に匹敵すると絶賛した。

遠近法とは、西洋の「唯一神に基づいて世界は構成されているという考えの翻訳」であり、すべてが中心の一点へと収斂する。それに対してアフロ信仰の儀礼は、あらゆる部分が「リズムの法則」によって展開する「生命ある総体」であり、ラムの絵画もまさしくこの儀式の世界に属している。[27]

最後に『第三世界』（一九六五―一九六六年）に触れておこう。これは革命政府に捧げられた政治的な作品で、ラムによる『ゲルニカ』（ピカソ作、一九三七年）と呼ぶべきものだ。

真ん中に、体を横たえた女性がいる。手を合わせて何かを祈っている。作品全体が黒を基調としており、洞窟あるいは狭く薄暗い空間を表している。左上には、コウモリの表象が見られる。そのほかに、オグンの馬蹄、オチョシの鉄の弓矢、腰をおろすもう一人の女性とその膝に乗る子供、鳥と魚、亡霊などが狭い空間にひしめきあっている。しかし、革命政府のスローガンである「祖国か死か！」のような単純なメッセージは読みとれない。

ラムは、キューバで救出する価値のあるものは、アフロキューバ人の祖先の文化だと考えていた。「黒人精神と黒人芸術の美しさ」こそ、自分が追求すべきものだと見なした。政治的には、白人富裕者の犠牲になってきた黒人の立場に立ち、自分自身をギリシャ軍がトロイアを滅ぼすためにその中に兵士を潜ませて送り込んだ木馬になぞらえる。

「私はトロイの木馬に似ている。そこからとんでもないものがあらわれて、搾取者たちを驚かせたり、かれらの夢をさまたげたりすることができるからだ[28]」

いまも存在する第三世界の貧困は、植民地とその宗主国の関係に似て、第一世界の経済的な豊かさと対になっている。第三世界内部の格差もまた似たようなメカニズムを有している。ラムの『第三世界』から単純なスローガンが読みとれないのは、ラムの厳しい抵抗の視線が、第一世界の富裕者に対してはもちろんのこと、第三世界（とりわけ独裁者や富裕者）に対しても向けられているからである。

結びに　ラムにとってハリケーンとは何か？

ラムはピカソのキュビスムを身近で学んだが、初期の作品はその影響が色濃く残っている。ブルトンのシュルレアリスムにも影響を受けており、人物と植物の形を合体させるアンドレ・マッソン方式を吸収した。[29] そしてヨーロッパ中心主義思想の反映にすぎなかった「プリミティヴィズム（原始主義）」を、混血のカリブ的主体で捉え直した。ラムは、キューバにもどってから、そういった西洋モダニズムの技法を使って、のちに代表作と呼ばれるものを発表した。

「血族のハリケーン」

つい先頃バハマ諸島からキューバに到着
バーミューダで生まれ
バルバドス島にも親戚がいる
プエルト・リコにいた
ジャマイカの大木を根っこから引き抜いた
グアドループ島を襲うかもしれなかった
マルティニーク島を壊滅させた
年齢は　二日

（ニコラス・ギジェン『大動物園』一九六七年より）

アンティリャス諸島は小さな国家と国家の境界を越え、言語の違いを越えて、諸島の文化や芸術を一つのファミリーのように創造するポストコロニアルな可能性を秘めている。

というのも、アンティリャス諸島はヨーロッパの諸帝国による奴隷制や植民地経営といった「負の遺産」を共に受け継いでいるからだ。「負の遺産」を受け継ぐということは、文化的に見れば、故郷からの離散、すなわちディアスポラという名の移動と、他の民族との混淆、すなわちクレオール化を余儀なくされることだ。

しかし、そうした「負の遺産」こそ、フェルナンド・オルティスが「文化変容」と呼ぶ錬金術的なプロセスを通じて[30]、「魔術的リアリズム」の真の担い手であるヴィフレド・ラムやカルペンティエルのような、カリブ海独自の優れた芸術家や作家を育んだとも言える。

アンティリャス諸島の文化や芸術にはそうしたパラドックスが働いている。そこには、純粋な血族といったものはなく、純粋な伝統といったものもない。ヨーロッパの旧宗主国からの白人移民の末裔ですら、この熱帯のカリブ海で「文化変容」を被らざるを得ない。

ヴィフレド・ラムの『ハリケーン』や『ジャングル』は、ギジェンの詩と同様、アンティリャス諸島にもたらされたそうした「負の遺産」のメタファーであり、破壊を通じて創造へといたる芸術プロセスの、すぐれたメタファーでもある。

ここカリブ海では、たんにアフリカからの黒人奴隷の末裔だけでなく、中国人や日本人やインド人などのアジアからの移民など、「不純な文化」のなかにこそ、大いなる芸術・文学の資源が眠っている。

いうまでもなく、二十一世紀のいま、そうした芸術の趨勢は、たんにアンティリャス諸島だけでなく、世界のそこここの周縁で見られるはずである。

第2章　サトウキビ物語

「新世界」を形づくった数多くの出来事は、何らかの点で、サトウキビ畑に端を発している。

——ピーター・マシニス

サトウキビが最初に世界市場の生産品として輸出されたのはアンティリャス諸島からであった。「新世界」で最初にプランテーションが確立されたのはアンティリャス諸島であった。「新世界」の奴隷制が、強度という点で驚くべき頂点に達したのはアンティリャス諸島であった。

——シドニー・ミンツ

はじめに

「グアラポ」と呼ばれる飲み物がある。街中ではなかなか見かけないのだが、郊外や田舎《いなか》に行くと、人だかりのできている出店があり、サトウキビの搾り汁をぶっかき氷の入ったプラスティックのコップに入れて、一杯一ペソ（四円）で売っている。機械で搾ったフレッシュなサトウキビジュースの立ち飲みである。甘くて、冷たくて、安い。だから、人だかりができる。

プランテーションの製糖工場でサトウキビ搾りを人力でやっていたころ、そんな重労働をやらされていた黒人奴隷にとって、この甘いグアラポは大変なごちそうだったに違いない。残忍な農場監督が見張っていたので大っぴらには飲めないが、こっそり盗み飲んだはずだ。

グアラポに「クンチョ」とか「スピアス」と呼ばれる特殊なイースト菌をまぜて発酵させ、それを蒸留すると強い酒をつくることができる。それがキューバの「アグアルディエンテ（サトウキビ焼酎）」である。酒好きの労働者は、ラム酒よりこちらのほうを好む。強くて、ストレートで飲むと、簡単に酔っぱらえるからだ。

キューバ人の甘党ぶりを端的に表すエピソードを音楽家の八木啓代《のぶよ》さんが紹介している。「キューバの男の子は女の子をナンパするとき、けっして『コーヒー飲まない？』とは言わない。だいたい、『アイスクリーム食べようか』とくる▼1」と。

第1章で触れた歌手のセリア・クルースは、「わたしの緑色のワニ（キューバ）／砂糖の塊《かたまり》」とうたっていた。どうして、キューバ人はそれほど甘いものが好きなのだろうか。もちろん、甘いものが好きなのはキューバ人に限らないのだが、私がキューバに来る前によく旅していた、さまざまなトウガラシを使った料理を得意とするメキシコの人たちに比べると、キューバ人は概して辛いものが苦手で、甘いものを好むように思える。

メキシコやグアテマラには先住民の文化が息づいていて、トウモロコシや小麦粉を使ったトルティーヤを主食にしている。料理もそれに合った、トウガラシを調味料に使ったものを食べる。それに対して、キューバの主食は、コメである。このコメのご飯に、アボカドを添え、黒インゲン豆を煮込んだシチューをかけて食べる。あるいは、黒インゲン豆とコメを一緒に炊き込んだ「コングリ」という炊き込みご飯を食べる。いずれも「クリオーリョ」と呼ばれるキューバの家庭料理であるが、もともとは黒人奴隷たちが工夫して編みだした、いわゆる「ソウルフード」である。とにかくお腹がいっぱいになり、満腹感を味わえる。

あとで触れることになるが、あるとき二十世紀の製糖工場をめぐる一本のドキュメンタリー映画を見た。それがきっかけで、私はサトウキビと砂糖を軸にしてキューバについて書いてみたい気持ちになった。そう感じた理由の一つは、サトウキビと砂糖はキューバを語るうえで欠かすことができない要素のひとつだからである。ちょうど日本を語るうえで、米や米の加工品（酒、餅など）が欠かせないように。

それと同時に、サトウキビや砂糖の歴史について語ることで、逆に世界の近現代史に光を当てることもできるかもしれないとも思った。子供は両親の遺伝子を受け継ぐので、子供の遺伝子を見れば、両親の遺伝子を推測できる。そのように、小さな国キューバのサトウキビ栽培や砂糖の歴史を見ていくことで、大航海の時代から現在までの世界経済の仕組みや歴史を垣間見ることができるかもしれない。

周知のように、砂糖はサトウキビ（甘蔗）やビート（てん菜／砂糖大根）から作られる。栽培地を世界的に見ると、サトウキビは赤道に近い熱帯地方であるのに対して、ビートはヨーロッパをはじめとして比較的寒冷な土地である。砂糖がどちらからより多く作られているかといえば、時代によって異なるが、現在の比率は、サトウキビから約八割、ビートから約二割である。したがって、現在、砂糖を語るうえでは、サトウキビのほうが重要度は大きい。

二十世紀キューバのサトウキビ畑

すでに第1章の「大きな緑色のトカゲ」で触れたキューバ詩人のニコラス・ギジェンの作品の中に「サトウキビ畑」（一九三一年）という詩がある。

黒人
サトウキビ畑から逃げられない
ヤンキー（アメリカ人）
サトウキビ畑の上のほうに
大地
サトウキビ畑の下のほうに
血
われわれわれからにじみ出る！[2]

なぜ詩人はサトウキビ畑を詩の題材にしたのだろうか。一読してわかるように、ここに登場するサトウキビ畑は、ただの熱帯地帯の風景ではない。サトウキビはキューバの歴史、それもどちらかと言えば、負の歴史を浮びあがらせるうえで最適なのだ。

負の歴史とは、スペインの植民地として、あるいはアメリカの「保護国」としてキューバが経験してきたことをさす。

十九世紀後半に奴隷制が廃止され奴隷が解放されても、キューバでは土地は解放されずに、少数の白人による寡頭支配がつづく。二十世紀には、一部の富裕層にアメリカ合衆国が加担して、土地解放を求める小作人の反乱を弾圧する。

チョコレートの歴史について先駆的な著作（『チョコレートの真実』）のあるキャロル・オフは、二十世紀初頭にスペインからようやく独立を果たしたキューバの現状を、砂糖の観点から次のように述べる。

「一九〇二年、キューバは独立を宣言したが、主権は最初から絵に描いた餅だった。アメリカ政府は、キューバの外交政策にも、また『生命、財産、個人の自由』といった内政問題にも権力を行使した。アメリカの砂糖貴族がキューバを支配している。それが実態だった」[3]

ここで少し二十世紀初頭の世界史を振り返れば、米西戦争を終結させたパリ条約（一八九八年）により、米国はフィリピン、グアム、プエルト・リコをスペインから割譲される。

フィリピンでは少数の地主による寡頭支配が続き、サトウキビ・プランテーションで作られた砂糖はアメリカ向けに輸出されるようになった。また、ハワイでも白人の資本家（アメリカの砂糖王クラウス・スプレッケルズ）の「カリフォルニア・シュガー・リファイナリー」がプランテーションを経営し、アメリカに向けて砂糖の無税輸出をおこなった。

キューバもアメリカの覇権主義の傘下に組み込まれてしまう。一九〇一年、キューバ共和国憲法の中にアメリカの内政干渉を認める「プラット修正条項」が盛り込まれる。「プラット修正」は、キューバをアメリカの覇権主義のもとに置くものだった。東部のグアンタナモ湾を永久租借するとの契約を結び、その契約を盾に、アメリカは現在にいたるまで海軍基地を置きつづけている。政治的には、キューバの外交政策を制限して、アメリカ以外の外国から自由に借金をさせないようにした。一九〇三年には、「互恵通商条約」を結んでキューバ経済界に大きな足かせをはめた。アメリカの「保護国」として出発した二十世紀初頭のキューバは、砂糖の観点から見ても、まさしく「保護国」だった。キューバの生産する砂糖（粗糖）の大半はアメリカ市場へ送られ、多大なる利益を生む。

砂糖の値段も右肩上がりで、特にヨーロッパで第一次大戦が起こると、ビート糖が壊滅し、値段が高騰する。一九〇〇年から一九一四年まで一ポンド（約四百五十グラム）あたり三セントだったが、一九一六年には五・七五セント、一九二〇年三月から六月には、なんと二十セントと、一気に七倍に跳ね上がる。[4]

一方、アメリカからの投資額も、キューバ独立後、十五年から二十年のあいだに三倍に膨れ上がる。それらを主導したのは、ナショナル・シティ・バンクやロイヤル・バンク・オブ・カナダなど、北米の銀行である。そうした北米からの投資によって、キューバでは三十九の製糖工場が建設されるか、再建された。[5]

その中で、先駆的な存在は、マヌエル・リオンダら、三つのグループである。リオンダはすでに一九〇一年に、ニューヨークとフィラデルフィアの資本のバックアップを受け、スペイン人兄弟と共同で、中東部カマグウェイに八万エーカー（約三百二十平方キロメートル）の土地を得て、近代的な製糖工場（「セントラル・フランシスコ」）を建設していた。この土地がどれだけ広大だったか。東京の山手線の内側の面積が約六十五平方キロメートルなので、これの約五倍の広さである。一九一六年、リオンダの関連投資グループは、潤沢な資金を使って十七の既存のプランテーションを手に入れ、「キューバ・サトウキビ砂糖会社」を設立して、砂糖景気の波に乗った。[6]

同様に、ユナイテッド・フルーツ社のアンドリュー・プリンストンとマイナー・キースも、東部オリエンテに十七万エーカーの土地を購入し、製糖工場（「セントラル・プレストン」）を建設している。ここはリオンダより広くて、山手線の内側の面積の十倍以上もあった。また、テキサスの国会議員だったJ・B・ホーリーは、キューバの企業家と手を組み、やはり東部オリエンテに六万六千エーカーの土地を購入した。ここは先駆者の三社のうちでは一番小さいが、それでも山の手線の内側の面積の約四倍はあった。ホーリーはオリエンテとハバナに二つの工場を建設して、一九一三年までに六つの工場を所有するほどになった。[7]

かれらのやり口は似ていた。中部や東部などの田舎に広大な土地を獲得し、アメリカから豊富な資金提供を受けて近代的な工場を建設し、キューバ人かスペイン人が共同経営者として参画するというものであった。一九一三年までに、キューバで活動中の百七十二の製糖工場のうち、三十九がアメリカ資本であった。[8]

その後、第二グループがあらわれる。一九一九年までに、いろいろなアメリカの会社がキューバに投資したり、製糖工場を作ったりした。のちに第7章「痕跡の思想」で扱うことになる「プンタ・アレグレ」という砂糖会社をはじめとして、「アメリカン・シュガー・リファイナリー」、「ハイヤーズ・ルートビア」、そしてこのあと触れる「ハーシー・チョコレート」などが次々とキューバに進出した。[9]

そんなわけで、キューバの砂糖工場経営者の中には、アメリカへの併合を望む者さえいた。しかしながら、アメリカ市場への一極集中は弊害を招く。キューバの独裁者とアメリカ政財界との癒着、キューバ国内の著しい経済格差といった形で。

二十世紀のサトウキビ畑と砂糖は、アメリカへの政治的・経済的依存を余儀なくされたキューバの「従属」の象徴だった。まさにギジェンが詩に書いたように、「ヤンキー（アメリカ人）／サトウキビ畑の上のほうに〃大地／サトウキビ畑の下のほうに〃血／われわれからにじみ出る！」

ハーシー工場の廃墟

ハバナ大学の教授から面白い話を聞いた。今から十年ほど前のことである。教授の故郷マタンサス州に、かつてアメリカの有名なチョコレート会社の工場があって、いまでは廃墟になっているという。廃墟になった工場をめぐる、秘密のドキュメンタリー映画を手に入れたので見てみないか？　そう教授に言われたのだった。

この映画は、ＩＣＡＩＣ（キューバ映画芸術産業庁）が作ったものではなかった。つまり、キューバ政府の公認ではない独立系の映画なのだ。かつて工場で働いていた人たちにインタビューしていて、五十年以上前の昔を回顧するものだった。アメリカの会社に対して好意的な意見を元の従業員たちは述べていた。曰《いわ》く、あの時代に生活水準は高かったとか、賃金も悪くなかったとか……。

アメリカ資本の会社は、すべて一九五九年のキューバ革命によって国営化され、資産や施設は没収された。それまではアメリカの資本家と、キューバの一部の政治家や軍人、富裕層は結びついて利益を独占していたからだ。そういう意味では、この廃墟も、二十世紀アメリカ資本の残滓《ざんし》と呼べなくもない。

すでに見たように、二十世紀にキューバの砂糖はアメリカ市場に著しく依存していた。そのことはキューバ各地に作られたアメリカ資本の製糖工場を見ればわかるが、中でもハーシー・チョコレート会社がマタンサスに作ったものは特筆に値する。

それは、同じ時期にグアテマラやコスタリカをはじめとする中南米・カリブ海にバナナのプランテーション（「バナナ共和国」）を作り、安い賃金で地元の農民を搾取して巨大な収益をあげ、独裁者たちと手を結んで鉄道、郵政通信事業にまで手をだしたアメリカ資本の「ユナイテッド・フルーツ社」を彷彿とさせる。

だから、革命後の共産主義政権下では、かつてのアメリカ資本の会社は一様に「悪者」扱いされる。だが、このドキュメンタリー映画は、そのような単純なイデオロギーにもとづいて作られていなかった。アメリカの大企業を「悪者」扱いしていない。

ドキュメンタリー映画を見たあと、私はこの目で廃墟になった工場を見てみたくなった。知り合いのキューバ人に運転を頼んで足を運んでみた。ちょうど動物の残した排泄物のかけらから、どのような動物がどのような餌を食べたのか類推できるように、キューバの廃墟になった工場跡は、きっと二十世紀の世界史を映し出してくれるだろう。そう私は期待に胸を膨らませた。

ハバナからマタンサスに向かって、海沿いの街道「ビア・ブランカ」をゆく。五十キロほど走ると、とある道路標識が見えてくる。いまは「カミーロ・シエンフエゴス」という、革命時の英雄のひとりの名前がつけられている町へと誘導する標識だ。その道路標識を見ながら、内陸に向かう田舎道に入って、車で二十分ほど飛ばす。すると、鬱蒼《うつそう》とした緑の木々の向こうに大きな白い煙突が見えてくる。キューバではよく見られる製糖工場の煙突だ。しばらく走っていると、こぎれいだが、小さなバンガロー風の平家が隙間なくたち並んでいるところに出くわす。

ここが米国ペンシルヴェニアに本拠を置くハーシー・チョコレート会社の跡地の一部だ。跡地とはいえ、今でもこれらの平屋の住宅は地元の人によって使われている（図1参照）。

キャロル・オフの『チョコレートの真実』には、次のような記述がある。

「（マタンサス州の）ユムリ渓谷の海岸沿いにサンタクルス・デル・ノルテという町がある。ハーシー社はその近くにペンシルヴェニアと同様に自社従業員のための町、セントラル・ハーシー・キューバを建設した。町には水道と電気が通り、医療が受けられ、野球場もあった。ペンシルヴェニアの町ほど大きくはないが、現地の水準を大きく上回っていた」▼10

　ここにあったのは、ただの工場ではなく、工場を中心にした町だったのだ。本社〈ハーシー・コミュニティ〉のウェブサイト（英語版）を見ると、創業者ミルトン・ハーシー（一八五七―一九四五年）は、一九一六年に初めてキューバを訪れたようだ。

　ヨーロッパで戦争が始まり、チョコレートのための砂糖の不足が深刻になりつつあった頃だ。砂糖の価格も右肩上がりだった。だから、キューバにやってきて数週間後には、「セントラル・サン・ファン・バウティスタ」という小さな工場の購入を決めていた。そこに大きな「セントラル」を作ることにした[11]。

図1　廃墟と化したハーシーの製糖工場

「セントラル」というのは、キューバで近代的な製糖工場とそれを取りまく町のことをいう。十九世紀半ば頃までのプランテーションでは、サトウキビ畑と製糖工場が隣接しており、サトウキビ畑のオーナーが砂糖作りの工場も経営していた。そのような形態は「インヘニオ」と呼ばれた。非熟練工が扱える機械を使っていたインヘニオに対して、十九世紀の半ば以降に、サトウキビ栽培から切り離された経営者が資本を投入して、熟練工しか扱えない最新型の機械を工場に導入し、製糖業を専門的に切り盛りする形態が生まれる。それは「セントラル（近代化した工場）」と呼ばれた。資金繰りがつかずに近代化できなかった旧インヘニオ所有者は、サトウキビ栽培をおこなう農場主になった。

　ミルトンの頭にあったのは、そんな「セントラル」であり、チョコレート・タウンの建設だった。つまり、キューバの中に小さなアメリカを作ろうとしたのだ。

　ミルトンが町の建設に着手したのは、翌一九一七年である。本社のある町、ペンシルヴェニア州ドーフィン郡デリータウンシップと同じように、娯楽施設や野球場、ゴルフコース、映画館、ホテル、雑貨店を作り、道路や水道や電気などのインフラを整備した。そして、労働者の家族用にバンガロー式の住宅を放射状に並べて作った。[12]

　私が最初に目にしたのは、それらの従業員用の住宅だったのだ。そうした簡易建物は「バテイ(batey)」と愛称で呼ばれた。キューバの人類学者のフェルナンド・オルティスによれば、「バテイ」とは、カリブ海の古代先住民の言葉で「箱」という意味らしい。昔、奴隷たちは製糖工場で砂糖を入れた箱を積み上げて、工場内にスペースを作っていた。[13] その「砂糖の箱」という言葉が従業員の家に転用されたのだ。そう言えば、奴隷の小屋よりはマシだが、飾り気も何もない建物がいくつも並んでいた。

　それとは対照的に、アメリカから派遣されてくる幹部のためには、別の地区に自然石を利用した立派な邸宅が作られた。

　一九一八年に、キューバの「ハーシー・タウン」が完成すると、創業者のミルトンはさらに一九二〇年、一九二五年、一九二七年と、三つの地元の製糖工場を買収して事業を拡大した。一九二五年には、粗糖を白い精糖に変えるための精製工場の建設もおこなった。粗糖よりも精糖のほうが高く売れるからだ。その他にも、サトウキビ栽培のための大農園も確保したり、ピーナッツ油工場、サボテン・シロップ工場、発電所なども作ったりして、さらにインフラを整備した。[14]

　かくして、最終的にハーシー社が手に入れた土地は六万エーカー（約二百四十平方キロメートル）だった。先ほど触れたキューバに進出した先駆的な三社には及ばないが、東京の山手線の内側の面積の三・六倍の広さであった。ハーシー社は、キューバでチョコレートを作ったのではない。サトウキビから砂糖を作ったのだった。

「アメリカのキューバ支配を通して、ハーシー社は大量の砂糖供給を確保、コカ・コーラ社への砂糖供給で最大手の一つになった」[15]

さらに、ハーシー社はハバナ湾のカサブランカという港からマタンサスの港まで、二つの港を結ぶ鉄道まで作っていた。完成したのは一九二二年十月で、全長三百七十キロに及ぶ電気鉄道だった。ちょうど真ん中あたりにハーシー・タウンがあり、工場で生産した砂糖を港に輸送したり、工場やタウンに必要物資を送ったり、他の地区に住む労働者を通勤させたりした。この鉄道については、最終章「キューバのヘミングウェイ」で再び触れることになるだろう。

いまでは鉄道の線路に雑草が伸びているし、電車自体もかなりガタがきているが、いまだに地元の人々によって使われている。駅の傍の「ハーシー」という駅名の看板だけがかつての名残をとどめている（図2参照）。

図2　ハーシー駅

先ほども触れたように、ミルトン・ハーシーが二十世紀にキューバにハーシー・タウンを作ったのは、戦争によってヨーロッパ産の砂糖が減少し、砂糖の価格が高騰したのが直接の理由だが、キューバの安い労働賃金や土地代、さらに本国との輸送距離の短さなども魅力的だった。

だが、キューバ側から見ると、どうしてこの時期ハーシーのようなアメリカの大企業を受け入れなければならなかったのだろうか。

二十世紀にモノカルチャー化したキューバの製糖業だが、時代を少しだけ遡《さかのぼ》って十九世紀の状況を見てみよう。

スペインの植民地であるキューバの製糖業は十九世紀後半に順調に成長を遂げつつあったが、難問に遭遇する。十七世紀以降、ヨーロッパでは砂糖生産のためのビート栽培が本格化していた。ヨーロッパの製糖業者は、政府の奨励金や直接助成などの保護政策に助けられていた。とりわけ、フランスはナポレオンによる奨励もあり、強力なライバルにのしあがった。ヨーロッパにビート糖のブームがやってきて、熱帯のサトウキビによる製糖業は、価格競争の上でも苦戦を強いられた[16]。

かくして、十九世紀末に、ヨーロッパは砂糖を輸入する側から輸出する側になった。ヨーロッパ産のビート糖は、各政府の奨励や助成のおかげもあり、価格の大幅な引き下げが可能になった。その結果、キューバやプエルト・リコ、ドミニカ産のサトウキビによる砂糖がヨーロッパの市場から締め出されることになった。

世紀転換期の、キューバをはじめ、カリブ海諸国の砂糖生産地を窮地から救ったのが、アメリカ合衆国だった。だが、アメリカ合衆国は救世主であると共に、悪魔でもあった。

キューバにおける砂糖生産高は、世紀転換期に急激な伸びを示している。ポリットによれば、「一八九五年から一九二五年の三十年間に、キューバの生産高は百万トン近くから五百万トン以上へと上昇した[17]」スペインから独立したキューバにとって、砂糖は新興独立国を支える最も重要な商品となり、大きな雇用も生み出した。

一方で、それほど急激な砂糖生産高の伸びにもかかわらず、労働者や農民は豊かにならなかった。すでに見たように、アメリカ議会がキューバに着せた「拘束服」ともいうべき、キューバ憲法につけた付帯条項「プラット修正」があったからだ[18]。

この条約は、アメリカがキューバから輸入する砂糖の税率を二十パーセント削減する一方で、キューバが輸入するアメリカ商品の税率を引き下げさせた。これにより、キューバ産の砂糖はアメリカの国内市場で売りやすくなり、と同時にキューバ市場にはアメリカ商品が多く出まわるようになった。一九〇三年から一九一三年までに、アメリカから二億ドルに及ぶ投資がキューバの大規模な砂糖工場に注ぎ込まれて、キューバの砂糖産業の「アメリカ化」「モノカルチャー化」が進んだ。

これらの大規模な製糖工場は、キューバの国土の約二十パーセントを占めていた。一部の富裕層しかその恩恵にあずかれない、こうした「モノカルチャー化」は、地方の大衆のさらなる貧困を生み出した。労働者たちにとっては、他のカリブ海諸国からの安い労働力が流れ込んでくる恐れがあり、また独立農家はサトウキビの値段が最低にまで押し下げられる恐れがあった[19]。

一九二〇年代半ばまでにキューバの砂糖生産高は五百万トンを超え、世界の年間砂糖生産高（サトウキビ糖とビート糖を合わせた）の五分の一以上を占めるまでになっていた[20]。

統計を見てみると、二十世紀初頭は、キューバとアメリカの砂糖生産高が、世界市場において肩を並べて増加する。アメリカは、キューバやプエルト・リコなど、カリブ海の島々から粗糖を輸入し、国内で精製し精糖を生産した。もちろん、精糖のほうが利益率は大きかった（次ページ表1参照）。

アメリカはキューバ砂糖の輸入について、粗糖に限って税の優遇を図っていた。キューバからの精糖の輸入については、アメリカ国内の業者が関税を安くすることに反対していたからだ。

二十世紀初頭、アメリカ国内で、精糖生産を独占していた企業があった。先ほど、キューバに進出した第二グループとして名前を挙げた、ニュージャージーのアメリカン・シュガー・リファイナリー、

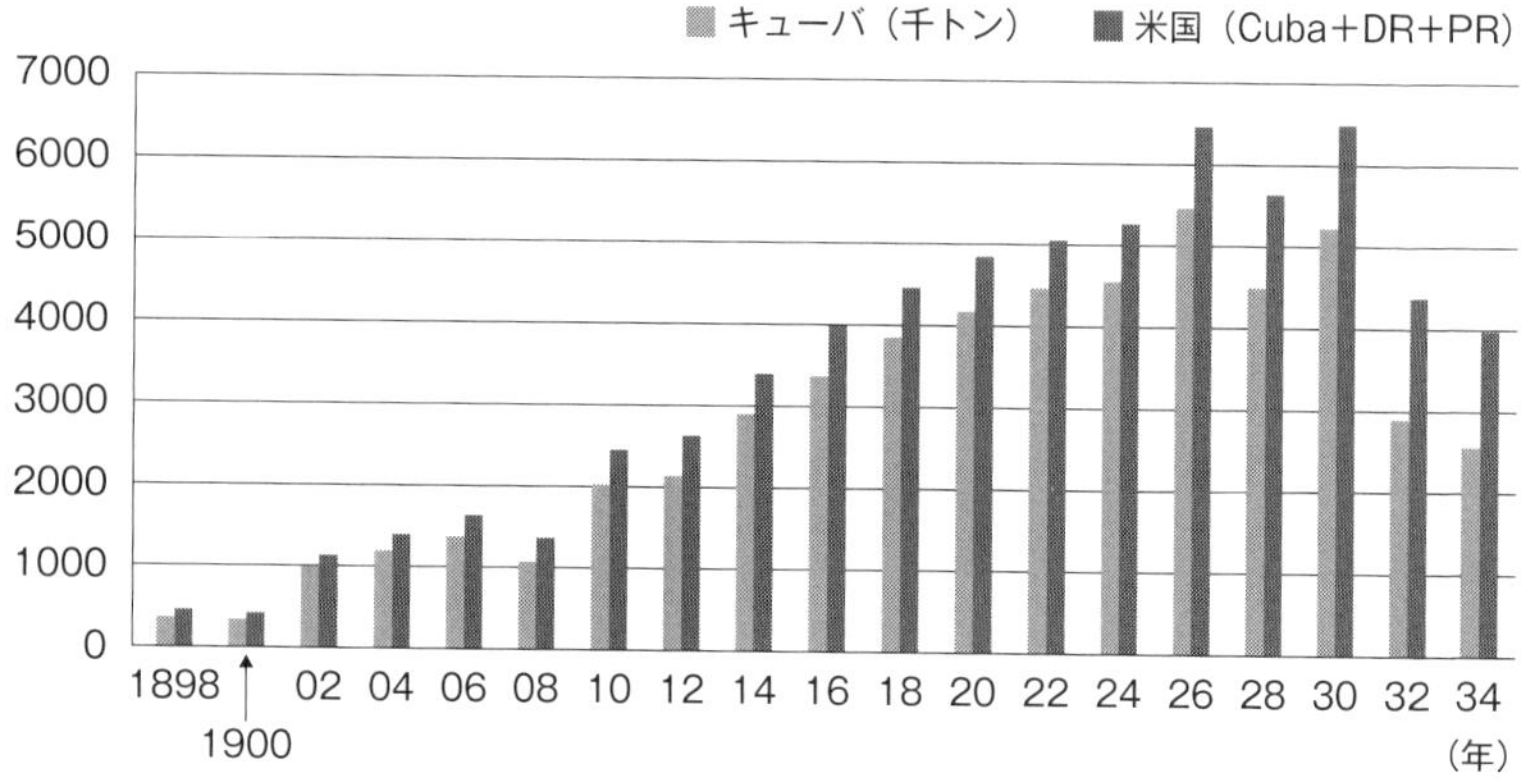

表1　キューバと米国の砂糖生産高
（単位は千トン、DR＝ドミニカ共和国、PR＝プエルト・リコ）▼21

別名「シュガー・トラスト」である。これは東部の砂糖王ヘンリー・O・ヘイヴメイヤーの手がけた会社であった。「シュガー・トラスト」はニューヨークのブルックリンに「ドミノ・シュガー・リファイナリー」という精製工場を持っていて、一九〇七年まで、なんとアメリカの精糖の九十八パーセントを生産していた▼22。

　ハーシー社は、一九二五年にキューバに利益率の高い精糖を生産する工場を作った。それまでキューバにはそうしたインフラはなかった▼23。

　二十世紀初頭のアメリカ国内に目を向ければ、石油や鉄鋼、自動車などの分野で新興産業が起こり、一部の企業が異業種の企業をいくつも傘下に収め、一種の巨大化した利益集団となっていった。石油と金融を中心にしたロックフェラー、金融と鉄鋼、鉄道を中心にしたモルガン、化学と自動車を中心にしたデュポンなど、いくつもの財閥が生まれた。

　ハーシー社がキューバに製糖工場を中心とする小さな町を作ったのは、アメリカに財閥が生まれ、アメリカがそうした財力をもとに世界進出をおこなった時期と一致する。

　そこには明るい未来が輝いていた一方、当然、負の遺産もあった。

キャロル・オフの言葉を引くまでもなく、「数万人の中国人クーリーとアフリカ人奴隷は、命をつなぐのがやっとの賃金で働き、砂糖貴族のプランテーションの繁栄を維持していた[24]」

もちろん、ハーシーの資産はロックフェラーなどの財閥には遠く及ばない。だが、キューバのハーシー・タウンは、アメリカ覇権主義の初期の時代の象徴ともいえる存在だった。

創業者ミルトンが一九四五年に亡くなると、その翌年に、ハーシー社は「キューバ・アトランティック砂糖会社」にすべての資産を売却して、キューバから撤退した。

確かに、ハーシー社はマタンサスに素晴らしい社会環境を作り、地元の人々を雇用した。一握りの裕福な資本家と貧しい大勢の労働者からなる当時のキューバ社会から見れば、ハーシー・タウンに住む住民は他の地域のキューバ人たちが羨《うらや》むような経済的・社会的恩恵にあずかることができた。ハーシー社のウェブサイトが誇るように、「慈善家」ミルトン・ハーシーはそうした功績を讃えられて、キューバ政府から「勲章」を贈られた。

だが、その勲章を贈ったのはアメリカ資本と癒着していた独裁者マチャドだったことも忘れてはならないだろう。

そのことが示唆するかのように、キューバのこの「甘い町」も、アメリカの「黒人差別」や「階級差別」を温存していた。『ワシントン・ポスト』紙（二〇一五年五月五日付）によれば、カストロ政権以降に、国営化された砂糖工場で働き口を見つけた女性は、「かつて黒人は、町のこちら側（アメリカから派遣された役員の住んでいた地区）に来ることを許されなかった」と語っている。別の女性によれば、アメリカから派遣された工場長たちは地元のキューバ人を見下していたという[25]。

サトウキビの旅と砂糖の誕生

キューバに限らず、カリブ海の島々の歴史は、ヨーロッパの歴史とのかかわりを抜きにして語ることはできない。キューバ島は、コロンブスが一四九二年、最初の遠征で島の東端にあるバラコアを訪れて以来、四百年の長きにわたってスペインの植民地であった。

コロンブスは翌年、二度目の遠征のときにキューバ島の隣にあるイスパニョーラ島にサトウキビを運んだと言われている。[26]

カリブ海にいた先住民、タイノ族の人びとは、そのとき初めてサトウキビに接したわけである。タイノ族はキャッサバ（タピオカの原料）とインディアン・コーンを主要農作物として栽培しており、スペイン人はそれを自国に持ち帰った。考古学者で人類学者のアーヴィング・ラウス教授によれば、「タイノ族の功績はこれにとどまらず、われわれが今日、さつまいも、豆、スクウォッシュ（かぼちゃ）、ピーナッツなどの作物、グアバ、マミー、パイナップルなどの果物が食べられるのは、タイノ人のお陰である」[27]

そうした功績にもかかわらず、イスパニョーラ島やキューバ島をはじめ、カリブ海の島々で、スペイン人の征服者たちは先住民に対して残虐行為をはたらいた。その目に余る有様は、コロンブスの息子ディエゴの航海に同行した宣教師バルトロメ・デ・ラス・カサスの残した文書（『インディアスの破壊についての簡潔な報告』）に詳しい。

そうした直接的な虐待行為から始まり、ヨーロッパ人はカリブ海の島々を蹂躙《じゅうりん》してきたのであり、その道具になったのがサトウキビであった。

「たぶん、西インド諸島を永久に変えてしまうことになる行為ゆえに、コロンブスを思い出すべきかもしれない。すなわち、かれはカナリア諸島のゴメラからイスパニョーラ島に一四九三年の二度目の遠征のときにサトウキビを持ち込んだ。そうした単純な行為によって、かれは誰よりも今日の南北アメリカ大陸の形成に影響をもたらしたのである。新世界を形づくった数多くの出来事は、何らかの点で、サトウキビ畑に端を発している」

そのように述べたのは、ピーター・マシニスである。▼28「新世界を形づくった数多くの出来事」とは、煎じ詰めれば、「組織的な暴力による支配と抵抗」と言えるのではないか。たとえば、キューバに限って言えば、十九世紀は「キューバ砂糖の世紀」とも言われるが、その大盛況ぶりを支えたのは、スペイン人農園主の暴力支配、すなわちアフリカ人を使った奴隷制（強制労働）であった。

しかし、アフリカ人の奴隷たちも盲従しているばかりではなかった。たとえば、サンティアゴ・デ・クーバなどでは、体力に自信のある者は山奥に逃げこみ、カリスマ的な指導者（神の声を聞くことのできる黒人司祭）が反乱軍を組織し、プランテーションの奴隷と連絡を取りながら反乱や抵抗をおこなった。それに対しても、農園主は獰猛な猟犬を使って、逃亡奴隷狩りをおこなった。キューバをはじめとするカリブ海やラテンアメリカでは、奴隷制による強制労働➡それに対する反乱➡さらに反乱に対する弾圧、といったパターンの繰り返しが頻繁に見られる。ヨーロッパの植民地で起こった奴隷たちの「抵抗」については、後に第6章「逃亡奴隷の哲学」で詳細に論じることにする。

カリブ海の島に持ち込まれる前に、どうしてスペインやポルトガルの島々でサトウキビ栽培がおこなわれるようになったのか。どうして新大陸の植民地で栽培されるようになったのか。

それを知るためにも、そもそもサトウキビはこの地球上のどこで生まれたのか、砂糖作りは人類史においていつ頃から始まったのか、といったサトウキビの起源について、時間を遡って基本的な事柄をおさえておきたい。

サトウキビの栽培には雨や温度など気候がおおきく関わると言われている。

サトウキビはイネ科に属し、「種《しゅ》（species）」は六つあるが、甘くない「野生種（Saccharum spontaneum）」は、インドやインドシナ半島、台湾、中国南部、インドネシア、ニューギニア周辺などに分布している。だが、そのふるさとは北インドだと言われている。

それに対して、太く背が高い「ロバスト種（Saccharum robustum）」はニューギニア島周辺に分布し、これが甘い「栽培起源種（Saccharum officinarum）」の祖先となった。

「栽培起源種」は、熱帯アジアやインドネシア、ニューギニアなどに多く見られ、「甘味作物として初めて人間と出会ったサトウキビ[29]」であるが、あくまで「起源種」であり、現在、世界各地で栽培されている製糖原料用のサトウキビとは姿や特性が少し異なる。

甘くない「野生種」が「旅」を通じて、甘い「栽培起源種」へと変貌するプロセスは特筆に値する。「野生種」と他の品種との「出会い」が重要な役割を果たしているからだ。杉本明は、次のように述べる。

それは「北インドを出発点に、野生種の種子や茎節部が、風、川の流れや人手、毎年の洪水によってインドシナ半島全体に拡散しつつ南下した旅と想像される。南下の途上で、既にそこにあったイネ科の優占種、エリアンサス属植物やナレンガ属植物などと交雑したのであろう[30]」

つまり、甘くないサトウキビの「野生種」が旅の途上で、甘いイネ科の植物と出会ったことが歴史を変えたのだ。「もしクレオパトラの鼻がもう少し低かったら、世界の歴史も変わっていただろう」と言ったのはパスカルだが、もしサトウキビの「野生種」がイネ科の品種と出会っていなかったら、世界の歴史も変わっていたはずだ。

サトウキビから砂糖が作られる前には、甘味料としては蜂蜜や甘い葦《あし》ぐらいしかなく、それもせいぜい薬味や薬用として使われる量しか取れなかった。だから、それだけでは現在のような砂糖に依存した食生活が生まれることはなかっただろう。まして、人類はケーキ菓子、コーヒー、紅茶などを楽しむこともなかっただろう。

さて、二つの品種の出会いのことを「交雑（異種交配）」という。「遺伝的に異なる系統・品種などの間で交配を行なうこと」である。英語では、crossとかcrossbreed（種の交差（交配））といって、意味論的になんらネガティヴなニュアンスがないのに対して、日本語では、なぜか「交雑」というように、「雑」という語を配して「種の交差」にネガティヴな響きを帯びさせる。余談ながら、二つの異なる種が交配されて生まれたものは、英語でa crossbreed（交配種）とかa hybrid（ハイブリッド）と言うが、日本語にすると、なぜか「雑種」と呼ばれる。植物学の命名にも、狭隘《きょうあい》な純血主義イデオロギーが影響を及ぼしているのではないか。

この「栽培起源種」が「雑種」にもかかわらず――いや、「雑種」だからこそ、と言うべきか――優れものなのである。カリブ海でのサトウキビと砂糖に関する第一人者で文化人類学者のシドニー・ミンツは、次のように言っている。

「〈栽培起源種〉は、『薬屋の砂糖』とも呼ばれ、砂糖の全史を通じて重要な意味をもってきた。近年は、品種改良のために、他の種も利用されることはあるが、その場合でも、糖分を蓄積する形質の遺伝子そのものは、圧倒的にこの種から取られている。この種のサトウキビは、『高貴種』とも呼ばれ、まろやかで甘い、水分の多い茎が特徴で、成長すると直径二インチ、丈は十五フィートにも達する[31]」

歴史的に見て、サトウキビが「人間の生活に貢献するために栽培される作物へと変貌を遂げたのは、今から一万年ほど前[32]」のことらしい。甘いアジア産の「栽培起源種」が熱帯各地に伝播することで、後で見るように人類の食生活、経済・政治体制などが変わるきっかけになる。だから、「雑種」を甘く見てはいけない。「雑種」に身をやつしていても、やがては「高貴」と呼ばれる存在になるわけだから。

サトウキビという植物と、そこから取れる砂糖の、北インドからの伝播は、それを栽培したり利用したりする人々の言語にも影響する。たとえば、日本語の「砂糖（satoh）」という語を見ても、それがいかに世界に広がっていったかを物語っている。ピーター・マシニスは、世界各地で砂糖がどのように呼ばれているかを調べ、次のように述べている。

「世界中で、砂糖にあたる単語は、サンスクリット語のshakkaraから派生しているように思える。その意味は、『つぶつぶの物体』である。そこから、アラビア語のsakkar、トルコ語のshekker、イタリア語のzucchero、スペイン語のazúcar、フランス語のsucre、そしてもちろん、英語のsugarが生まれた。さらに、デンマーク語やノルウェイ語ではsukker、アイスランド語ではsykur、スウェーデン語ではsocker、オランダ語ではsuiker、ドイツ語ではzuckerである。ナイジェリアのヨルバ語族の人たちはsugaと言い、東アフリカのスワヒリ語の人たちはsukari、ロシア人はsachar、ルーマニア人はzahar、ウェールズ人はsiwgurと言い、（中略）パターンはみな同じである[33]」

宗教の伝播と砂糖の精製技術

人類がサトウキビから出る汁を薬用や食用として利用するにいたる歴史的背景はとても興味深い。サトウキビや砂糖の伝播で特筆すべき点は、次の三つだ。①宗教が伝播に大きくかかわる。②植民地プランテーションでのサトウキビの「生産」がヨーロッパの砂糖の「消費」をうながす。そしてカリブ海、新大陸での奴隷制を正当化させる。③薬・香料から甘味料へ。甘味料としての砂糖がヨーロッパで「茶の文化」「コーヒーの文化」を生み出す。

まず①の点から。北インドで製糖技術が開発されたサトウキビは、すぐには世界に広まらなかった。

ゆっくりと旅する。その際に、宗教が大きくかかわってくる。

インドのサトウキビは、「インド細茎種（Saccharum barberi）」と呼ばれるが、この種が製糖に用いられたようだ。杉本によれば、「インド細茎種」について、「栽培起源種がインドに拡散する過程で在来植物と自然に交雑して成立したとするのが定説であるが、インドの地で野生種そのものから発祥したという説も、インドの研究者などの中になお根強い[34]」という。

『砂糖の事典』によれば、インドにおける製糖の起源は紀元前八世紀という説もあるが、史料による確認はできていないという。「現在私たちが砂糖を直接確認できる最古の文献は、『マヌの法典』（紀元前二〇〇年〜紀元二〇〇年頃成立）であり、長編『ラーマーヤナ』（二世紀頃成立）など」らしい[35]。

さきほど触れたシドニー・ミンツは、紀元前四〇〇年ないし三五〇年頃と、それよりやや早い時期を起源としている[36]。

北インドのサトウキビはそこから西へ運ばれ、中東のイラン、イラク、シリア、エジプトをへて地中海へたどり着く。その伝播に大きな役割を果たしたのは、七世紀初頭にアラビア半島でおこったイスラム教である。イスラム教徒の支配した地域（中東からイベリア半島にかけて）には、サトウキビの栽培と製糖の技術が伝播した。そんなことから「砂糖はコーランとともに」というフレーズが生まれた。

とりわけ、キプロス、クレタ、シチリアなど地中海東部の島々で、そして、北アフリカのマグレブ地方でも、サトウキビの栽培が盛んになった。イスラム教徒の商人は、八世紀から十世紀にかけてシルクロードを使って、サトウキビや砂糖以外にも、数百品目に及ぶインドの農作物を中東や地中海沿岸に伝えた。

『砂糖のイスラーム生活史』[37]を書いた佐藤次高《つぎたか》によれば、イスラム教徒による征服は、軍隊をともなう実効支配だったという。それによって、イスラム教徒の砂糖文化が強力に根付いていったというわけである。

なぜイスラム教徒はサトウキビ栽培と製糖技術に熱心だったのか。なぜイスラム社会でサトウキビ栽培が重視されたのか？

それは端的に言って、砂糖がひときわ高値で取り引きされたからだ。もちろん、スパイス（香辛料）の胡椒《こしょう》もヨーロッパでは珍重されたが、生産者と消費者のあいだに立つイスラム教徒の商人にとって、砂糖も魅力的な商品だった。そもそも砂糖はスパイスのひとつだった。[38]

サトウキビ栽培と奴隷制

七世紀から十世紀にかけて、地中海沿岸一帯にサトウキビ栽培と製糖の技術が伝わっていった。十五世紀の半ば、ポルトガルはイスラム教徒からサトウキビ栽培と製糖技術を学び、マデイラ島など、西アフリカ沿岸の島々でサトウキビ栽培を開始した。一方、スペインもカナリア諸島でサトウキビ栽培に着手した。砂糖が高値で売れるからである。

大航海の時代に、カリブ海の島々や中南米、とりわけブラジルでサトウキビ栽培が始まるのは、偶然ではない。サトウキビという甘い砂糖を生み出す植物には、「植民地主義」や「奴隷制度」という、人間の作り出した苦い歴史的なシステムがかかわっているのだ。

十六世紀に、ヨーロッパの諸帝国はカリブ海や中南米で植民地経営を始める。スペインはイスパニョーラ島（現在、ハイチとドミニカ共和国が島を分け合う）やキューバ島などで、オランダ、ポルトガルはブラジルで、やや遅れてイギリスはジャマイカ島、バルバドス島、北米などで。

サトウキビ栽培には、土地と労働力を多く必要とする。土壌が消耗するので交互に耕作するなど、広大な耕地が必要である。さらに、栽培と製糖には、大量の集団労働力が必要であり、それを奴隷に任せることになる。サトウキビと奴隷制の結びつきは、すでにイスラム教徒支配のエジプトでも見られたが、大量の砂糖需要をヨーロッパで作り出そうとして、カリブ海や南米ではさらにそれが強化された。

大航海時代以降、植民地でのサトウキビの生産が、ヨーロッパでの砂糖の消費を促進する。通常は、人々のニーズがあり、それに応じるかたちでモノが作られると考えられる。しかし、消費主義的資本主義の見方からすれば、その逆である。モノを作り、あとから情報操作（ときに広告、宣伝などと呼ばれる）により、ニーズ（社会的な価値）を作り出していく。

ミンツは言う。「一六五〇年頃まで、イギリス人にとって主要な甘味料といえば果物と蜂蜜くらいであったが、イギリス人の食事のなかで、この二つの食品が大きなウェイトを占めていた形跡はない。（中略）一六五〇年以降の砂糖消費の激増は、ヨーロッパの『発展』と結びついていたのである[39]」

ミンツの言うヨーロッパの「発展」というのは、カリブ海での植民地経営によって支えられた経済発展のことである。具体的には、奴隷制にもとづくプランテーションでのサトウキビ栽培と製糖産業に他ならない。

砂糖の歴史についての本を書いたエリザベス・アボットは、その関係を次のように端的に述べている。

「白人の繁栄、安全、そして生存そのものまでが、奴隷居住区で暮らす人々の肉体——魂でないとしても——を容赦なく支配することによって成り立っているという図式こそ、砂糖が君臨する世界にあまねく存在する現実にほかならなかった[40]」

ヨーロッパでは砂糖はもともと、少数の権力者や上流階級の者たちにとっての薬や料理のスパイスでしかなかった[41]。

世界各地からヨーロッパにもたらされた数多くの作物（米や小麦、西瓜《すいか》、茄子《なす》、オレンジ、レモン、ライム、バナナ、ココヤシなど）の中でも、サトウキビから作られた砂糖は貴重であり、ヨーロッパで紅茶文化、コーヒー文化を発達させる。

薬や料理のスパイスの役割を脱して、ノンアルコール飲料のための甘味料として「社会的な価値」を帯びることで、砂糖は消費量を伸ばしていく。

ミンツはいう。「甘味料としての砂糖は、三つのエキゾティックな輸入品――茶、コーヒー、チョコレート――と結びついて、重要性を増していった。この三種類の飲料のうち、茶はイギリス（連合王国）で最も重要な非アルコール性飲料となり、いまでもそうである」[42]

紅茶がアジアから、コーヒーがアラビアから、ココアがメキシコからあいついでヨーロッパに到来したのは、十七世紀である。

ここで注目すべきなのは、それらのノンアルコール飲料がヨーロッパ人にとって苦かったので砂糖を入れたというのではなく、砂糖もそれらのノンアルコール飲料も、当初は相当貴重な商品で、それを飲む行為が社会的なステータスを誇示することだったという点だ。最初は、限られた貴族階級のたしなみだった。[43]

十七世紀のイギリスではコーヒーが全盛だった。イギリス東インド会社によってインドから紅茶が、そしてイランから砂糖がもたらされた結果、イギリスに「茶の文化」が生まれた。アジアでは「茶」に砂糖を入れないで飲む習慣があるが、イギリスでは、砂糖を入れる「お茶の習慣」が十八世紀の貴族社会に徐々に生まれていった。十九世紀半ばから、イギリスの一般家庭でも貴族のたしなみを真似て「お茶の習慣」が始まり、砂糖の消費量は一気に右肩あがりになった。

そうしたヨーロッパ人の「習慣」を支えたのが、カリブ海の植民地でのサトウキビ栽培と砂糖生産であることは言うまでもない。

キューバの製糖業と奴隷と労働者

キューバ島でも十六世紀に植民活動が始まってまもなくサトウキビの栽培がおこなわれた。最初に植民されたのは「オリエンテ」と呼ばれた東部地方だった。

だが、キューバでサトウキビ栽培が顕著になるのは、十八世紀後半からである。その契機になるのは、ひとつには、イギリスの植民地であったアメリカの独立戦争（一七七五―一七八三年）であり、もうひとつはフランスの植民地であったハイチの独立戦争（一七九一―一八〇四年）だった。

前者では、イギリス政府が自国の植民地（ジャマイカ、バルバドス）産の砂糖を北米へ輸出することを禁じたので、スペインの植民地であるキューバにチャンスがまわってきた。

おまけに、それまで世界の砂糖の半分を供給していたハイチの製糖業が独立戦争によって衰退する。それによって、キューバは砂糖大国の座につき、「砂糖生産中心のモノカルチャー経済への移行」[44]を成し遂げる。

カリブ海の地図を見ればわかるように、ハイチのすぐ北にキューバのサンティアゴ港が、まるで移民や難民を迎え入れるかのように手招きしている。十七世紀末から十八世紀半ばまでのあいだに、植民地でプランテーションが増えつづけ、それに応じてそこで働かされる奴隷も増えつづける。[45]

単純に考えれば、植民地における奴隷数の増加は、サトウキビの栽培や砂糖の生産量の増加をもたらすはずだが、果たしてそうなのか。

奴隷数の変遷はどうなっているのか。十九世紀半ばにピークを迎えるアフリカ奴隷数については、奴隷貿易を専門にする歴史学者のフィリップ・カーティン教授の著作が詳しい。キューバでは、一八八六年に奴隷制が廃止されるが、それまでにキューバの奴隷数は、十八世紀後半に右肩上りに増えていき、十九世紀に入るとさらに急増する（表2参照）。十九世紀に、砂糖の生産量と奴隷の数が急増する。十九世紀半ばまでのサトウキビ・プランテーションは、前述のとおり「インヘニオ」と呼ばれる、いわば「農場と工場の融合物[47]」であった。

十九世紀の「インヘニオ」による砂糖の生産量の急増に関して、エリザベス・アボットによれば、十九世紀半ばまでの五十年間で、

年	奴隷人口
1774	44,300
1792	85,900
1817	199,100
1827	286,900
1841	436,500
1861	367,400

表2　キューバの奴隷人口の変遷[46]

「プランテーションの数はほぼ三倍の千四百三十九に増え、生産量は二十三倍の四十四万六千トンに達していた。次第に富と力を増した砂糖生産者たちは、今や『支配者』となった砂糖の生産と輸出のために、キューバの農村社会を作り変えたのである[48]」

奴隷の数をめぐっては、キューバの奴隷制を専門にするデイヴィッド・マレイ教授がカーティン教授の数字を批判的に検討しながら、次のように結論づけている。

「どの歴史家も、どのくらいのアフリカ奴隷が大西洋奴隷貿易の時代にキューバに輸送されたのかについては確証を持って語ることはできない。この論文で使った方法は、おおよその範囲を示唆するにとどまる。この方法で、一七九〇年から一八六七年（引用者註：キューバで「合法的な」奴隷貿易がおこなわれた最後の年）までの奴隷貿易時代全体の合計数を割り出すと、おおよそ七十六万六千六百人から八十万千八百人となる[49]」

もちろん、奴隷の他にも、サトウキビ畑の労働には、自由黒人も従事したので、その数も考慮しなければならない。興味深いのは、エリザベス・アボットが「キューバの農村社会を作り変えた」と称したサトウキビ（砂糖）による「モノカルチャー化」によって、キューバの人口構成も劇的に変化していることである。一七九一年から一八四六年までの間に、白人と黒人の人口比の逆転がおこっている（表3参照）。

さきほどのカーティン教授の統計とアボットの数字を重ね合わせると、十八世紀末からの七十年間で、奴隷人口も黒人全体人口も四倍以上に、プランテーションの数は三倍に、砂糖の生産量は二十三倍に上昇していることがわかる。

年	白人	奴隷	自由黒人	黒人合計	合計数
1775	96,400	44,333	30,847	75,180	171,620
1791	133,559	84,590	54,142	138,742	272,301
1817	239,830	199,145	114,058	313,203	553,033
1827	311,051	286,942	106,494	393,436	704,483
1841	418,291	436,495	152,838	589,333	1,007,624
1846	425,767	323,759	149,226	472,985	898.752
1861	757,612	370,553	232,493	603,046	1,360,658

表3　植民地キューバの人口構成▼50

奴隷の増加以外に、砂糖の生産量の増加の陰には、製糖業における技術革新があった。さまざまなインフラの整備や技術革新など、十九世紀におけるキューバ砂糖産業の近代化については、この分野の第一人者マヌエル・フラヒナルス教授らの著作が詳しい。

「すでに一七九六年には、地元のビジネスマンたちが工場に蒸気機関を導入する最初の実験をおこなっていた。一八三七年には、砂糖やモラス（精製過程でできるシロップ状の糖蜜）を工場から港に運ぶために、世界最初の鉄道を敷いた。（中略）一八四二年には、真空蒸発器を使い始める。一八四四年には、電報電信を創設した（アメリカと同じ年だ）。一八四九年には、砂糖遠心分離器を設置した」▼51

すでに二十世紀のキューバ砂糖やハーシーの工場跡のところで触れた、近代化した工場「セントラル」への移行が十九世紀半ばごろから徐々におこっていた。セントラルの特徴は、そこで働く人々にも影響を及ぼす。サトウキビ・プランテーションの旧式のインヘニオでは労働をアフリカ奴隷に頼っていたが、奴隷制が廃止されてからのセントラルでは、奴隷以外の労働力に頼ることになった。だが、フラヒナルス教授らによれば、奴隷制が廃止される以前にも、いろいろなタイプの労働者と労働形態があったという。たとえば、黒人奴隷の中には工場主と契約を結び、「半自由人」の権利をもらって、正規の五十パーセントから七十パーセントの給金で働く者がいた。安い賃金で働く解放された自由黒人やプアホワイトがいた。中国人のクーリーやメキシコからの年季労働者たちがいた。ときたま刑務所からも受刑者が送られてきた。「一八六〇年から七〇年代にかけて、『奴隷』という用語は、広い範囲の労働搾取をさすものだった」という。▼52

一八八六年に奴隷制が廃止されて、製造業が「セントラル」方式に近代化していったが、黒人奴隷は新しい資本主義システムの中で搾取される「プロレタリアート」になっただけだった。

十九世紀後半から二十世紀にかけてサトウキビ畑や製糖工場で働く労働者（プロレタリアート）は、多民族的であった。第7章で扱うジャマイカ移民や、他のカリブ海・中南米の移民がキューバにやってきたが、とりわけ中国人移民はサトウキビ畑や製糖工場での労働力として重要だった。中国文化はいまではキューバ人の生活に根深く幅広い影響（太極拳、食べ物、飲み物、漢方薬、楽器など）を与えているが、中国の契約移民は十九世紀半ばに初めてキューバにやってきて以来、世紀末には十五万人に達していた。▼53

結びに

私は「はじめに」で、サトウキビや砂糖の歴史について語ることで、逆に世界の近現代史に光を当てることもできるかもしれないと述べた。キューバのサトウキビ栽培や砂糖の歴史を見ていくことで、いまなおアメリカのウォールストリートに代表される欧米主導の世界経済システムの一端が見られたかもしれない。

そのような世界経済システムは、サトウキビ畑や製糖工場で働く側からどう見えるのか。第6章の

「逃亡奴隷の哲学」や、第7章の「痕跡の思想」で、それを奴隷や労働者の側から見ることにする。

最後に、現在、世界の砂糖の生産や消費がどうなっているのか、簡単におさえておきたい。

砂糖の生産量をめぐっては、米国農務省の統計が詳しい。世界規模で見ると、砂糖の生産高は一億八千百八万トン（二〇二一年）である。国別に見ると、一位のブラジル（三千六百万トン）と二位インド（三千四百七十万トン）が他を引き離し、以下、ヨーロッパ連合（千六百五十九万トン）、中国（千三十万トン）、タイ（一千万トン）とつづく。ここまでの国で、世界の生産量の八十パーセント弱を占める。最初に触れたとおり、ヨーロッパ連合の砂糖の原料は、ビートである。[54]

それでは、サトウキビの生産についてはどうだろうか。二〇一九年には、世界の熱帯地帯で十九億四千四百万トンが生産されている。国別に見ると、ブラジル（七億五千二百万トン）がトップで、インド、タイ、中国、パキスタンがつづく。これらの国々で、世界のサトウキビの生産量の七十五パーセントを占める。[55]

砂糖の消費をめぐっては、これまた米国農務省の統計が詳しい。一年間の世界の消費量は、一億七千五百五十四万トン（二〇二一年）である。インドが二千八百五十万トンで他をダントツで引き離す。以下、ヨーロッパ連合（千六百九十万トン）、中国（千五百八十万トン）、米国（千百六万トン）、ブラジル（一千万トン）とつづく。順位は多少入れ替わるが、砂糖の生産量の多い国が消費量も多いことがわかる。[56]

しかし、この数字は国民全体の消費量であり、人口を考慮に入れていない。当然のことながら、人口の多い国が砂糖の総消費量も多くなるはずだ。そこで、国民一人当たりの砂糖の消費量を調べてみると、驚くべき結果が出てくる。

なんと、中米・カリブ海の国々の消費量が多いのだ。その中でも、キューバ人は一人当たりで世界でいちばん砂糖の摂取量（年間）が多く、五十二キロである。ブラジル人やインド人でも、それぞれ

国名	単位:kg
①キューバ	52.1
②トリニダード・トバゴ	50.2
③ジャマイカ	49.8
④コスタリカ	48.6
⑤グアテマラ	42.0
（参考）日本	16.7

表4　国民1人当たりの砂糖（粗糖）消費量（2016年）▼57

三十九キロ、二十一キロ。私が甘党ナンバーワンだと思っていたアメリカ人でも三十九キロで、キューバ人はその数字をはるかに上まわる。ちなみに日本人は十七キロ弱で、キューバ人は日本人の三倍以上を消費している計算になる。ちなみに、世界の平均は二十・四キロである（表4参照）。

第3章　カリブ海の黒い神々
――変容するアフリカの宗教

黒人も白人も、みんな混血だ。
――ニコラス・ギジェン

アフリカの宗教からサンテリアへ

一般的に言って、海外にわたった文化はその土地でどのように生き延びるのだろうか。とりわけ、奴隷として強制的に生まれ故郷から連れ去られてしまった「ディアスポラの民」の文化は、どのように生き延び、継承されるのだろうか？

まず人間が生き延びて、はじめて文化もサバイブできるので、奴隷とされた人間がどう生き延びるかも重要なテーマである。それについては、第6章「逃亡奴隷の哲学」で詳細に述べることにする。ディアスポラの民の文化のサバイブについて、西アフリカからカリブ海のキューバに連れてこられた奴隷たちの宗教の一つであるサンテリアを例にとって考えてみよう。

キューバのサンテリアでは、文化人類学者フェルナンド・オルティス（一八八一―一九六九年）がスペイン語で、「トランスクルチュラシオン（transculturación）」と呼ぶものが見られる。オルティスは、ある文化が別の文化の要素を獲得する現象を「アカルチュレーション（acculturation）」と呼ぶマリノフスキー学派の慣習よりも、「トランスクルチュラシオン」という用語のほうがキューバの文化現象を表すのにふさわしいという。

どちらも、日本語では、異文化接触による「文化変容」と訳されるが、マリノフスキーの用語（「アカルチュレーション」）が、社会の少数派の人々（移民や先住民）が多数派の人々の文化に適応するプロセスに焦点を当てるのに対して、オルティスの用語「トランスクルチュラシオン」は、異文化接触における少数派の文化のみならず、多数派の文化の変容をも意味する。オルティスによれば、「文化変容」は人間個人の繁殖過程にも似ているという。「子孫は、つねに両親から何かを受け継ぐが、つねにその両親のどちらともちがう存在である」[1]

この場合、両親とはヨーロッパ系文化とアフリカ系文化（若干の先住民文化も含む）であり、子孫とは、キューバで生まれた新しいクレオール文化であり、その一つが西アフリカのヨルバ語族の宗教をベースにしたサンテリアである。

支配者の宗教であるローマ・カトリック教会の圧力によって、アフロ宗教は「適応」を余儀なくされた。アフロ宗教は、カトリック教会の暦やイメージなど、キリスト教の要素を取り入れることで生き残りをはからねばならなかった。それが「文化変容」である。

サンテリアという名称は、キューバにおいて、カトリック教会の聖者《サント》を装ってアフリカの神々をあがめる異端的な偶像《オリチャ》崇拝に対し、キリスト教の聖職者たちが用いた蔑称である。[2]

それゆえに、学者の中にはサンテリアではなく、ルクミとか、レグラ・デ・オチャ（オチャの法）とか、アヨバといった名称を好む者もいる。[3]

とりわけ、サンテリアという蔑称に対する対抗馬であるルクミという名称について、オルティスはこう述べる。「今日、このルクミまたはウルクミの人々の出自の地は明らかだ。O・ダッパーによって記述されたもので、西アフリカの地図上にある。ベナンの北東、ほぼニジェール・デルタにあるウルクミ地域をさしている」[4]

アルチュロ・ロドリゲスは、ルクミ（あるいはルクミ語）ついて別の説明をしている。十九世紀以前に、ヨルバ（あるいはヨルバ語）の代わりに使われていたというのだ。「（ルクミは）今日のキューバでも使われており、西アフリカの人々のしゃべる言語を指すだけでなく、自分たちの出自をナゴ、エバド、イヘサ、イヘブとみなす人たちをさすこともある」[5]

いずれにしても、ナイジェリアやベニン共和国の、いま大雑把に「ヨルバランド」と呼ばれている西アフリカの地域やそこに住んでいた人々や言語を「ルクミ」と称するようだ。

それに対して、主にキューバ東部に多いのは、中央アフリカのバンツー語系（コンゴとも呼ばれる）の人々である。アフロ宗教といっても、言語が違えば、思想もスタイルも違うので、こちらについては改めて第5章「サンティアゴのブルヘリア」で扱うことにする。

キューバに渡ったアフリカの宗教は、被抑圧者（奴隷）の宗教なので、「世界宗教」であるキリスト教やイスラム教やユダヤ教、あるいは仏教やヒンドゥ教のような寺院や教会などはない。司祭の家か、信者の家の一角や裏庭などを仕切って、聖なる儀式の場としてきた。そこには、レヴィ＝ストロースのいう、ありあわせの代用品で済ます「ブリコラージュ」の実践がみられる。

唯一の例外は、十九世紀後半に黒人たちの反乱を恐れたキューバ政府が各地に作った、カビルドという「黒人教会」である。カビルドについては、最終章「キューバのヘミングウェイ」の中で説明しているので、そちらを参照していただきたい。

そんなわけで、ハバナやマタンサスなどキューバ西部で盛んなアフロ宗教の、最も一般的な呼称はサンテリアであるが、とはいえ、いちいち自分たちの宗教を呼びならわす習慣はない。ルクミでもいいし、レグラ・デ・オチャでもいいのである。

私の師匠である黒人司祭は、「ヨルバ」という名称を好んでいる。ハバナの市街地にあるサンテリア普及のための本部も「キューバ・ヨルバ文化協会」と名づけられている。だから、「ヨルバ教」でもいいのかもしれない。

だが、ここでは、最も一般的な「サンテリア」という呼称を使うことにする。そうした呼称がかつての「ディアスポラの民」への迫害を連想させるものであり、それを忘れさせないために、あえて使いたいのである。「インディアン」や「ニグロ」という呼称（蔑称）が差別的であるとして、リベラルな人々は「先住民」とか「アフリカ系」とか差しさわりのない呼称を選ぶ傾向にある。だからといって、差別がなくなったかというと、それは歴然と残っている。一部の「先住民」や「アフリカ系」の思想家は、呼称の変更で差別がなくなったという錯覚が社会に蔓延することを危惧して、あえて「インディアン」や「ニグロ」という「差別語」を自分たちの強力な「武器」として使う。そうした逆説のレトリックは、同性愛者やメキシコ系アメリカ人を差別する語であった「クイア」でも「チカーノ」でも一緒である。

神の概念について

神の概念について一言で言えば、ヨルバランドの信仰もキューバのサンテリアも、「一神教的多神教」である。

キリスト教やイスラム教などの「神」に匹敵するのは、絶対的な宇宙神「オロドゥマレ（Olodumare）」である。その他に、太陽に象徴される空の神「オロルン（Olorun）」とか、イエスのように人格化された神「オロフィン（Olofin）」と呼ばれることもある。人類は絶対神とは直接の関係を持つことはできないとされる。

それに対して、小さな神々が存在する。絶対神「オロドゥマレ」のように万能ではなく、特殊能力だけを有する「オリチャ」と呼ばれる精霊たちだ。ヨルバランドの信仰でもサンテリアでも、「オロドゥマレ」は、この地球の運営をそうした神々に任せている、と考えられている。[6]

そうした一神教的多神教のヨルバの神概念について、宗教学の専門家で、ケニアのモイ大学のドパム博士が面白い比喩を使って説明している。宇宙を政府に喩《たと》えると、そうした小さな神々は、いわば総理大臣によって任命された各大臣である、と。[7]

ヨルバランドの「聖句」にあらわれる「創造神話」が面白いエピソードを伝えている。この地球を作ったのは、絶対神「オロドゥマレ」ではなく、そうした小さな神々の一体、オドゥアであり、人類を作ったのも別のオリチャ、オバタラである、と。

それでは、どのくらいの数の神々が存在するのだろうか。ヨルバ族の宗教に詳しいウィリアム・バスコム教授によれば、小さな神々は「エブラ」、「エボラ」、「イモレ」、「オリチャ」などとも呼ばれるが、その正確な数はわからないという。いくつかの聖句の中には四百一という数も出てくるが、中には三千二百という数字も出てくるという。[8]

アフリカ（の聖句の中）では、とりわけ三体の神々が抜きんでている。すなわち、占いの神「イファ」（別名、「オルンミラ」）、運命を司る空の神「オロルン」、聖なるトリックスターで、オロルンの使者である「エチュ」（キューバでは「エレグア」）だ。

その他にも、雷神「チャンゴー」、戦争と鉄の神「オグン」、天然痘《てんねんとう》の神霊「ソポナ」（キューバでは「ババルアイエ」）、医学の神「オサイニン」などがいるが、イファと深く関係するのは、前述した三体の神々である。[9]

「オリチャ」という言葉は、イフェという都市では「エブラ」と同じ意味だが、厳密に言うと、白い神（オリチャラ、オリチャンラ、オチャラ）あるいは白服の王「オバタラ」の宮殿に集うメンバーのことである。

一方、キューバではどうであろうか。小さな神々は、数が大きく減少した。サンテリアをめぐる著書の中で、メアリー・クラークは、新天地ではオリチャを祀《まつ》る共同体をつくるだけの信者が十分にいなかったことがその原因だと論じている[10]。

だが、植民地で、ディアスポラの民はアフリカの神々を直接に崇《あが》めることはできず、小さな神々はカトリック教会の聖者たちとの習合を強いられた。そのことが原因で、神々の数が必然的に激減したと考えるほうが自然ではないだろうか。

キューバの人類学者ミゲール・バルネットによれば、キューバで一般的に人気のある神々は、二十体前後だという。すなわち、戦士であるエレグア、オチョシ、オグン、さらに占いを司るオルンミラ、雷神チャンゴー、海の女神イェマヤー、平和の神オバタラ、墓場の風神オヤ、恋愛と黄金を司る川の女神オチュン、平癒の神ババルアイェなどがメジャーなオリチャである。その他にマイナーながら、墓場の女神オバ、農耕の神オリチャ・オコ、淡水（川、湖）を司るナナ・ブルク、双子のイベジ、医療を司るインレ、火山の神アガユ、墓地や棺《ひつぎ》の女神イェワ、薬草を司るオサインなどがいる[11]。

その他に、キューバに移植されて生き延びたが、特殊な儀式にしかあらわれない神として、コリン・コト、ボロム、アヤオ、オグン・オリ、オゲ、アヤ、オロサ、アロニ、イロコ、オロイナなどがいる[12]。

神々の数だけではなく、その序列にも「文化変容」がおこった。サンテリアの数多くのオリチャは、アフリカでの位階とは違うキューバ独自の位階に置かれた。バルネットいわく、「（キューバにおいて）あるオリチャが後ろに引っ込むと、アフリカではそれほど重要でなかった別のオリチャが前に進み出てきて、高い地位に就いたりした」[13]

ディアスポラの民の信仰で重要なことは、それらの小さな神々が、すべて「顔」を失い（偶像崇拝の禁止）、カトリック教会の聖者《サント》の顔をつけさせられ、祝祭日もカトリック教会の「聖人暦」に従って決められたということだ。

ただし、顔はなくても、色のシンボリズムを用いて、小さな神々は信者たちのあいだで特定できるようになっている。例えば、イファ占いを司るオルンミラは緑色と黄色をシンボルカラーとしているが、十月四日が祝祭日の「アッシジの聖フランチェスコ」と習合することで、キューバで高い位階を獲得した。

さらに、アフリカとキューバでは、神々の祀り方に違いがでてくる。ヨルバランドでは、小さな神々をそれぞれ別々の神殿に祀っていた。同一共同体で他の神を祀るのを禁じるわけではないが、都市国家ごとに祀る神が決まっていたのだ。例えば、オヨという都市国家では雷神チャンゴーが、オソボという都市国家では川の女神オチュンが、それぞれ祀られていた。

一方、キューバでは、「オチャの家《イレ・オチャ》」や、スペイン語で「寺院《カサ・テンプロ》」と呼ばれる建物で、そして「ババロチャ」（スペイン語では「サンテロ」）とか「イヤロチャ」（スペイン語では「サンテラ」）とか呼ばれるサンテリアの司祭の家で、複数の神々が一緒に祀られているのが普通である。[14]

ヨルバ族はアフリカの他の部族の儀式や神々を取り込むだけの柔軟性を持っていたが、キューバでも、かれらは支配者のスペイン文化の要素を取り入れる貪欲さを持っていた。[15]

例えば、カトリック教会の聖者、イコン、秘蹟（個人的な信仰によるカトリックの儀礼）などを取り込んだ。ただし、そうしないとアフロ信仰は弾圧されたり、迫害されたりしたので、これはむしろ被抑圧者（奴隷）の知恵、面従腹背の表れではなかっただろうか。少し学者的な気取った言い方をすれば、ポストコロニアリズムの批評家ホミ・バーバのいう「擬態《ミミクリ》」の戦略を、防御のためにつねに心がけているということだ。[16]

このように、信者たちが西アフリカからキューバのインヘニオ（サトウキビ畑と製糖工場の複合施設）に移動することで、アフリカの神々への崇拝のスタイルが変容した。

さらに、奴隷制廃止後に、自由黒人がサトウキビ・プランテーションからハバナやマタンサスの都会へ移動することで、サンテリアは都市宗教としての質的変容を被った。サンテリアの都市化については、次章で具体的に述べることにする。

そうしたサンテリアの都市化は、それまでの「呪術」扱いを脱して、「宗教」へと変身を遂げる。サンテリアの実践者（ババラウォやサンテロやサンテラ）も人々の認知を得るため、口伝的秘術から、活字による科学的な「聖典」の作成をめざす。

かくして、キューバのサンテリアはおおまかなところではアフリカの宗教と似ているかもしれないが、新天地での「文化変容」によってアフリカの宗教とは質的に異なるものになっている。

もっとも、見方を変えると、アフリカのヨルバ族の生活風習や文化遺産がヨーロッパの植民地主義によって破壊されたこともあり、皮肉にも、キューバやハイチやブラジルなど、ヨルバ語族の人々にとってのディアスポラの土地で、むしろイフェ王国などの古い信仰がよく保存されている。その点については、このあとイファという信仰・思想のところで、もっと詳しく述べることにする。

一方で、カトリック教会の側もまた、アフリカ人や先住民を取り込むために、「文化変容」を余儀なくされた。キューバのカトリック教会は、異教徒を改宗させるために、東部で黒いマリアともいうべき「慈善の処女聖母」（サンテリアのオチュンと習合）を祀ったエル・コブレの教会、西部ではハバナの対岸のレグラという町に、同じく黒いマリアの「レグラの処女聖母」（サンテリアのイェマヤーと習合）を祀った小さな教会を建立した。

これらの黒色の肌をした処女聖母は、総本山のヴァチカンにはとうてい受け入れられない異教的な

オリチャ (サンテリアの神々)	色のシンボル、特徴	カトリックの聖人と祝祭日
オルンミラ	緑と黄、イファ占い	10月4日、アッシジの聖フランチェスコ
オバタラ	白、平和と秩序・人類の父	9月24日、慈悲の処女聖母
イェマヤー	青と白、愛情を司る海の精霊	9月7日、レグラの処女聖母
オチュン	黄、恋愛と黄金を司る川の精霊	9月8日、エル・コブレの慈善の処女聖母
チャンゴー	赤と白、太鼓を司る雷神	12月4日、聖女バルバラ
エレグア	赤と黒、道・旅を司る戦士	6月13日、8月16日、聖アントニオ／アトーチャの聖なる子（キリスト）／聖ロクスなど
オグン	緑と黒、鉄やナイフ・産業文明を司る戦士、雇用・仕事の神	6月29日、十二使徒の一人ペトロ
オチョシ	黄と青、狩猟を司る戦士、正義の執行人	1月20日、6月6日、聖ノルベルト／聖アルベルト・マグノ
オヤ	9つの色、墓地を守る風神	2月2日、10月15日、ラ・カンデラリアの処女聖母／聖女テレサ・デ・ヘスス
ババルアイェ	紫色、平癒・身代わりの精霊	12月17日、聖ラザロ
オサイン	緑、植物・薬草を司る森の精霊	12月31日、聖シルベストレ／聖アンブロシオ
アガユ	赤と緑、火山を司る精霊	11月16日、聖クリストバル
イベジ	赤と青、双子の精霊	9月26日、聖コスメと聖ダミアン
オリチャ・オコ	ピンクと淡青、農耕と大地を司る精霊	5月15日、聖イシドロ
ナナ・ブルク	淡水（川・湖）を司る女神	6月16日、処女聖母カルメン／聖女アナ
イェワ	茶と白と紫と赤、オドゥアの娘で墓地や棺を司る女神	8月11日、聖女クララ
インレ	白と黄と青、医者や看護師の守護霊	9月29日、聖ラファエル
ダダ	子宮や胎児を守る女神	10月7日、ロサリオの処女聖母

表1　サンテリアの神々とカトリック教会の聖人の習合例

匂いが漂っており、エル・コブレの慈善の処女聖母が「キューバの守護神」としてヴァチカンの法王によって認められたのは、ようやく二十世紀（一九一六年）になってからだった。

サンテリアの中で、基本的に変容しなかったものとしては、①多神信仰、②神聖な占い、③動物の生贄《いけにえ》、④憑依儀礼などを挙げることができる。だが、それらのどれ一つを取ってみても、キューバではスペイン語が介在するので、ヨルバ語だけでおこなわれるヨルバランドと同じではない。

なお、サンテリアの神々《オリチャ》とカトリック教会の聖人の「習合」の例については、表1（前ページ）を参照されたい。

輪廻転生

アフリカのヨルバ族の死生観で最も注目すべきは、「輪廻転生」「生まれ変わり」という思想である。仏教の「輪廻転生」が、人間の「業」（迷妄）という思想に基づく苦しいネガティヴな流転の連続（地獄道や餓鬼道をはじめとする「六道に輪廻する」）を意味するとすれば、ヨルバ族の「輪廻転生」は、人間の生死を肯定的に捉えるポジティヴな思想である。

人間は亡くなると、その霊魂が「良き天国」へ行くとみなされる。そこは「満足の天国」や「そよ風の天国」とも呼ばれる。空気が新鮮で、すべてが良好だという。地球上での人間の悪行は正され、霊魂は次に生まれ変わるまでそこに残る。しばらくして新たな運命を与えられて地上に戻ってくる。同じ一族のもとに戻ってくるのだ。

だから、子供が生まれたら、その子はしばしば祖父母の生まれ代わりと見なされる。ヨルバの家族は、亡くなった先祖や生者たち、これから生まれてくる人からなる永続的な集団であり、その家系は円環的で無限であるという性格を帯びる。ただし、生前に残虐な犯罪をおかしたり、強盗を働いたり、人を傷つけるために魔術を使ったりした者は、死後に「悪い天国」へ送られて、そうした「生まれ変わり」はできないという[17]。

自らの寿命をまっとうする前に殺された人は幽霊になって、自分に与えられた命日（運命）が来るまで地球上に残らねばならない。生まれてほんの数日で死んだ子供たちも、またそうなる。赤ん坊が幼い頃に死んだり死産だったりすると、その霊と祖先の霊が天国に報告し、その霊はすぐに地球に送り返されて、再び生まれ変わるという。他にアビクと呼ばれる赤子、すなわち「死ぬために生まれる人」がいる。出産時や乳児期、あるいはそれ以上の年齢であっても、連続して亡くなる子供たちがいる場合、そのうちの一人のアビクは、天国に戻るためだけに生まれることがあるのだ。それは地球上に長くとどまることを望まない人で、地球と天国の間で行ったり来たりすることを好み、天上の神オロルンによって短い寿命を与えられた人である[18]。

かくして、「典型的なヨルバの大家族では、生きている者だけでなく、死んだ者も家族のメンバーに含まれる。ヨルバ族の者にとって、死者は死んでいないのだ[19]」

一方、この直系の一族の系譜（「垂直的な先祖崇拝」）を大事にする家族観や死生観は、カリブ海のディアスポラの民たちにとっては変形を被らざるをえない。奴隷として連れてこられ、家族が離ればなれになって一族の系譜が途切れてしまうからだ。

キューバでは、本物の親子関係に取って代わる擬制の親子関係が生まれる。カトリック教徒の子と名付け親（ゴッドファーザー）による擬似的な親子関係と同じように、パドリーノとスペイン語で呼ばれる代理父と、アイハドと呼ばれる代理子との間に、血のつながりによらない擬制の親子関係が結ばれるようになるのだ。

キューバのサンテリアで最も顕著なのは、ババラウォやその妻がパドリーノとマドリーナとなり、多くの信者たちの親代わりとなって面倒を見るという制度だ。そうした新天地での「水平的」で擬似的な親子関係は、スペイン語で「聖者の系譜《リネア・デ・サント》」と呼ばれる。[20]

この場合、「聖者」とは、カトリックの聖者のことであるが、その背後にヨルバの神々《オリチャ》が隠れているので、そう呼ばれるのである。

こうした「文化変容」の結果だろうか、アフリカでは、「エグングン」という死者の霊（来訪神）がこの世に復活するお祭り（仮面舞踏会）があるが、キューバを始めとするカリブ海や南米では、そうした祭りはない。アフリカでは、顔を仮面で覆い、体全体を衣装で隠した踊り手が、共同体のモラルを若者から王様にいたるまですべての住民たちに告げるという役割を果たす。共同体で最も尊敬される人々がエグングンを演じる。キューバでは十九世紀末に、この祭りの復活の兆しが見られたが、費用がかかるだけでなく、社会の白人支配層からの支持もなく消滅した。[21]

ただし、カリブ海のトリニダード・トバゴのヨルバ共同体やセントルチアのヨルバ信仰「ケレ」、ブラジルのヨルバ信仰「カンドンブレ」などでは、この仮面祭りは続いているようである。[22]

とはいえ、キューバでも、短縮されて「エグン」と呼ばれる死者の霊や祖先の霊を祀る思想は確実に残っており、例えば、ババラウォの家には、エグンの象徴として細長い立板が入り口に近いところや納戸《なんど》に祀られている。入門の儀式のときには、必ずそのエグンにハトの生贄を捧げたり、ココナッツミルク、ろうそくを捧げたりするしきたりがある。

イファとは何か

サンテリアの中で中枢をなすのは、「イファ」と呼ばれる占いの体系と「トケ・デ・サント」と呼ばれる太鼓儀礼である。

イファ占いに出てくる「聖句」や「神話」では、イファとオルンミラは、ともに占いを司るオリチャとして語られ、同義であることも多い。

だが、ヨルバランドでもキューバでも、イファは占いのシステムを意味し、オルンミラが占う神を意味すると考える者もいて、たいていの場合、そういう使い分けがおこなわれる。「イファ占い」と言われるが、「オルンミラ占い」とは言われないからだ。

ババラウォ（baba〔父〕とawo〔秘密〕で、「秘密を知る父」という意味）と呼ばれる最高司祭は占いの道具を使い、世界や人類に関する知識（秘密）を有するオルンミラと交信し、ご宣託を得て、それを依頼者に伝える役割を果たす。

サンテリアをめぐる著書があるジョゼフ・マーフィーによると、ババラウォは、あらゆるヨルバ人の司祭の中で最も尊敬される存在であり、かれらが解き明かすのは、人類であれ神々であれ、あらゆる存在に対するオロドゥマレの下す運命であるという。[23]

イファ占いに対するババラウォのアプローチは、アフリカとキューバで大きく異なる。アフリカでは、イファ占いに付随する膨大な数の聖句をババラウォたちは口承伝達で学び、それを暗記する。聖句をたくさん暗記しておいて、その中から適切なものを即時に依頼者に伝えられるかどうかが、司祭の良し悪しをはかる鍵になる。

一方、キューバでは、スペイン語とルクミ語によるイファ・テクスト（紙媒体であれ、デジタル媒体であれ）があり、ババラウォはそれを、パドリーノやイファ兄弟たちに質問しながら、基本的には一人で学習するのである。[24]

したがって、キューバでは暗記力を試されるわけではなく、むしろ、イファのご宣託の「翻訳者」としての要素が大きくなる。文学の翻訳者に一流と二流がいるように、こちらの「翻訳者」にも一流と二流がいる。一流のババラウォがご宣託にある「神話」や「ことわざ」や「アドバイス」を自分自身の言葉に還元して、噛み砕いて依頼者に伝えようとするのに対して、二流のババラウォは紋切り型の言い方しかできない。

イファの数秘学

十六ないし二百五十六（十六の二乗）という数字は、イファ占いでは特別な意味を持っている。まず十六について見ていこう。ヨルバ族の神話の中に、全能の神オルドゥマレと占いの神オルンミラにまつわる神話があり、そこに十六という数字があらわれる。

オルンミラは、全能の神オルドゥマレから運命を知る能力（イファ＝ご宣託を聞く能力）を授けられたが、それを十六人の息子たちに教え、さらにその息子たちがそれぞれの十六人の息子たちに教えたという。

さらに、イファ占いにおける十六という数字の重要さについて、マーフィーはこのように述べている。

「イファは、十六という数字のシンボリズムを通して『運命』と結びついている。十六は宇宙の数である。それは全能の神オロドゥマレの統一体から発生した原初的な秩序を表している。世界が創造されたとき、それは都市国家イレ＝イフェの世界の中心にもともと立っていたヤシの木から広がった。そのヤシの木には枝が十六本あり、それが四つの基本的な地点、十六個のイレ＝イフェの地区を形づくった。（中略）十六という数字は秩序、創造、運命といった概念を通して、人間の状態の多様性を表し、人間の生活における十六の可能性を表す[25]」

イファ占いの組み合わせ

実際に、ババラウォがイファ占いをおこなう場面においても、十六という数字が付きまとう。ルクミ語でイキンと呼ばれるヤシの種を使う場合、ババラウォは、左手に十六個のヤシの種をのせ、右手でそれらをつかみ取る。左手にヤシの種が一個か二個が残るケースが八回になるまで繰り返す。

一方、オペレとかエクエレ（opele／ekuele）と呼ばれる鎖の道具を使う場合も、鎖の右と左にそれぞれ四個ずつ、ヤシの種を半分に割ったものが繋がれているが、表と裏の出る組み合わせは、鎖の右側が十六通り、左側も十六通りで、組み合わせ（運命）の総数は二百五十六通りである。

運勢の名称と順列

「イファ占い（全能の神オロドゥマレの意思）に偶然性などない。あるのは、ランダム性のみ」とマーフィーは断言する。▼26

・回ずつ確定した運勢を盆の上に撒《ま》かれたイェファと呼ばれる粉の上にマークする仕方にも特徴がある。左手に十六個のヤシの種をのせ、右手でそれらをつかみ取り、一つか二つのヤシの種が左手の中に残っているときだけ、占いは確定する。一つの種が残っている場合、盆の上の粉に二本の短い平行線を引く。二つの種が残っているならば、一本線を引く。

なぜこのような逆の記述法をとるのか。誰にもわからない。「ババラウォはイファがそうするように教えたからと言うだけである」

一本線は右手の中指を使って、二本線は右手の中指と薬指を使って粉を押しのけるようにマークする。すると、盆の暗い面が浮き立つ。このプロセスは「イファを押す（tefa、te Ifa）」と呼ばれ、マークされた線は、「盆の目《オユ・オポン》」と言われる。[27]

マークする数字は八個であるが、上から右、左の順番におこなう。

1	3	5	7
2	4	6	8

例えば、私自身の運勢（イウォリ・バトゥルポン）でいうと、盆上にマークされる数字はこのようになる。

Ⅱ	Ⅰ	Ⅰ	Ⅱ
Ⅱ	Ⅱ	Ⅰ	Ⅱ

このような運勢のパターンは、右側が十六通り、左側も十六通りで、合わせて二百五十六通りである。これらの二百五十六の組み合わせは、オドゥまたはオドゥン（odu／odun）と呼ばれる。あえてスペイン語に翻訳すれば、シグノ（記号・暗号）であり、英語ではサインである。バスコムによれば、二百五十六通りの組み合わせは「イファの道《オナ・イファ》」とも言われ、何か大きなものをさすという。[28]

何か大きなものとは、人間の「運命」のことかもしれない。二百五十六通りの組み合わせのどれにも、人間の「過去、現在、未来」の現実が記されているとされるからだ。

逆に言えば、われわれ人間の運勢は理論的には無限であるが、イファ占いでは、人間に理解できるように、二百五十六通りに類型化されているのである。

盆の上にマークされる運勢オドゥの組み合わせとその順位について述べると、再三触れているように、運勢の組み合わせは、右も左も、それぞれ十六である。十六通りある運勢には順列（ランキング）がある。

イフェ	ヨルバの南西部	ハバナ
1　オベOgbe（1111）	オベ	オベ（イヨベ）
2　オイェクOyeku（2222）	オイェク	オイェク
3　イウォリIwori（2112）	イウォリ	イウォリ
4　エディEdi（1221）	エディ	オディOdi（1221）
5　オバラObara（1222）	イロスン	イロスン
6　オカンランOkanran（2221）	オウォンリン	オウォンリン
7　イロスンIrosun（1122）	オバラ	オバラ
8　オウォンリンOwonrin（2211）	オカンラン	オカンラン
9　オグンダOgunda（1112）	オグンダ	オグンダ
10　オサOsa（2111）	オサ	オサ
11　イレテIrete（1121）	イカ	イカ
12　オツラOtura（1211）	オトゥルポン	オトゥルポン
13　オトゥルポンOtrupon（2212）	オツラ	オツラ
14　イカIka（2122）	イレテ	イレテ
15　オチェOshe（1212）	オチェ	オチェ
16　オフンOfun（2121）	オフン	オフン

表2　オドゥンの比較表。▼29

バスコム教授の順列表（ヨルバランド）をベースにして、ヨルバとキューバ（ハバナ）でのオドゥンの比較表を作ってみた。（　）の中の数字は、運勢の数字である（表2参照）。

この表を見ると、順列について、5から8までと、11から14までで、ヨルバランド内のイフェと南西部地域で相違があるのがわかる。キューバでおこなわれているのは、都市国家イフェではなく、ラゴスをはじめ南西部地域のものに基づいていることもわかる。

運勢の名称についても、ヨルバランドでは地域差があり、綴《つづ》り方や発音にも若干の相違がある。十六の組み合わせの順列についても、主要なものと若干の変異を伴うものがあるらしい。

「これらの変異形は主に、北東部地方

のイフェ、エレサ、エキティ、イボミナなどに見られ、確固たる主要なパターンは、南西部地方のラゴスやオデ・レモ、アベオクタ、イバダンなどに見られる」という▼30。

イファ占いの変容

イファ占いは、どのような変容を被ったのだろうか。

それを知るための一つの手立ては、そのルーツであるアフリカのヨルバランドでのイファ占いの特徴と、キューバのイファ占いの特徴を比較してみることだ。同じイファと呼ばれるものであっても、どのような共通点や相違点があるのだろうか。

イファ占いには、二百五十六通りの運勢があり、それぞれに膨大な数の「聖句」が存在する。アフリカの「聖句」には、王様や勇者や神々、動物や虫や植物にまつわる「神話」や「民話」、「呪文」や「歌」や「ことわざ」などが、区分されずにすべて取り込まれている。

一方、キューバのイファ占いの「聖句」のほうは、一般に「祈り《レ》の言葉《ソ》（rezo）」と呼ばれるが、ヨルバランドのそれに比べ非常に短い。いろいろなヴァリエーションが存在するが、その大きな特徴は「神話」や「ことわざ」や「歌」などと切り離されているということである。

まず「聖句」には、どのような問題が提示され、どのような「解決策」が語られているのか、ヨルバランドとキューバのイファの「聖句」と比較することで、ディアスポラの民の信仰の継承のあり方を検討したい。

ヨルバランドの「聖句」

何度も言うが、イファには二百五十六通りの運勢が存在する。その一つひとつの運勢のことをヨルバ語でオドゥ（またはオドゥン）と呼ぶ。

二百五十六通りの運勢のそれぞれは、万能の神オロドゥマレへの犠牲を通じて、神話時代に解決された「原型的な状況」なのだという。一つひとつの運勢には、何千もの聖句が付随しており、最高司祭ババラウォはそれらを暗記して、占いの際に、適切な聖句を選びだし、それを朗誦して依頼者に聞かせる。神話時代の解決法を現代に「類推」応用させるというわけだ。

小さな神々《オリチャ》は霊魂の共同体に組み入れられていて、オリチャたちの放つエネルギーが個人のトラブルに対して効果を発揮する。[31] さらに、聖句は儀式を正当化する神話を中に取り込んでいるため、どの儀式をすべきかで論争になったときに、それを解決するためにも引用される。「ババラウォは多くの聖句を知っていることが期待されており、それゆえに宗教の権威として認められる」[32]

アフリカのヨルバ族は、少なくとも一八〇〇年ごろからイスラム教徒と直接の接触があったという。キリスト教のミッション（伝道師）もまた数百年以上、ヨルバの領域で活動してきたが、「イファの聖句は、それらの他宗教と接触以前のものである」。そして、聖句は「口承伝達で、最も固定され信頼できる部分に属している」という。[33]

バスコム教授が主張するように、ヨルバランドのイファの聖句が「口承伝達」による継承を旨としていて、基本的に他の宗教の影響を受けていないとすれば、そこから典型的なものを取りだして、キューバの聖句や神話と比較してみることは、イファ占いの文化変容（クレオール化、キューバ化）を知るために役立つはずだ。と同時に、そうすることで、ディアスポラの民の信仰の継承のあり方を、植民地の奴隷でありながら、たくましくサバイブしてきたアフロ信仰の力を知ることになるだろう。

ここでは、アフリカのオリジナルな聖句の一部を取りあげてみたい。

ヨルバランドのイファの聖句には、小さな神々だけではなく、動物も虫も植物も登場する。目に見えない小さな神々と、この世に暮らす人間や動物が対等なやり取りをする、アフリカの「神話的な世界」が展開する。

そこで語られる「神話」はエンターテインメントの物語ではない。むしろ、私たち現代に生きている者たちの前例となるような物語である。それは問題やトラブルの解決策を見いだすためにある。

バスコム教授は、ほとんどの聖句には一定のパターンがあるとして、こう述べている。すなわち、①私たちの前例として役に立つような神話的な事例が出てくる。そして、②その事例の結果はどうなったか、どう解決したかが語られる。最後に、③依頼者への応用編（対策アドバイス）が出てくる。▼[34]

ヨルバランドの「聖句」（その一）

「オルンミラは素晴らしいものの父になる、と言った。人々はイファが素晴らしいものの父になるだろう、と言った。すると、農場オコが生まれた。

オルンミラは素晴らしいものの父になる、と言った。人々はイファが素晴らしいものの父になるだろう、と言った。すると、市場オヤが生まれた。

オルンミラは素晴らしいものの父になる、と言った。人々はイファが素晴らしいものの父になるだろう、と言った。すると、戦争オグンが生まれた。

オルンミラは素晴らしいものの父になる、と言った。人々はイファが素晴らしいものの父になるだろう、と言った。すると、道オナが生まれた。

オルンミラは素晴らしいものの父になる、と言った。人々はイファが素晴らしいものの父になるだろう、と言った。すると、最後に、家イレが生まれた。

オルンミラは海の女神の家、イレ・オロクンに占いをしにいき、そこで十六年間過ごした。戻ってくると、最初に父を訪れた子は、戦争オグンだった。オグンは丁重に挨拶して、たくさんのご馳走で父をもてなした。オルンミラは飲み食いすると、オグンに、足を震わせたい（＝排便したい）と言った。オグンは、誰も家の中でそんなことはできません、と答えた。

そこで、オルンミラは、同じく自分の子供の市場オヤの家を訪れた。そこでも、オルンミラは飲み食いをして、その後で、足を震わせたい、と言った。すると、オヤは、そんなことをするところはありません、と答えた。

そこで、オルンミラは、子供の農場オコや、道オナの家を訪れ、飲み食いをして、同じことを尋ねたが、かれらも同じように、そんなことをするところはない、と答えた。

最後に、オルンミラは、子供である家イレのところを訪れた。イレは牝山羊を一頭屠《ほふ》り、たくさんのご馳走を用意した。ヤム芋を潰し、友達を呼んで、父を接待するように頼んだ。オルンミラは飲み食いをすると、足を震わせたいと言った。

すると、イレは走っていき、父のために部屋《ヤラ》を一つ用意して言った。『あなたはこの家の主人です。この部屋のどこでもお好きなところをお使いください』と。

父はその中に入って、ドアを閉めると、その部屋で用を足した。

父はその部屋から出てくると、ドアを閉めた。しばらくして、オルンミラはまた足を震わせたいと言った。

すると、イレは別の部屋に父を案内した。父はその部屋に入り、ドアを閉めて、そこで用を足した。

オルンミラは用を足すと、イレに言った。『最初の部屋のドアを開けてみなさい』と。『部屋に行って、糞便の処理をしなさい』

イレが部屋の中に入っていくと、そこには大金《ウオ》が山のように積んであった。イレがもう一つの部屋のドアを開けると、たくさんの高価なビーズがあった。そこで、オルンミラが言った。これから先、私の子供である農場オコ、道オナ、市場オヤ、戦争オグンが得るはずだった利益はすべて、おまえが受け取ることになるだろう、と。

イファの教えによれば、訪問者《アレホ》がやってきたら、丁重にもてなさなければならないという。さもないと、訪問者のもたらす親切《オレ》や幸運《イレ》が通り過ぎてしまう。訪問者は必ず我々のためになるものをもたらしてくれるからだ」

（イファの運勢の一つ「オイェクン・メイ」の聖句より）▼[35]

＊この聖句によれば、農場の産物も、市場や他の町の取引の利益も、戦争の戦利品も、すべてイレによって持ち帰られて、家人によって消費されるのだという。

＊オルンミラの子として、農場、市場、戦争、道、家の名前が挙げられている。親子関係のメタファーを使って、父親の言う無理難題を聞いた息子イレだけが幸運を獲得できるという。最後のパラグラフの教訓が示しているように、親だけでなく、見知らぬ訪問者を手厚くもてなすことの大切を説いている。これはヨルバランドならずとも、普遍的に通用する寓話である。

ヨルバランドの「聖句」（その二）

「雷《アラ》はハルマッタン（熱風）が吹く季節には鳴らない。稲妻《イモナモナ》はこっそり光らない。牡のヤマウズラと牝のヤマウズラはまっすぐ立つトサカを持たないとは、黒い牡羊のためにイファ占いの与えたアドバイスだ。

黒い牡羊の母は、象と野牛を産み、三番目の子として牡羊を産んだ。

これらの三人の子らは、オクラの苗を植えた。雷神チャンゴーは大空から降りてきて、オクラを盗もうとした。

かれらの母がそれを目撃したが、誰がそれを盗もうとしているのかわからなかった。

象は畑を見張るようになった。ある日、雷神チャンゴーがオクラを採りにやってきた。象の姿を見ると、雷神は吼《ほ》えたてた。象は森に逃げ込んだ。

野牛も見張りに立った。雷神が野牛の姿を見て、同じように吼えたてた。野牛も森に逃げ込んだ。

牡羊の番になり、牝山羊を連れていった。

雷神は犬を連れていった。雷神が畑にやってきて、牡羊を見て、吼えたてると、牡羊も吼えかえした。

雷神がナイフで牡羊を突き刺すと、牡羊も雷神に頭突きを食らわした。ふたりが争っていると、雷神のナイフが折れ、牡羊の角も折れた。

雷神は犬に別のナイフを持ってこさせようとした。犬が森から道に出てみると、骨《エグングン》が落ちていたので、腰をおろして骨をしゃぶりだした。

牡羊も同様、牝山羊に別の角を持ってこさせようとした。

人間が牝羊にヤム芋の皮をさしだすと、牝山羊はこう答えた。

『きょうは、それどころじゃないのよ。ベケケ、ベケケリケ』

牝山羊が牡羊のために別の角を持ってくると、牡羊は角を頭にしっかり結わえて、雷神を追い払った。

それ以来、雷神チャンゴーは大空にとどまることになったという。

雷が音を立て、稲妻が光るとき、牡羊は、前足で地面を蹴って、こう言うのである。

『ぼくたちの争いは終わっていないのに』

イファによれば、何か縁起の悪いことが畑《オコ》で起こらないかぎり、同じ母《イヤ》による三人の子が死に絶えないかぎり、その母もまた疫病神に祟られないかぎり、われわれはお供えを捧げなければならないという。牡羊一頭、五千個の宝貝、それとヤム芋六本である。それらを農場のある道へ持っていかねばならない」

（イファの運勢の一つ「オカンラン・メイ」の聖句より）▼36

*十二月から二月まで、西アフリカでは、乾燥して砂塵を含むハルマッタン（熱風）がサハラ砂漠のほうから吹く。雷の鳴る嵐は六月と七月のあいだの雨季にやってくる。

*この聖句は、なぜ雷神チャンゴーが天上界にいて、牡羊が嵐のときにどんな行動をとるか、説明している。一説に、雷の鳴る音は、雷神チャンゴーが天上界で地団太を踏んでいる音だとする見方もある。

*牡羊は、雷神チャンゴーへの主要な生贄であり、さらに、好物のオクラもチャンゴーへのお供えに使われる。犬は生贄には使われないが、雷神にとって聖なる動物である。▼37

ヨルバランドの「聖句」（その三）

「『倒木《エビティ》からパッと芽が出る。胸で地面を打つ』とは、『尊称がついた子孫を持つ女性』のためにイファの占いをする人のこと。

女性は妊娠できなくて泣いている。背中に乗せる赤ん坊がいなくて断食している。

彼女はエボをして生贄を捧げなければならない。エボをすれば、世界中《ボボ・アイイエ》に知られることになる子供《オモ》を産むことになるだろう、その名を告げるだけで、全世界が震えることになるだろう、と。

女性は二百本の針、薬草《エウエ》、宝貝《オカンラ》、ポットいっぱいのヤシ油《エボ》を捧げた。『尊称がついた子孫を持つ女性』は子供を産んだが、それは昼＝太陽《オホ》であった」

（イファ占いの運勢の一つ「イロスン・メイ」の聖句[38]）

＊エディ・メイと同様に、世界中に知られる昼＝太陽《オホ》について語られている。太陽神を崇《あが》める儀式ナンガレオは、イタと呼ばれる三日めの朝におこなう。

＊エボ（生贄を伴うお祓《はら》い）をする大切さを説く。

＊出産／不妊は、ヨルバにとって大きなテーマである。

＊「倒木」を意味する「イビティ」は、子供が欲しい女性のためにイファ占いとエボをおこなう「オベ・メイ」の次の聖句にも出てくる。「倒木は地面を叩くことで地面を罰する、そして獲物を引きずっていき、埃《ほこり》を立てた。それはオロモアビティのために、イファ占いをすることである。子供が欲しいので、オロモアビティはイファ占いをしてもらった。そして、四個のポット、四匹のネズミ、四匹の魚を生贄にするように言われた。オロモアビティとは、バナナのことである。彼女はイファのアドバイスを聞き、生贄を捧げた[39]」

ヨルバランドの「聖句」（その四）

「『私たちが鉄を鍛えて鍬《くわ》を作るとき、平たくなるまで鉄を叩く。鉄から短剣を作るとき、ボンランダンボンランダンと音を立てて鉄を叩く。真鍮《しんちゅう》のゴングを作るとき、何度もひっくり返す。もしそれらを一つにまとめるなら、たった一つになる』

これは、オルンミラが敵を攻撃しようとしたとき、イファがオルンミラのために下したご宣託だった。

三羽の雄鶏《アクコ》、六千六百個の宝貝、布《エツ》で作った袋《アスンルン》でエボをしなければならない。エボをすれば、敵をやっつけることができるだろう、とオルンミラは助言をもらった」

（イファ占いの運勢の一つ「オグンダ・メイ」の聖句▼40）

＊この運勢では、オルンミラは占い師ないしは一般人で、イファが宣託を下す神の役割を果たしている。「オグンダ」は、鉄を司るオリチャのオグンに関連する。鉄の鍬、鉄の短剣、真鍮のゴングなどを持ってすれば、敵に勝てるという。最後に、神へのエボとして三羽の雄鶏や宝貝を捧げる大切さが強調されている。

ヨルバランドの「聖句」（その五）

「『コブが膝まで届き、そこで終わる。道は岩のてっぺんまで届き、そこで消える』とは、〈役立たず男〉に下されたイファのご宣託だ。〈役立たず男〉がイヘベとエヘボに鞭を打っているときだった。

イファは言う、〈役立たず男〉は鞭を打ってはならない、と。

〈役立たず男〉はもう鞭は打ちません、と答え、実際にその約束を守った。

〈役立たず男〉が家に戻ると、家族の全員が病に臥《ふ》せっていた。

〈役立たず男〉が占い師のところへ行くと、誰と争っているのか、と質問された。

〈役立たず男〉は犠牲《エボ》をしない限り、争いに勝てないと言われた。

それで、〈役立たず男〉は二羽の鳩、九つのコーラの実、一羽の雌鶏、一羽の雄鶏を犠牲に差しだした。

かれらはやってきて、〈役立たず男〉のために、次のようなイファを朗誦した。

〈役立たず男〉よ、お前はイヘベとエヘボを鞭で打っている

私たちは厄病神《アルン》を町から追い出した
〈役立たず男〉よ、お前はイヘベとエヘボを鞭で打っている
〈役立たず男〉よ

イファが言う。人とは争わないように、注意すべきである、と。なぜなら、争いに巻き込まれると、病が家族に降りかかるからである。家で病に臥せっている家族の者が起きあがれるように、犠牲《エボ》を捧げなければならない。家族がオリチャを傷つけたからである」

（イファ占いの運勢の一つ「オサ・メイ」の聖句▼41）

＊勇者でも小さな神々でもなく、一般の人間、しかも〈役立たず〉と名指しされた無能の男が主人公。イファは「争いに勝つには、争わないこと」という箴言《しんげん》を男に授ける。男はそのアドバイスを受け入れ、同時に神への犠牲《エボ》を捧げたので、それによって家族は死を免れ、病気の回復を約束される。「イク」とは死、「アルン」とは病気であり、もうひとつの災いである「オフォ」と呼ばれる喪失とともに、三大厄をなす。もし〈役立たず〉が争いをやめず、二人の男を鞭打ち続けたら、冒頭の予言にあるように、「道を失う《オフォ・ロナ》」がやってきて、〈役立たず〉は自分に与えられた運命を歩めなくなっていただろう。

ヨルバランドのイファの「聖句」で繰り返し訴えられていることは、犠牲《エボ》の大切さである。イファ占いをして、エボ（犠牲のお祓い）をしなければ意味をなさない、ということが絶えず語られている。したがって、イファ占いをおこなうババラウォが修得しなければならないのは、占いの体系だけでなく、エボの知識と実践である。

「占いの目的は、供犠《アデイム》が必要であるかどうかにかかわらず、依頼者が直面する問題の好ましい解決を確保するために必要な正しいエボを決定することだ。エボは、幸運の予言が確実に叶うようにするため、そして予見されていた不幸を避けるために必要だ。いくつかの聖句で明らかにされているように、祝福（幸運）が予言されているときにエボを怠《おこた》ることは、喪失をもたらすだけでなく、悪い結果をもたらすかもしれないからだ[42]」

また、天の神（オロルン）へのエボはエチュを介しておこなわれる。「すべてのエボはエチュ（サンテリアではエレグア）の祭壇に供される。神のメッセンジャーであり、トリックスターであるエチュは赤土の塊《かたまり》によって象徴されるが、敷地の外側に、すべてのババラウォの部屋のすぐ外側に置かれている……。ほとんどのエボは、エチュにもその一部をおすそ分けするように与えられる。エボが捧げられる天の神に、エチュが確実に運ぶようにするためにである。エチュは、天の神以外の他の神々にはエボを運ばない[43]」

とはいえ、神々に身代わりとして自分の大事なものを捧げる儀式は、古代において世界各地にあったとされる。だから、ヨルバ族の生贄の儀礼だけが特殊というわけではない。エボを英語で言えば、「サクリフィス」だが、水野知昭は「スケープゴート」をめぐるジェイムズ・フレイザーの説を紹介して、こう述べる。

「種々の未開民族や原始の人々、およびキリスト教の伝来以前のヨーロッパ各地においても、ひとつの類型的な慣習が認められる。すなわち、自分たちにある種の苦痛や病気などの災禍がふりかかると、石や樹木、猪や牛などの動物、あるいは人形や選ばれた特定の者に、その災厄を転移し、（中略）自分たちの周辺から災いを追放するという、根本的に類似した風習がみられるのである[44]」

ユカタン半島のマヤ族は、サッカーのような球技をおこない、「選手」の中から生贄になる者を選び出して、雨の神や太陽の神などに、人間の血を捧げた。また、チチェン＝イッツアなどの遺跡で発見された横たわるチャクモール像の上では、生贄の儀式がおこなわれ、皿の上に生贄の心臓が置かれて、太陽の神に捧げられた。

北欧神話にも、ヴァイキング時代（九世紀から十一世紀前半）に、神託のための生贄がおこなわれていたという記述がある。人間や動物（馬や牛など）が神への供物として捧げられていたという。たとえば、それは「人間の溺死が占いの目的にかなった、ウプサーラ神殿に近い供儀泉である。水の可動的な永遠に変化する要素は、つねに好まれた神託手段」[45]であった。

ヨルバ族も自然の災害を神々の怒りと捉え、生贄となるモノ（動物、お金など）を神々に捧げて、怒りを鎮めようとする。伝染病、餓死、干魃《かんばつ》、戦死なども同様だった。一方、雨乞いや、豊穣や権力の獲得など、自分たちにとって好ましい状況を招きたいときにも、生贄が捧げられた。

サンテリアの聖句

キューバのイファのすべての儀式で式を執りおこなうババラウォたちは、クレオール化したヨルバ語（ルクミとも呼ばれる）の「聖句」を使う。

サンテリアの「聖句」は一般に「祈りの言葉《レソ》（rezo）」と呼ばれ、ヨルバランドのそれに比べ、非常に短い。いろいろなバリエーションが存在するが、特徴はヨルバランドとは違って、それが神話やことわざや歌やエボの種類や方法などとは切り離されているという点である。イファ占いをして、ある運勢が出たときに、ババラウォがその運勢に当たる「聖句」をすぐにその場で朗誦できるほど短い。

ここでも、ヨルバランドの「聖句」で試みたように、イファの運勢の中からいくつか具体例を拾ってきたい。

なお、基本的に、すべての「祈りの言葉」は、パドリーノ（代理父）であるババラウォから弟子たちに伝えられる。パドリーノたちも、他のババラウォたちの儀式でのコミュニケーションにより、積極的に新しい聖句を取り入れて、自分の様式を変化させてきた。

したがって、ここでも膨大な数のヴァリエーションが存在するが、いま取りあげるのは、私自身が暗記している「祈りの言葉」であり、二〇〇九年以来、私のパドリーノであるアンヘル・ガブリエル・ペレス氏から教授されたものである。それはパドリーノによれば、かれのパドリーノに教わったものであり、高僧ミゲール・フェブレ・パドロンが残したとされるものが元になっているという。すでに、そこにもさまざまな「編集」が起こっていることが推測される。

この種の「祈りの言葉」は、イファ占いの最中とか、エボの儀式のときに朗誦される。それらはすべてババラウォが執りおこなうものなので、私が収集を兼ねてその祈禱の暗記作業をおこなったのは、ババラウォになるための修行をした二〇一三年夏以降のことである。

とりわけ、二〇一七年には、すでに棒暗記していた詩歌の意味を後付けで知るべく、パドリーノのみならず、パドリーノの弟子たち（私にとっては、「イファ兄弟」と呼ばれる）や、パドリーノの「イファ兄弟」にも尋ねて、「意味」の基礎となるものを収集した。

サンテリアの「祈りの言葉」（その一）

「ババ・エヨベよ、オルンミラが言う。ものは少しずつ《イヘレ・ヘレ》形を変える。少しずつ牛の頭を食べるように。少しずつネズミの頭を食べるように。少しずつ魚の頭を食べるように。少しずつ雌鶏の頭を食べるように。少しずつ牝山羊の頭を食べるように。私たちは絶えず死や病や損失をやっつける」

（イファ占いの運勢の一つ「ババ・エヨベ」の「レソ」より）

＊ここでの「聖句」のアドバイスは、何事も少しずつ、継続して、おこなわねばならないというこ

と。とりわけ、エボ（犠牲のお祓い）はそうである。それによって、三つの大凶とされる「死」と「病気」と「喪失」を防ぐのである。

＊ヨルバランドの同じ「運勢」（ババ・エョベ）でも、これと同様の教えが説かれているので、キューバで独自に展開された思想ではないと言える。なお、ネズミというのは、キューバでは「フティア（テンジクネズミ）」と呼ばれるもので、その肉は食用である。毛皮は熱帯の太陽のもとで乾かして、のちに粉状にしてエボの包みの中に入れたり、さまざまな厄除けの材料として使われる。内臓以外は捨てることなく、すべて使われる重要な動物である。

サンテリアの「祈りの言葉」（その二）

「イロスン・メイよ。オスンに寄りかかる。オスンは、道の片側で、寄りかかる杖だ。片側でオスンに寄りかかり、片側に連れていき、オスンに寄りかかる。濡れた火、水が垂れると温かい。オロフィンが許可する。私は大空の所有者（オロルン＝太陽）に感謝する。

（歌）オスンはしっかり立ち止まり、眠ることなく、しっかり立って、イファの世話をし、付き添う」

（イファ占いの運勢の一つ「イロスン・メイ」の「レソ」より）

＊オスンは、エレグア、オグン、オチョシと共に戦士とみなされる。エレグアらの三戦士と一緒に、サンテリアの入門者に授けられる。オスンは片足の鶏の形状をしていて、常にイファ（オルンミラ）のそばに置かれ、イファの見張りの役割を課せられている。人間の守護オリチャにはならない。

サンテリアの「祈りの言葉」（その三）

「オグンダは血。オグンダは、ダメージを与え、こぼれる。自分の存在を主張する。良い性格を持つ人、歓迎された父、イボの王様、尊敬されるオバタラを生み出したオチャンラの強靭さ。オグンが近くにいる地面で、みなが身を伏せる。

（歌）巡礼者は父に同行して家に着く。巡礼者は父に同行して家に着く。巡礼者は父に同行して家に着く。

（歌）父は白い粉《カスカリーヤ》をまいて、父は白い粉をまいて、それで常日頃、祝福《イレ》を与える、父は白い粉をまく」

（イファ占いの運勢の一つ「オグンダ・メイ」の「レソ」より）

＊オグンは、鉄をはじめとする鉱物を司る神。人間の産業文明はオグンの存在なくしてはありえない。軍人、猟師、鍛冶屋などの守護神である。動物を生贄にするとき、ババラウォはナイフを手にして「オグン・チョロチョロ」とうたう。オグンが一番先に動物を味わうという意味だ。神への生贄が大切と言っても、ナイフがなければその儀式もできないので、オグンの存在はその意味でも重要である。それはヨルバランドでもキューバでも変わらない。

サンテリアの「祈りの言葉」（その四）

「オサ・メイよ、父は謙虚に、衣服を洗う父、清潔さのためにイファの予言がなされた。父は謙虚に、賢明であるオルンミラのために、イファの予言がなされた。ダメージを加えて祝福を得る。

（歌）話し言葉のような声が大空からあらわれ、とびはね、占い師の前にあらわれ、道をさし示す。大空から話すイファの声があらわれ、とびはね、占い師の前にあらわれ、占い師に道をさし示す。

（歌）切り離して動く（二度唱える）。まわして清める。まわして、私を清める
（イファ占いの運勢の一つ「オサ・メイ」の「レソ」より）

＊この運勢は、「サライェイェ」と呼ばれる、信者の体のお清めと結びついている。父は、清潔さ、謙虚さを求められる。それによって、道（運勢）がひらける。エボの包みで体全体を清める。

サンテリアの「祈りの言葉」（その五）

「イカ・メイは、生贄に供される動物の頭に触れている（二度唱える）。イカ・メイは占い師に言う。ナイフで生贄を殺す最高司祭のために、イファの予言がなされた。取引の際に、桟橋での利益のために、イファの予言がなされた。

（歌）水を渡りながら進む、絶えず、船をいっぱいにして（二度唱える）。右に、左に」
（イファ占いの運勢の一つ「イカ・メイ」の「レソ」より）

＊この運勢が出たとき、ババラウォは占いの盆の内側の丸縁を上から両方の中指でなぞる。エボの包みをどう扱うか、具体的な指示がある。それを実行することで、海と陸に関わる貿易、取引、商売などがうまく進む。これは海に囲まれたキューバで、より現実的な「レソ」かもしれない。

サンテリアの「祈りの言葉」（その六）

「オチェ・メイよ、病弱な者の両膝は、片足の不自由な者のように機能しない。オスンのためにイファの予言がなされた。オチェは金の冠を持っている。そうかれはアボニレグンに言う。

（歌）裕福な人を侮辱する悪口、オルンミラとイヤロデは、常日頃、それをやめさせようとする。裕

福な人を侮辱する悪口を」

（イファ占いの運勢の一つ「オチェ・メイ」の「レソ」より）

＊オスンとは、オルンミラのそばにいて、見張りの役割を果たすオリチャ。この運勢は、自由に動けない辛さを抱えた膝の弱い人でも、金運に恵まれることを示唆している。しかし、人々は嫉妬から、その人の病弱さではなく、裕福さのほうに目がいき、悪口を吐いたりする。そうした悪意を戒める祈禱の言葉。

サンテリアの「祈りの言葉」（その七）

「オフン・メイは、二倍のゆっくりとした成長。いつもは散らばっている。収穫し、分散する。オチャンラとは統治者のあだ名。ようこそ、父よ。かれはババラウォ、薬草師でもある占い師、医者の子孫に言う。

（歌）洗う父、運んでくる壺で、泥のついている人を洗う。そう、繊細で震える者。この汚いものが解放される。この汚いものがこすり落とされる。この清潔さが、寛大なサービスを与える（お金を提供する代わりに）。汚れが喜ばしく取り除かれる。私たちは世界の汚れを排除するだろう、人の汚れを、雨のごとく排除するだろう」

（イファ占いの運勢の一つ「オフン・メイ」の「レソ」より）

＊この運勢は、偉大なる人類の父、平和を司るオバタラ（オチャンラはその女性版）と結びついている。心身とも汚れを落とし、清潔に生きることの重要さが説かれる。オバタラのシンボルカラーが白であるように、私たちは世界から一切の不浄を取り除くことを期待されている。

イファ占いの道具類

最後にイファ占いの道具類について、ヨルバランドとキューバの違い（あるいは類似）に触れておこう。

ババラウォの役割は、イファ占いをおこない、宇宙の神「オロドゥマレ」の定めた運勢を明らかにすることである。それを物語風に言うと――

最初、宇宙の神オロドゥマレがオルンミラに授けたのは、イファという知識体系であり、オルンミラが両手で扱うヤシの種の落下のパターンを通して、オロドゥマレは運勢を明らかにする。オルンミラは、そのヤシの種を解釈する技術を十六人の息子に教え、そしてそれらの息子たちがババラウォに伝授して、それが後世のババラウォに伝えられてきたという。▼[46]

別の説によれば、イファの知識体系を最初に授かったのはチャンゴーであり、歌や踊りの能力を授かったオルンミラと、それぞれの能力を交換したという。いずれにしても、現在は、オルンミラがイファ占いを司る神である。

イファ占いの道具

占いの道具には二種類ある。十六個の「イキン」と呼ばれるヤシの種を使う本格的なものと、鎖の両側にそれぞれ四個ずつのヤシの種の半分がつながれているオペレとかエクエレと呼ばれる簡易なものがある。「イキン」を使う占いは、手間がかかり、主に、新年の「今年一年の占い」や、入門者のための儀式などで使われる。一方、簡易な道具のほうは、日々の暮らしの中で、相談者のために、ババラウォが、「オソデ」と呼ばれる、近未来占いをするときに使われる。鎖につながれた簡易な道具は、ヤシの種よりも「もっと多く話す」と言われているが、重要な問題を解決するさいには、ヤシの種よりも信頼性が低い、劣った道具と見なされている。にもかかわらず、一般的に使われている。その理由は、鎖の道具のほうが結果に早くたどり着き、より多くの質問に答えられるからだ。[47] この二種類の占いの道具は、ヨルバランドもキューバも同じである。

占いの盆

占いの盆は「オポン・イファ」と呼ばれる。ヤシの種で占いをする場合、イファの数字（IかII）は、占いの盆に撒かれた粉の上に、ババラウォの右手の中指と薬指でマークされる。占いの鎖が使用されている場合でも、盆はしばしば処方された犠牲や薬を作るために使われる。これは、ヨルバランドでもキューバでも同じである。

イファの粉

盆の上に撒かれる粉は、小さな花を咲かせる低木のバフィア・ニティダ（英語ではカムウッドとか、アフリカン・サンダルウッドとか、バーウッドとか呼ばれる）である。だが、植物の分類に問題があり、木の名前にも地域差があるが、粉の名前としては「イエロスン」が広く使われている。この名前はイロスンの木からシロアリによって作られた木くず「イエ」を意味するようだ。[48]

イファのための木くずという意味で、「イェファ（またはイェ・イファ）」とも呼ばれる。キューバでは、ニエメという木の根っこを使う。いずれにしても、この粉を盆に撒くことなしに、運勢の数字はマークできない。それほどイファ占いでは重要なアイテムである。

道具を入れるバッグ

鎖をつかった簡易な占いの道具オペレは、ヨルバランドでは、フラップ付きのショルダーバッグに入れて持ち運びされる。それはヨルバランドの地元で織られた布で作られたり、革で作られたり、宝貝やビーズの飾りをつけられることもあるという。

キューバではバッグに入れずに、直接ズボンや服のポケットにしまったり、簡単な布製の小袋に入れておいたりする。

ヤシの種を入れる容器

ヨルバランドでは、占いのためのヤシの種（イキン）を入れておくための容器として、大皿やカップ、ボウルなどがある。最も簡単なものは、陶器製の皿「アウォ・イファ」だ。ヨルバ人の女性によって作られた陶器製の黒皿「アウォ・ドゥドゥ」の代わりに、輸入された陶磁器もよく使われる。木彫りが施されたカップ「アグレ・イファ」も、その美的な特質ゆえによく使われる。ヨルバ人の女性によって作られた木彫りの作品の中で最も用途が広い。中には、鶏の前にひざまずく女性が描かれたカップもあり、その鶏の頭部から背中、尻尾がカップの蓋になっているものもある。占いのボウル「オポン・イゲデ」は、都市イフェではカップの代わりに使用される。他の地域では、さまざまな名前で呼ばれているという[▼49]。

キューバでは、緑色と黄色（オルンミラのシンボルカラー）を塗った小さな容器にヤシの種を入れておくのが普通である。

占いの「イロファ」

占いの数字は、単なる偶然の結果ではなく、占いの神イファによってコントロールされると考えられているので、ババラウォは占いを始める前にイファの注意を引くようにする。この目的のために、ババラウォは「イロファ」と呼ばれる象牙の道具で、占いの盆を叩く。

都市イフェでは、「イロファ（またはイロ・イファ）」と呼ばれ、イダバンとオヨでは、「イロケ」「イロイケ」と呼ばれる。そしてメコでは、「オルンファ（またはオルン・イファ）」、あるいは「オルンケ（またはオルン・イケ）」と呼ばれている。その中で、「イロファ」と「イロケ」という呼び名が広く浸透している▼50。

キューバでもこの道具は使われるが、象牙の「イロファ」はまれで、鹿の角の「イロファ」が普通である。

「イロファ」に象牙を使う理由として、イファ占いの運勢にでてくる「神話」の中に、占いの神オルンミラと象をめぐる挿話があり、興味深いものなので、やや長いがここに引いておく。

　オルンミラと象は仲良しだった。一緒に森へ行った。お金を稼ぐために、二人はどんな仕事でもこなした。だが、オルンミラは象ほどの力はなく、苦難にも耐えられなかった。森で三年と三ヶ月働いたが、オルンミラが稼げたのは、一枚の白布を買える金だけだった。

　森からの帰りみち、オルンミラは用を足してくるので、この白布を預かってほしいと象にいった。象はその白布を飲み込んでしまった。戻ってきたオルンミラが白布を返してほしいというと、象はそんなものは預かっていないと答えた。道中、激しい口論が巻き起こったが、分岐点にやってきて、オルンミラはアドゥへ、象はアロへ別々の道をいった。

　その後、アドゥへ向かう道で、オルンミラは猟師に出会った。猟師はこれから象狩りにいくのだといった。オルンミラは、どこに象がいるか知っていると言い、アロに通じる道へと猟師を案内した。

　象を見つけ殺したら、腹を引き裂いて白布を取りだして、持ってきてほしい、とオルンミラは頼んだ。

猟師が象の腹を掻っ切ると、中から白布が出てきた。猟師はその白布と一緒に、プレゼントの象牙をオルンミラに持っていった。

それからというもの、象の悪行ゆえに、オルンミラとババラウォは象牙を「イロファ」として使うようになった。

またそれからは、象を殺した猟師はババラウォのところへ「アラ」（象の内臓の一部と白布）を持っていくことになった。[51]

ディログン占い

サンテリアの中には、ババラウォがおこなうイファ占いとは違うディログンと呼ばれる占いがある。ディログン占いとは、宝貝を使った予言である。この占いができる人は、サンテロかサンテラ（イタレロとも呼ばれる）だけである。ババラウォはおこなわない。

入門式では、各守護霊に捧げられる十八個から二十一個の宝貝を受け取る。予言には、そのうちの十六個だけを使う。オドゥ（運勢）を決定するダブルスロー（二度投げ）で始める。あり得る運勢は二百五十六通りあり、それぞれの運勢に関連することわざや由来があるのはイファ占いと同じ。特定のオリチャが主たる予言者（語り手）であると見なされるが、他のオリチャや死者の霊が語りかける場合もある。[52]

第4章　ハバナのサンテリア
——都市化したアフロキューバ宗教

死者は永遠にわれわれの中にいる。
——ハリー・マシューズ『シガレット』

はじめに

アフリカ奴隷のようなディアスポラの民の宗教は、さまざまな障害や迫害に遭った。どのように継承されてきたかは、必ずしも活字や書物の形で遺されているわけではない。儀礼は支配者の目や耳に入らないように秘密裏におこなわれてきた。核となる信仰の内容も方法も基本的に口承伝達による。したがって、活字メディアを持つ支配者側の文化継承を研究するのと同じような方法では、その内実を突き止めることはできない。研究者が研究対象を「客観的」に眺めて分析するだけでは不十分なのだ。むしろ、ときには研究者自らが対象となり、研究の主体と対象の双方をかねるような、危うい道を行くことが求められる。

奴隷解放後、アフリカ系の人々はサトウキビ・プランテーションからハバナやマタンサスのようなキューバ西部の都市へ移動したため、サンテリアも都市の宗教へと変化していった。庭のない都会では、ベランダや居間を庭に見立てて、そこで儀式をおこなうしかなかった。サンテリアは、そうした「変容」も被ってきたのである。

こうした観点から、ハバナでサンテリアの入門儀礼のフィールドワークをおこなったので、その経験を綴《つづ》ることにする。

サンテリアの入門儀式

ハバナのセントロ地区において、サンテリアの入門儀式を二〇〇九年九月におこなった。具体的には、それは自分の過去・現在・未来の運命を知るための「マノ・デ・オルーラ（オルーラの手）」と呼ばれるイニシエーションの儀式であり、男性の場合は、アウォファカ、女性の場合はイコファと呼ばれる緑と黄のビーズの腕輪（オルーラの象徴）を受け取り、それと同時に、エレグア、オグン、オチョシ、オスンといったサンテリアの「戦士たち《ロス・ゲレロス》」を受け取るのである。

これらの儀式は、通常三日間にわたっておこなわれる。私のパドリーノ（擬制の父）として、儀式をとりもってくれたのは、ババラウォ（司祭）のガブリエル・アンヘル・ペレス（当時三十八歳、守護オリチャはエレグアとイェマヤー、ババラウォ歴五年）だ。年齢その他は、二〇〇九年九月の時点による。

初日の午後三時すぎ、その他の三人の司祭が到着。ガブリエルの弟、ラサロ・アライン（三十歳、チャンゴー、ババラウォ歴八年）、ガブリエルの友人マリオ・サンチェス、愛称マジート（三十九歳、チャンゴー、ババラウォ歴四年）、ガブリエルの父エドゥワルド（六十六歳、チャンゴー、ババラウォ歴八年）。それに、ガブリエルと前妻とのあいだにできた息子ホセ・マヌエル、愛称クーキ（二十歳、イェマヤー、ババラウォ歴二年）も特別参加。

オリチャたちへの供儀に付する動物は、牡山羊一頭、牝山羊一頭、雄鶏四羽、雌鶏二羽、鳩二羽だ。本来は、動物は自分で調達しなければならないが、時間と伝手《つて》がないので、パドリーノに動物の調達を依頼して、その代金を他の経費と共に払った。

経費は次のとおりである。

オルンミラの容器とヤシの種　15
エレグアの像　10
オグンとオチョシの容器と鉄具類　10
オスンの鋳型（頭上に鳥）　5
オルーラの首飾り　5
牡山羊一頭　30
牝山羊一頭　30
雄鶏四羽　40
雌鶏二羽　20
鳩二羽　20
ココナッツ三個
オサイン（薬草）
フティアの燻製《くんせい》
魚の燻製
煎りトウモロコシ
コロホ（ヤシの実の脂《あぶら》）
　　――20

カカオの脂

ババラウォへの謝礼　20×4＝80

合計　285

（数字は、兌換ペソ〔CUC〕。二〇〇九年九月の交換率は一CUC＝百二円）

午後四時すぎ、台所にあるエグン（死者の霊）の象徴である血のついた立板に向かって、若い司祭ラサロ・アラインがエグンに捧げる歌をうたう。かん高く、よく通る声である。三日間の儀式において、歌はすべてヨルバ語（正確にいえば、スペイン語の影響をうけてクレオール化したヨルバ語で、ルクミとも呼ばれる）でうたわれる。すべてラサロ・アラインが先にうたい、他の参加者がそれに呼応する。いわゆるカノン形式だ。

死者《エグン》の霊のために、ろうそくを点けるときの歌

ろうそくを死者に　レクン　ろうそくを死者に　レレクン
オロフィン　死者に　レレクン　ろうそくを死者に　レレクン
オロドゥマレ　死者に　レレクン　私の死者　死者に　レレクン
ろうそくを死者に　レレクン

死者《エグン》の霊に捧げる歌

私たちは探している　探している
まだ見えない　でも　続けよう

図1　エグンに捧げられた鳩の血

すべての死者が　気楽に出てこられるように
一緒に　（この儀式が）できるように

ラサロ・アラインが鳩一羽の首をちょん切り、首から流れる血を立板に捧げる（図1参照）。そして、ココナッツの殻を四つに割って果肉と果汁を取り除いた小さな欠片《かけら》（オビと呼ばれる）を床に転がし、表（白色の内側）か裏（褐色の外側）かの出目で占う「オビ占い」をおこなう（詳細は後述）。

最後に、白い粉カスカリーヤを全員の頭と、立板と首を失った鳩の死骸に振りかけて浄める。立板に床の鳩の血やカフェ・コン・レチェ（ミルクコーヒー）、タバコ、花などを供える。これに要した時間は十分ほどだ。

その後、四人の司祭はイボドゥ・イファ（イファの儀式の部屋）に入っていく。

大都市のマンションが舞台なので、儀式用の部屋が特別にあるわけではなく、ふだん夫婦が寝室にしている部屋が使われ、大きなベッドは壁に立てかけられている。

サンテリアは世界宗教のキリスト教（とりわけ、カトリック教会の荘厳な大聖堂）とちがい、儀式空間に凝《こ》ることはない。ただし、象徴的な飾り付けに凝ることはあるが。

儀式の場所や方法に関して、ディアスポラの民としての臨機応変の対応が見られる。どんな一角でも、ゴザ一枚で聖なる空間に早変わりするのだ。

このとき、儀式の部屋に入れるのは司祭たちだけだ。ほとんどがオープンにおこなわれる儀式の中で、この部分だけが秘儀に属する。

後でこの部屋を見たことからの想像になるが、司祭たちがエウェと呼ばれるさまざまな薬草を床に長方形に敷き詰め、水をまき散らし、二つの甕《かめ》の中に飲用のためと、体を浄めるための聖水「オミエロ」を作ったようだ。

そこでも、ラサロ・アラインの先導で、司祭たちによってカノン形式の歌がうたわれた。少し開けておいてくれたドアから外に漏れ聞こえてきたのは、イウェ、イウェ、オミィ、オミィ、イヤァ、イヤァ、ウェボ、ウェボと繰り返しの多い呪文のような歌だった。あとでヨルバ語辞典で調べてみると、イウェ（または、エウェ）というのは薬草のことで、オミィというのは水の意味だった。

図2　エウェ・ペレグン

儀式のあとで、薬草とその歌について聞いてみた。主要な薬草は四つあり、それはルクミ語で次のとおりである。（ ）の中は、スペイン語の名称である。

エウェ・テテニファ（ブレオ・ブランコ）、エウェ・パパシミ（ベルデ・ラグ）、エウェ・オデゥンデゥン（プロディヒオサ）、エウェ・ペレグン（バヨネタ、図2参照）。

薬草を搾るときのルクミ語の歌は数多くあるのだが、そのうちの一部だけを挙げておく。

オサインの葉を　私たちは　並べます
私は祈っています
すばやく　私たちは　生きのよい薬草を砕きます
すばやく　私たちは　オサインの薬草を砕きます
エウェト・モデと一緒に
私たちは　オサインのために頭に触ります
エウェト・モデと一緒に

ここにある祝福された薬草のために
私たちは水を撒《ま》きます　休みなく薬草をほぐしながら
私たちは　聖なる薬草に水を撒きます
ここにある祝福された薬草のために

その後、司祭のガブリエルが何度か頻繁に部屋の外に出てきて、オレンジ色のゼリーのようなカカオ脂をスプーンにすくって持っていったり、居間においてあったオスン（見張り）や、エレグア像やオグンやオチョシを表す鉄の容器を持っていったり、水のいっぱい入った甕を持っていったり、イデと呼ばれるビーズの腕輪を持っていったりした。

再び、ラサロ・アラインのリードで祈りの歌が始まる。これも司祭たちだけの秘儀で、司祭以外は誰も中に入れない。エレグアの歌、オグンの歌、オチョシの歌、オサインの歌などをカノン形式でうたう。

途中で生贄《いけにえ》になる山羊の悲しい鳴き声が聞こえてくる。ここでは、四十分ほどを費やす。部屋から出てきた司祭エドゥワルドの裸の背中に白い粉カスカリーヤのあとが見える。

その後、舞台はベランダに移る。床には戦士たちオグン、オチョシ、エレグアが前後に二基ずつ並べてあり、真ん中にオグンの所有するナイソが置かれている。

司祭のガブリエルが戦士の精霊たちの前に、寝室から持ってきた濡れた薬草を長方形に敷きつめる。薬草の上に、オレンジ色のカカオ脂、ハチミツ、フティアの燻製の粉が散らされ、アグアルディエンテ（サトウキビ焼酎）が振りまかれる。薬草を敷きつめる前に、すでにそこには白いチョークのようなカスカリーヤで長方形に印がつけられていて、なかにイファのオドゥ（運勢）が書かれていた。

その場で、司祭ラサロ・アラインの先導で歌が始まる。入り口にゴザを敷き、そこに司祭ガブリエルがひざまずく。司祭マリオが手でガブリエルの顔と頭を聖水で浄める。動物の生贄が捧げられる。

白鳩、雌鶏二羽、牝山羊の血を守護オリチャたちに捧げる（図3参照）。

最後は、再び儀式の部屋にもどり、牡山羊、雄鶏四羽の血を、オルンミラ（神聖なる占いのお盆）とその上に置かれた色とりどりのビーズの首飾り（守護オリチャの象徴）に捧げる。お盆の上にあるオルンミラの容器には布がかけられている。すべての動物の血を捧げることで、一日目の儀式が終わった。

二日目は休養日であるが、司祭ガブリエルが台所で、屠《ほふ》った山羊や鶏の肉を器用にナイフでさばき、三ガブリエルの妻ブランカと、アイハダ（擬制の娘）のローラがそれらの肉の料理に取りかかって、三日目の饗宴の準備をした。

この二日目に、司祭ガブリエルは、私にくれることになる戦士の一人エレグアに、さまざまなものを入れる「入魂」の作業をする。一日目に、エレグアに動物の血を捧げたが、この日は、頭部の空洞部分に、小瓶に入った蟹の粉、燻製にした魚の粉、フティアの粉、煎ったトウモロコシ、カカオ脂、

図3　戦士たちに捧げられた鳩と雄鶏と雌鶏と牡山羊

はちみつ、鉱物、ワニの皮、泥亀（ヒコテア）の皮、山羊の皮、胡椒《こしょう》、水銀、コロホ（ヤシの実の脂）、ひな鶏の羽根、植物やその他の粉のミックス、白い粉カスカリーヤなどを詰め込んだ。その後、セメントで固め、鶏の羽根をつけて、十六個のビーズを円形に埋め込んだ。

三日目には、朝早く近所の女性ローラが料理の手伝いで来訪。宿の女主人ブランカと一緒に台所で料理を始める。牡山羊の内臓の煮込みと鶏の足の唐揚げはオルンミラのため、鶏の内臓はエレグアのためだという。

司祭ガブリエルは、ココナッツの殻を金づちとナイフで二つに割り、ココナッツミルクを取りだす。二つに割ったココナッツの殻を、さらに八等分する。全部で十六個の小さな扇形をしたオビ占いの道具ができあがる。

三日目の儀式としては、つぎの段階を踏む。

①太陽（神）に、容器に入ったココナッツミルクを献げる。ココナッツミルクの中に、カカオ脂、ハチミツ、アグアルディエンテ、砂糖、カスカリーヤが入っている。

②台所で、エレグアのために、調理済みの鶏の内臓、飲み物、花などを捧げて、司祭ラサロ・アラインの先導で祈りの歌をうたう。ここで、ココナッツの殻を四つ、床の上に投げるオビ占いをおこなう。

③四人の司祭と一緒に朝食。

④儀式の部屋で、イファの占い。それは占いの神オルンミラ（オルーラと短縮して呼ばれることもある）の声を聞く儀式だ。一時間以上かかる。オルンミラの象徴である茶色い占いのお盆の上に、「イェファ」と呼ばれる乾燥させた白っぽい粉末を薄く敷く。イファ占いは、イキンと呼ばれる十六個のヤシの種を使う。占ってもらう人は、オタと呼ばれる白色の石と、オユと呼ばれる黒の小さな木の実（スペイン語で「雄牛の目〔オホ・デ・ブエイ〕」と呼ばれる）を持つ。占うたびに、ババラウォが両手にイキンの実を持って、左手の中にイキンが一つ残ったら二本線を盆の粉末の上に書き込み、二つ残ったら一本線を書き込み、それ以外は、何も書き込まない。そのように、二進法の記号（ⅠとⅡ）を書き込んでいき、最後までできたら、司祭は占ってもらう人の右手か左手を指さす。指された手の中に白い石が入っていたら、オルンミラの予言が確定する。黒い実だったら、その予言はキャンセルする。

⑤二百五十六通りの中から、占ってもらう者（私）の運勢が判明する。それに対する司祭たちの注解や説明が一人ずつおこなわれる。
この間に、訪れてきた親戚の者たちが部屋に入ってきて、一緒にラム酒などを飲み、会話がはずみ、和《なご》やかな雰囲気になる。最後に、占い盆（オルンミラ）の前にひざまずき、司祭ガブリエル

の言葉を繰り返す形で、祈りを捧げる。

⑥つぎに左右四つずつ合計八つの種（表と裏がある）がひと続きにつながったオペレとかエクエレと呼ばれる、簡易な占いの道具を使って、私の守護霊が誰かを占う。司祭ガブリエルが占いの道具に水をかけながら、祈りをあげる。占いの道具を振るたびに、こちらの左右の拳を指さし、もしそちらの拳の中に白い石が入っていたら、確定。そのたびに、司祭マリオ・サンチェスがノートに確定した目、縦棒のⅠとⅡを記入していく。だが、こちらの持っていたものが黒い種だったら、占いの予言をキャンセルする。確定が八回あらわれるまでそれを繰り返す。組み合わせは、二百五十六通りある。結局、私の場合は自分の予想どおりエレグアで確定した（図4参照）。

⑦食堂に戻り夕食。調理済みの肉を食す。牝山羊の肉、雌鶏の肉、米、アボカドなど。

図4　イファ占いにつかった盆とヤシの種（布で覆ってある）

エレグアのための太鼓儀礼《タンボール》

「オルーラの手」の儀式から一日おいて、私の守護オリチャであることが判明したエレグアに捧げる太鼓儀礼（スペイン語で「タンボール」と呼ばれる）を執りおこなう。イファ占いと並んで、サンテリアの中枢をなす「トケ・デ・サント（守護オリチャに捧げる太鼓）」である（図5参照）。

砂時計の形をしたヨルバの儀礼用の太鼓は、バタと呼ばれ、三種類からなる。大きいものからイヤ（ヨルバ語で「母」という意味で、リズムや歌をリードする）、イトトレ（「下で従う者」という意味で、イヤと音楽的な会話をおこなう）、オコンコロ（「小さい、若い者」という意味で、前二者のリズムに対して複雑な弾みをつける）という名前がついている。すべて、椅子に腰掛けた鼓手が膝の上に横に乗せて両側に張られた革を両手で打つ。一番大きいイヤには、ぐるりと鈴が巻きつけられていて、リズムを刻む太鼓の音に優雅な装飾音を加える。

図5　太鼓儀礼のためのエレグアの祭壇

この太鼓儀礼の目的は、太鼓のリズム、歌、踊りを通して、天上界の守護霊（オリチャ）たちを地上に下りてこさせ、祈りを捧げる者たちに憑依させることである。これにより、人々はオリチャと一体になる。▼1

午後、居間の一角に、司祭ガブリエルがエレグアの祭壇を作る。床に緑のゴザを敷き、たくさんの葉のついた月桂樹の枝で背景を覆う。小魚やフティアの燻製を枝に吊るし、床には、グアバ、バナナ、アボカドなどフルーツのはいった皿、ろうそくを立てた皿、石を載せた皿などを置く。これらは、すべてエレグアにゆかりの品である。それから、司祭ガブリエルと私のエレグア像を配した。

まだ陽は明るいが、六時半頃、近所の子供たちを招いて、お菓子やケーキをふるまう。エレグアは道（旅）を統《す》べる知恵ある精霊なので、小石を飾る必要があるが、その一方、子供っぽいところもある。エレグアのために、ビー玉、独楽《こま》、縄跳びの縄などを飾るとよいともいわれた。ちなみに、エレグアはカトリック教会の「アトーチャの聖なる子（イエス）」などにあたる（第3章の習合例の表1を参照）。

三人の太鼓の鼓手が到着する。まず、エレグアの祭壇に向かって、エレグアに捧げるバタの演奏がおこなわれる。その後、この場に招待された司祭ガブリエルの親、兄弟、親戚、擬制の息子や娘などが太鼓や司祭ラサロの歌に合わせて踊り、深夜まで、食べたり飲んだりのフィエスタはつづく。

その歌と踊りの最中に、海の女神で「愛」をつかさどる海の女神イェマヤーがある女性に憑依して、女性はスカートをゆらゆらさせて波を彷彿させるかのように踊った。

オリチャに憑依された人をカメラに撮るのは、守護霊に対する冒瀆であるので、許されない。

このタンボールによる儀礼には、オリチャのための祝祭の場を借りて、パドリーノやマドリーノを中心とした家族や擬制家族の結束・親和性を強める機能があるのではないだろうか。

司祭ガブリエルから、今後留意すべきこととして――

エレグアには月曜の朝にキャラメルとフルーツを供え、二日後に木の生えている交差点に捨てること。毎月第一木曜日には、オルーラをカカオの脂やハチミツで磨きながら話しかけること。儀式で肉の部分を食べた雄鶏の頭部を、強い日光に当てて肉をすべて取り除いてからオルーラの容器に収めること。万が一、オスン像が倒れたときには、ただちにパドリーノに相談することなどの指示を受けた。

第5章　サンティアゴのブルヘリア
——もう一つのアフロキューバ宗教

すべての鍵は日常にある。
——中沢新一『ゲーテの耳』

はじめに

キューバ東部のサンティアゴには、サンテリアと違う、アフリカ系の信仰が息づく。サンテリアのように教義が体系化していないが、その分だけ、大地に根ざしてより素朴な信仰が見られる。

特に、アフリカの先祖霊信仰が十九世紀にヨーロッパの交霊術を取り入れて発展した、一種ハイブリッドな信仰「エスピリティスモ（交霊会・心霊術）」が興味深い。[1]

ブルヘリアと呼ばれる「拝み屋＝祈禱師」が取りしきるエスピリティスモの儀礼には、太鼓や鉦《かね》を使った歌と踊りによる太鼓儀礼ベンベや、死者の命日に家族の者たちが手をつないで円形になり、反時計まわりに足を踏みならしながら歩く憑依儀礼のコルドン・エスピリツアルなどがある。[2]

そうした儀礼では、聖者や死者の霊が舞い降りてくる。とくにコルドンでは、つないだ両腕を波のように振りながら、単純なお祈りの歌をくり返しているうちに、参列者の誰かに死者の霊が乗り移る。

交霊会とボベダ

霊媒を介して死者と交流をはかる交霊会・心霊術「エスピリティスモ」が、十九世紀末から二十世紀初頭にかけてヨーロッパからカリブ海にやってきた。フランス人教育者のアラン・カルデック（本名は、イポリト＝レオン＝ドゥニザール・リヴァイユ）の『霊の書』（一八五七年）や『霊媒の書』（一八六一年）がヨーロッパで大流行し、それがキューバにも波及したようだ。

植民地の白人中流階級から黒人社会まで影響を及ぼし、いくつかの異なるシステムに発展した。そのうち主要なものは「卓上（メサ）のエスピリティスモ」、「鎖（コルドン）のエスピリティスモ」、「交差（クルサド）のエスピリティスモ」の三つである。

「卓上のエスピリティスモ」は、テーブルを囲み霊媒を通して死者とのコミュケーションをはかるヨーロッパ式の方式を取りいれ、ハバナを中心として西部の都市部に住む中流階級の白人クレオールのあいだで人気を博した。

「鎖のエスピリティスモ」では、参加者が「コルドン」と呼ばれる円を作り、手をつないで「鎖」となって、ぐるぐるまわりながら踊り、死者の霊との交信をはかる。キューバ東部グランマ州バヤモで、解放軍の士官の一人フランシスコ・サルガドがこのための集会場を創設。キューバ独立運動と結びついて隆盛を誇った。[▼3]

「交差のエスピリティスモ」は、現在でもサンテリアの黒人信者たちがおこなっているものである。これはカルデックの降霊会とアフロ信仰の先祖霊信仰が統合されたもので、出現する霊の多くは先祖霊というより、むしろインディオとかジプシーとか、アラブ人とか「ネグロス・ボサレス」と呼ばれるアフリカ人とか、民族的に抽象化された霊である。それらの霊が出現して、参加者にアドバイスを与えるが、ここには司祭と信者といった、信仰の序列や階層がないために、信者は気軽に参加できるという。[4]

降霊の儀式は集団でおこなわれるが、信者の家には、「ボベダ・エスピリツアル（boveda espiritual）」という祭壇が設けられている。白いテーブルの上に、白いキャンドル、数珠や十字架、人形、石、花、香水など、さまざまな聖具が飾られたものだ。プラスティック製ではなく、自然のものが良いとされている。中でも、一番大切なのは、水の入ったグラスである。五個、七個、九個など、それぞれの守護霊に対してそれにふさわしい数のグラスをあてがう。きれいな水は、霊を呼び寄せると考えられていて、カルデックの趣旨には反するが、先祖霊のためのグラスも飾られていることが多い。

その他に、祭壇には果物、ラム酒、コーヒー、タバコ、お菓子など、先祖霊の嗜好品も飾られていて、そこに、ヨーロッパの厳格な交霊会の作法からサンテリアのエグン崇拝への逸脱が見られる。そもそも、ボベダは物理的世界と霊的世界をつなぐものであり、霊媒師がボベダを使って、「ガイドの霊」を呼び出す。「ガイドの霊」は、一般的に亡くなった家族の霊というより、むしろ、「信者に霊的向上をもたらすために、高度に高められた霊的存在である」と信じられているからだ。[5]

山の中のブルヘリアの儀式——エレグアに捧げる太鼓儀礼

サンティアゴ市内から二十キロぐらい北の奥地に入ったところにエル・コブレという町がある。そこからさらに歩いて二十分くらいの山奥のマラブという集落において、二〇一〇年九月に、地元の祈禱師に私の守護霊であるエレグアに捧げる太鼓儀礼《ベンベ》をしてもらった。

東部のサンティアゴはハバナに次いでキューバ第二の都市だが、エル・コブレはサンティアゴの中心からずいぶん内陸に入った静かな町だ。一九一〇年代になってようやくヴァチカンからキューバの守護神として正式に認定された、黒色の肌を持つ「エル・コブレの慈善の処女聖母」が祀《まつ》られたカトリック教会がある▼6。

「エル・コブレの慈善の処女聖母」は、サンテリアの、黄金と恋愛を司る「オチュン」と習合している。黄色がオチュンのシンボルカラーだ。毎年九月八日の祝日には、子供を授かった親をはじめ、全国から黄色い衣服をまとった人々が大勢訪れる。キューバ人であれば、一度は訪れたいと思うカトリックの聖地であり「巡礼の地」だ。

また、「銅」という意味のエル・コブレの名前が示唆するように、当地には銅山があり、植民初期の十六世紀にアフリカ奴隷が銅山で使役されていた。ここの奴隷たちの反乱や逃亡については、このあと第6章で触れることにする。

エル・コブレの町から舗装されていない道をマラブ部落のほうへ歩いていくと、木製の粗末な小屋が多くなる。建物の中の床は土間だ。ハバナやサンティアゴのコンクリート造りの建物では、革命後だいぶ経って崩壊しそうなものも見られるが、ここに建っている小屋は、小さなテレビや冷蔵庫などを除けば、まるで二十世紀前半にタイムスリップしたかのように、素朴かつ粗末なものだ。

今回、儀式を執りおこなってくれたのは、サンティアゴに住んでいるブルヘリア（祈禱師）のロレト・ベディ・ベラ。ロレトはエル・コブレ生まれで、五十三歳（二〇一〇年九月現在）。祈禱師歴は二十年以上だという。エル・コブレに住んでいる姉たちも全員、すぐれた霊力の持ち主である。一人はブルヘリアである。サンティアゴをはじめとするキューバの東部には、「パロ・モンテ」と呼ばれる宗教が息づき、その司祭は「パレロ」とか「マヨンベロ」とか「ブルヘリア」と呼ばれる（詳細は次章を参照）。

私の守護オリチャ・エレグアに捧げる儀式がどうであったか、記しておこう。

通常、こうした太鼓儀礼ベンベをおこなうためには一年くらい準備期間を設けるというが[▼7]、私の場合、準備期間はたったの一週間しかなかった。道具類の準備には、知り合いの女性アルレネ・ベディ（三十八歳、守護霊はレイナ・アフリカーナ＝イェマヤー）に依頼する。祈禱師のロレトは彼女の叔父にあたる。彼女と共に、昼のエレグアに捧げる儀式と夜のイェマヤーに捧げる儀式のために準備したものは以下のとおりだ。

雄鶏（エレグアへの捧げもの）
アヒル（イェマヤーへの捧げもの）
鶏（食用）
大きな白い布三枚（祭壇の背景）
小さいヤシの葉（祭壇の上を屋根のように覆う）
ユッカ芋
豚肉
スパゲティ
ケーキ（エレグアへの捧げもの）六個
お菓子（エレグアへの捧げもの）
フルーツと木の実（パパイア、グアバ、ココナッツ。エレグアへの捧げもの）
アロス・コン・レチェ（エレグアへの捧げもの）
煎ったトウモロコシ（エレグアへの捧げもの）
線香
ろうそく

アルコールの入った容器（厄祓い用）
薬草各種
香水
聖水
花（ピンクと黄色のバラ、白いアスセナの花）
ラム酒二リットル瓶（守護霊への捧げもの）四本
コーラ一・五リットル瓶（守護霊への捧げもの）二本
ビール（守護霊への捧げもの）二本

当日の午前中は九時半頃から、夜の儀式（イェマヤーに捧げる）の舞台となるアルレネの家の中庭をその母が掃きならしたり、台所にあるテーブルや洗濯機などを二つある寝室に移したりしてスペースを作り、準備品で足りないもの（お菓子やユッカ芋）の買い出しをおこなう。

十二時を過ぎる頃、昼ご飯（豚肉の煮込みと茹でたユッカ芋）を電気コンロで作り始めるが、三十分も経たないうちに停電。停電は三十分つづく。二時頃に、アルレネの母親が自分の家からガスボンベとコンロを持参。

二時半頃に、アルレネの姉妹、叔母、親戚の女性陣が購入を頼まれていたケーキや鶏を持参。子供たちも一緒である。茹でたユッカ芋に肉汁をかけて豚肉と一緒にいただく。一方、女性たちはガスコンロの鍋でお湯を沸かし、スパゲティを茹でて、それを食べる。

三時半頃、儀式や祭壇用の道具を手分けして持ち、マラブの山へ向かう。少し前から雲行きが怪しくなってきたが、歩いている途中にぱらぱらと雨が降ってくる。二十分ぐらいで、川の近くの大木の下に到着。

儀式は川の水のそばか、大木の下でおこなうという。木は聖なるセイバの樹ではなく、アナカウイタと呼ばれる大木だった。三人ぐらいが両手を伸ばしてようやくぐるりと周りを取り囲める巨木の幹のそばに立つと、上空に生い茂る葉のおかげで、雨露をしのぐことができる。その木にはさまざまな守護霊や先祖の霊が宿るらしい。

アルレネの母が、大木の前の四、五メートル四方に生えている雑草や小さな雑木をマチェテで切り払う。それから、お祓《はら》いに使うアノン・デ・オホという薬草の枝を切ってくる。

四時頃から、アルレネの母が木の根もとに祭壇を作りはじめる。エル・コブレの慈善の処女聖母像を中心に配し、その左手に薬草のアルバカ（バジル）やバラ、香水、ろうそくなどを、右手に聖水などを置く。

聖母像の前には、エレグアへの捧げものとして、ケーキやお菓子、フルーツ、木の実、アロス・コン・レチェ（ライスプディング）、煎ったトウモロコシなどを置く。その他に、悪魔を追い払うアルコールランプ、ビール、儀式につかう鉦《かね》や各種の薬草（サルビア、アルゴドン、グアウーヨなど）などを用意している。

四時二十分頃、儀式を執りおこなう祈禱師ロレトとトゥンバドーレス（太鼓打ち）が現場に到着。雨だと太鼓の革がだめになってしまうので、儀式も中止になると聞いていたため、心配だったが、無事にやってきてくれたので、安心した。

四時半に、ロレトは儀式用の服に着替える。太鼓三つを祭壇の前に供えて、いろいろな神々に祈る。アルレネの母が、あたりから薬草（カミティーヨ、ファバン）を摘んでくる。ロレトが葉巻きに火をつけ、この儀式のための口上を述べはじめる。

鉦を鳴らす者と太鼓打ちの三人が演奏を始める。皆がロレトの先導でカノン形式で歌をうたいはじめる。ロレトの指示で、皆が体を一回転させて悪霊を祓う。

図1　薬草と雄鶏で厄除けし、身を浄める

ロレトが雄鶏を手にして、一人ずつ体全体を浄める。雄鶏に人間一人ひとりの身についた災厄を引き受けさせるようだ。同様に、ロレトは薬草カミティージョの枝で一人ずつ体を浄める（図1参照）。

儀式が始まってから一時間ぐらいして、アルレネの姉に守護霊が憑依した。祈禱師ロレトが煎ったトウモロコシ数粒を大木に投げ、またビールを大木にかけて捧げる。

アルレネの母に憑依現象があらわれる。ふたたび、祈禱師ロレトが雄鶏で人々の体と大木を浄める。アルレネの家族、女性たちが集まり、幸いをねがう歌をロレトがうたう。ほぼ一時間半で、儀式が終了する。

聖水やお菓子やケーキ、雄鶏で大木の幹の周囲を浄める。花や薬草はその場に置いてくる。その他の儀式の道具は持ち帰る。

真夜中のブルヘリアの儀式——イェマヤーに捧げる太鼓儀礼

帰宅後、ただちに夜の儀式の準備を開始。女性たちがアルレネの家の中庭の一角に祭壇を作りはじめる。まず三枚の白い布で背景を覆い、布と布とを白糸で結ぶ。布に小さな造花の飾り付けをする。祭壇の上方に洗濯物を干す針金を張ってヤシの葉をのせ、祭壇を覆う屋根を作る。

一時間経った七時頃から、女性たちが夕食の準備を始める。ユッカ芋、若干のパパス（ジャガイモ）、カラバッサ（カボチャ）の皮むき。そして、皮むきしたものを一口大に刻む。こうした食事や儀式一般の準備に、知り合いの女性の母や叔母や姉妹などが協力してくれる。儀式の主役は、祈禱師ロレトだが、実はこうした女性たちの協力なくしては、儀式は成り立たない。

アルレネの母が鶏の頭を持って、くるくると首をひねり、中庭で絞める。用意したナイフで首をちょん切ったあと、首を下向きにして血を抜く。首から上を失った鶏を沸かしておいたお湯の中につけて、羽をはぎ取るようにむしり取る。夕食のおかずになるのだろうか。雨がぱらぱら降ってくる。ヤシの葉で作った屋根にビニールシートをかぶせる。

八時頃、親戚の男たちも集まり始める。十五分ぐらい停電。電気がつくと、アルレネが黒い肌の人形レイナ・アフリカーナ像（別名イェマヤー）をガホス（薬草）で浄めた水で洗う。あせもパウダーを振りかけ、下着を着替えさせる。紺色のドレスを着せ、頭にずきんをかぶせる。

八時四十五分頃、祭壇の飾り付けが始まる。中央にレイナ・アフリカーナ像、その左脇に、夕方も使ったエル・コブレの慈善の処女聖母像、水の入った瓶二本（のちにピンクと黄色のバラや白いアスセナの花を飾る）、ラム酒、ワイン、ろうそく立てに載せたろうそく三本、その前にケーキ四個とお菓子類。祭壇の前の地面には、ビニールを敷いた上にエレグアにゆかりのお供えが飾られた。石、煎ったトウモロコシ、フルーツ（ギネオと呼ばれる料理用の青バナナ）などだ。その近くには、薬草エスコバの鉢植えのほか、各種の薬草と水を入れた盥《たらい》が置かれている。

ロレトがナイフで地面に十字のマークを書き、中央にナイフを突き立てる。

祭壇の前に、太鼓三つが置かれる。

祭壇の準備に小一時間かかったが、いよいよ祈禱師ロレトが祭壇の前に座る。サオコ（薬用の木の根がいろいろ入ったサトウキビ焼酎）、カンデラ（アルコール・ランプ）、鉦（音楽用）、グラスなどを手元に用意する。線香に火をつける。缶の中にアルコールを入れる。炎は悪霊を祓うためらしい。

アルレネの母が、お浄めのための薬草（アノン・デ・オホス、ピニョン）を持ってきて、水に浸す。

アルレネの母がシャワーを浴びて、着替える。

台所では、ユッカ芋、カボチャなどを茹でつづける。そろそろ夜の十時なので、二時間以上経過。よく考えると、夕食は食べていないが、それほどお腹はすいていない。

夜もとっぷり暮れて、儀式の第二部が始まる。ロレトのリードでエレグアに捧げる歌を皆でうたう。歌は、サンテリアと違ってヨルバ語ではなく、パトワ（バンツー語系の言語の影響を受けているスペイン語）のようだ。その間、ロレトはアルレネの体を薬草で祓って浄める。

アイエ、アイエ……

マンタン

クアトロ・カミーノ（四つの道）

そして、ようやく鉦と太鼓の伴奏によって、聖ラザロに捧げる歌から始まり、次々と歌と踊りがつづく。「ケ・ボニト・マンダレ・ヨ（なんと美しいマンダレ）」「ヨ・ソイ・コンゴ・ルクミ（私はコンゴ

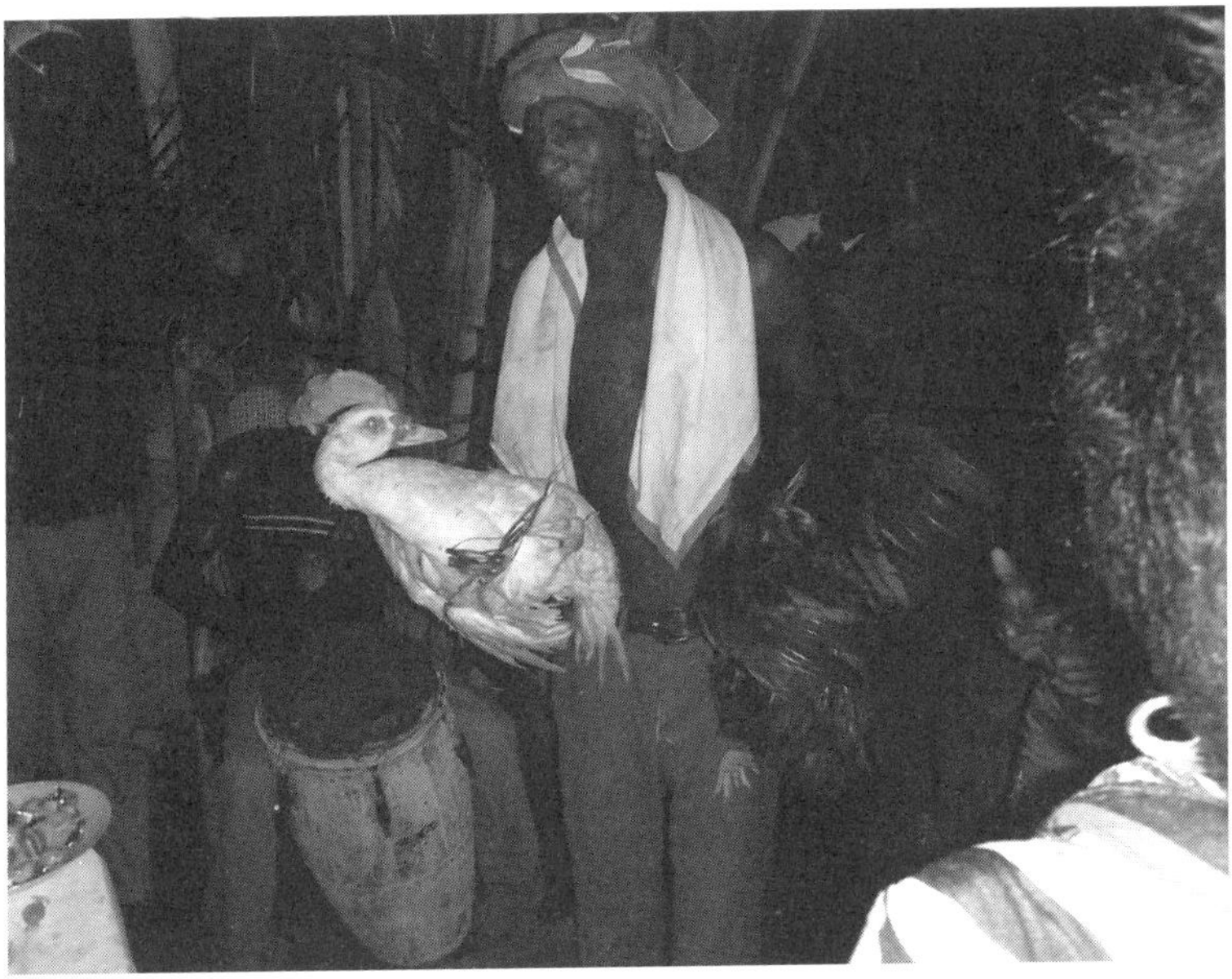

図2　夜の儀式で、生贄にされる雄鶏とアヒル

・ルクミ）」「カバコンガ」「ヨ・ロ・セ（私は知っている）」「ノ・セ・ベンガ」など。ベンベの歌は、巻末にまとめて収録してあるのでそちらを参照してほしい。

祈禱師ロレトは、エレグアに捧げる儀式で使った雄鶏を持ってくるように命じ、祭壇の空いたスペースに仰向けに寝かせる。驚くことに、雄鶏はまるで魔術にかかったかのように、おとなしくじっとしている（図2参照）。

その後、ナイフで雄鶏の首を切り裂き、血や首、足首などをエレグアに捧げる。あたりを見ると、真っ暗な狭い中庭に五十人ぐらい集まっている。

つづいて、ロレトはレイナ・アフリカーナ像（イェマヤー）に捧げるアヒルを祭壇に仰向けに寝かせる。アヒルは左右にバランスが悪く倒れそうになるが、雄鶏と同じように、祭壇の上でおとなしくしている。他の人たちは、イェマヤーの歌（イェマヤー、スケケ）を歌っている。

アヒルも首をちょん切られて、レイナ・アフリカーナ像に血を捧げられる。

その後、「ドンデ・エスタ・マウィ（マウィはどこに）」をうたっている間に、アルレネは、首のないアヒルを持って、姪に先導される形で各部屋を通り、玄関の外に出て、入り口を浄める。

午前二時半頃、アヒルと雄鶏を解体し、その肉を使って、女性たち（アルレネの母と妹）が台所で料理を始める。アルレネの母は、夜の儀式でも憑依現象があらわれて、ロレトに正気に戻されたりしていた。が、台所に入ると熱心に料理に取り組み、八面六臂の大活躍だった。

私が疲れてベッドに横になっていると、突然アルレネが、常軌を逸したような恐怖にとらわれ、母や姉が彼女をなだめる。あとで聞いたところでは、玄関の門に錠をかけたので、中に入りたがった近所の若者が中庭に石を投げてきたりして、アルレネや姉と言い合いになったそうだ。警察に押し込まれることを心配したアルレネが異常な興奮状態になって、寝室の戸棚の戸を叩いたり、それを止めようとした妊娠中の娘をつよく払いのけようとした。

そうしたわけで、外の若者たちを落ち着かせる意味もあり、儀式（歌と踊り）はいったん中断となった。

明け方四時に、儀式が再開。太鼓と鉦の音がにぎやかに鳴り響く。ただちに、二人の女性にエレグアが憑依する。家族の健康などを祈るエレグアの仕草をする。

一時間ほど経つと、今度は、チコというニックネームの背の高いゲイの青年に憑依現象があらわれる。イエマヤーが取り憑《つ》いたようだ。火のついたろうそくの蠟を腕に垂らす。祭壇の前にアルレネを呼びつけ、ろうそくやナイフを体に近づけて、厄を祓う。そのあと、妊娠している娘を呼びつけ、ろうそくで赤ん坊を守る仕草をする。それが終わると、アルレネを引き連れて、ろうそくを片手に家中をまわり、厄祓いをおこなう。

空には下弦の月がくっきりと浮かんでいるが、少しずつ白んでくる。歌や踊りは、歌のうまいマリという名の若い女性（アルレネのいとこ）が加わり、彼女の先導で止めどなくつづく。

アレレ　アレレオ　マリボ　ヤヤ
アレレ　アレレオ　マリボ　ヤヤ

夜も明けて、人々の顔がはっきりする。帰った人もだいぶいるが、太鼓のまわりにはまだ若者がたくさん残っている。家の壁に沿って椅子をおいたところには、母親と女の子の一群が残っている。七時頃に、祭壇の片付けがおこなわれるが、用意した小さな四角い紙箱に、お供えにつかったケーキやお菓子などを入れて、待っていた人々に配る。その場で食べる人もいるが、たいていはお持ち帰りのようだ。

そのとき、何を思ったか、セシリアという名の中年の女祈禱師が、聖水やラム酒や香水などで祭壇や儀式の場を浄めたあと、お供えのケーキのクリームを自分の顔に塗りたくり、さらにその場にいる他の人の顔にも塗りたくる。私も眼鏡の上から塗られてしまった。これも、厄祓いの一種のようだ。

およそ一時間で祭壇の後片付けは終わるが、その間も、太鼓の演奏で、チコやマリに先導された歌はつづく。しかし、それは精霊に捧げる儀式の歌ではなく、ポピュラーソングだ。

九時ごろ、煮込んだ山羊肉、雄鶏の肉、アヒルの肉をおかずに、茹でたユッカ芋や炊いた米で朝食をとる。皿が少ないので、リレー競争のように、食べたらすぐに洗い、別の人が食べる。

儀式の終わりの合図はなく、疲れた者から徐々に帰宅の途につく。庭で太鼓の演奏が終わったと思ったら、こんどは室内のCD再生機で、ビートの効いたスペイン語のレゲトンが鳴り響く。全員が帰ったのは、昼前の十一時頃だった。

ベンベの歌

ベンベという儀式には、歌と踊りがつきものである。三つの太鼓や鉦がそれをお膳立てする。歌をリードするのは祈禱師ロレトだが、歌を暗記している者がロレトに代わってリードすることもあった。儀式の歌の特徴は次のとおりである（巻末附録「ベンベの歌」を参照）。

特徴

①語尾の子音を発音しない。名詞の複数形をしめすsが落ちるなど、スペイン語のクレオール化が見られる。
②単純な言葉の繰り返しで、誰にでもうたえる。
③リードボーカルとコーラスの掛け合い。コーラスは、ソリストより高い音階でより速くうたうことで、単純な歌詞の歌に微妙な変化が生まれる。
④リードボーカルによって即興の歌詞が作られる。曲に新しい要素が加味されて、曲の長さが変わるなど、ヴァリエーションが生まれる。
⑤コーラスの歌と踊りが一体となる。踊りながらうたい、うたいながら踊る。
⑥太鼓と歌が一体となる。太鼓のリズムが歌を盛り上げたり、変化をつけたりする（図3参照）。

図3　太鼓のリズムで儀式の歌をうたう

第6章　逃亡奴隷の哲学

実際にほとんど交渉のない島々のあいだでも、生活様式や自然に「相似」がみられる。
——ミシェル・レリス

はじめに

いまから十年ぐらい前に、ギジェンの詩「大きな緑色のトカゲ」の比喩にならっていえば、トカゲの尻尾にあたる、キューバの西のはずれピナール・デル・リオ州を訪れたときのことだ。タバコ栽培に適した、肥沃な土壌のビニャレス渓谷は、キューバ有数の観光地であるが、その近くに「サンミゲールの洞窟」と呼ばれるところがあり、そこに「逃亡奴隷《シマロン》のパレンケ」があるという。

私の頭は混乱した。それよりさらに十年ほどさかのぼる二〇〇〇年代の初めに、私はメキシコの各地を放浪していた。ユカタン半島のつけねにあたるタバスコ州の州都ビジャ・エルモーサに行き、そこから長距離バスに乗って南に百二十キロほどの奥地へ向かった。チアパス州の熱帯雨林のジャングルの中に、ピラミッドや宮殿の廃墟があると聞いたからだ。そこはいま「パレンケ」と呼ばれている。

七世紀ごろに栄華を極めたとされるマヤ系のチョル族のパカル大王の棺《ひつぎ》が、メキシコの考古学者の手によって宮殿の地下聖堂で発見されたのが一九五二年のことだった。

すでに十九世紀にイギリスの探検家たちがジャングルの中に分け入って、マヤ族の象形文字が描かれた古代の遺跡を発見していたが、本格的な発掘が始まったのは二十世紀の半ばである。私は千三百年もの長きにわたって生い茂る木々に覆われて、ジャングルの中にひっそりと朽ちるままになっていた宮殿とピラミッドに魅了された。それ以来、私にとって「パレンケ」とは、そのマヤ系のチョル族の廃墟を意味した。

だから、キューバのピナール・デル・リオにも「パレンケ」があると聞いたとき、すぐにチアパスの遺跡を連想した。コロンブスがやってくる前の先住民の遺跡があるのではないか。だが、私の想像は外れていた。人里離れたところにある「サンミゲールの洞窟」に行ってみると、そこは先住民やアフリカ奴隷がスペイン人の町から逃れてひそかに暮らしていた「秘密基地」の跡であった。「パレンケ」は、ここでは土地の名前ではなく、世俗権力の及ばない「聖域」という意味で使われているようだった。

それでは、メキシコの「パレンケ」はどうなのだろうか。あれこれ調べてわかったのは、「パレンケ」という名称の由来が十六世紀、大航海の時代にさかのぼるということだった。

私の次の疑問は、なぜあのチョル族の廃墟は「パレンケ」と呼ばれていたのかというものだった。それはすぐに判明した。実は、いま廃墟のある土地の名前が失われてしまったので、近くにあった村の名前を借用しているのだという[▼1]。

それでは、なぜそもそもその村が「パレンケ」と呼ばれるようになったのか。正式には、「サント・ドミンゴ・デル・パレンケ」だが……。スペイン人で、ドミニコ派修道士のペドロ・ロレンソは、サラマンカの僧院で修行し、一五六〇年にグアテマラ経由でチアパスのサンクリストバルにやってくる。同じドミニコ会の司教バルトロメ・デ・ラス・カサス（『インディアスの破壊についての簡潔な報告』の著作あり）の勧めもあって、布教のために数名の仲間とジャングルに分け入り、ジャングルの中に村を作っていったという。そのうちの一つが、一五六七年にチョル族の人たちのために作った村「パレンケ」だった。その名の由来は、チョル族の言葉で「木の柵で防御（強化）された場所」を意味する「オツルン（Otulún）」をそのままスペイン語訳したものだった。[2]

それでは、スペイン語の「パレンケ」とは、どういう意味なのか。すでにおこなった説明から想像がつくように、スペイン語の「パレンケ」には、フェンス、柵、矢来《やらい》（防御のための柵）、闘技場、競技場、馬をつないでおく柱などの意味があるようだ。[3]

修道士ロレンソがチアパスのジャングルに作った村を、チョル族の人々は「オツルン」（柵に囲われたところ）と呼んでいたのだろう。それをロレンソらスペイン人たちが「パレンケ」と翻訳したに違いない。先住民の改宗をめざした宣教師たちは言語学者であると同時に、そうした「類推」能力にたけていた。一方的に自分たちの宗教や文化を押しつけるのではなく、二つの異なる宗教や文化の類似点をみつけて、先住民の改宗にとりかかったからだ。

それでは、キューバのピナール・デル・リオで使われているような「聖域」「隠れ家」といった意味は、どこからくるのか。一般的なスペイン語辞典にはそんな意味は載っていない。ラテンアメリカのスペイン語を専門に扱った辞典の中に、ようやくキューバとコスタリカで「逃亡者が生活する険しい場所」という意味が出てきた。[4] また、キューバのスペイン語について詳しいオルティスの辞典には、「パレンケ」という語自体は載っていないが、その語形変化したものが載っている。「アパレンカド」で「パレンケに逃げて強くなった逃亡奴隷《シマロン》」を意味し、「アパレンカール」で、「逃亡奴隷《シマロネス》たちがパレンケに逃げる」を意味するという。[5] その後、いろいろな文献を読んでいるうちに、スペイン語の「アパレンカミエント」という語が出てきて、これは「パレンケ」とほぼ同じ意味で、「逃亡奴隷の共同体（集落）」を指すことがわかった。

このように、オルティスの時代から百年近く経った現在、専門家による研究が進み、「パレンケ」という語は、カリブ海域のスペイン語圏の各地で、逃亡奴隷たちが作りあげた「聖域」という意味で使われている。しかも土地名として使われているケースも多い。「聖域」ではないメキシコのチアパスの廃墟のほうが、実は例外だったのだ。

逃亡奴隷が険しい崖の上や奥深い山中に作りあげたパレンケは、大航海の時代から奴隷制が廃止される時期まで、カリブ海域の島々や中南米の国々に共通していた。しかし、それらは失われた過去の遺物というより、現代人のわれわれに思考や行動を促す刺激的なテーマである。

たとえば、あとで詳しく触れるコロンビアの「サン・バシリオ」を舞台に、そこの住民たちが今なお使っているスパニッシュ・クレオール（「パレンケロ」と呼ばれる）に文化人類学者や言語学者の注目が集まっている。

カリブ海には英語やフランス語、オランダ語、ポルトガル語のクレオールがあるが、このパレンケロは広くスペイン語圏で奴隷たちによって話されていた言語の残滓《ざんし》ではないか、とみなされている。パレンケロはスペイン語をベースにしているが、コンゴやアンゴラのバンツー語系のキコンゴ語や、十七世紀の奴隷商人のポルトガル語による強い影響があるらしい。▼6
あるいは、ブラジルの「パルマレス」や、メキシコのベラクルスのパレンケでは、かつて数百人から数万人もの逃亡奴隷を統率する伝説のリーダーがいて、いま英雄の銅像がそれぞれゆかりの土地で作られ、逃亡奴隷たちの「抵抗」のシンボルとして称揚されている。

しかし一方で、芸術家の手になる「逃亡奴隷」の銅像は、一人の英雄の神話作りに加担することなく、むしろ「逃亡奴隷」の「抵抗」の哲学を体現している。北米の「ＢＬＭ（ブラック・ライヴズ・マター）」運動のように、まさに現代の人種差別（黒人差別のみならず、差別一般）に反対する、人種を超えた自覚的な意識を作りだす装置としての機能を果たしているといっても過言ではない。

たとえば、ハイチの現代彫刻家・建築家アルベール・マンゴネス（一九一七―二〇〇二年）の「無名の逃亡奴隷」（一九六七年）の銅像は、首都ポルトープランスの中心のシャンドゥマール公園にあるが、ハイチ革命（一七九一―一八〇四年）に寄与した「無名の逃亡奴隷」を称揚したものである（図1参照）。同じ公園にあるトゥーサン・ルーヴェルチュールやジャン゠ジャック・デサリーヌなどの、ハイチ革命の英雄像とちがって、これが私たちの心を打つのは、フランスの植民地サンドマングの政府を打倒した「抵抗」の哲学が伝わってくるからである。この抵抗の逃亡奴隷は、片膝を突き、左手にほら貝を持ち、それを上空に向かって吹いている。右手には武器であるマチェテが握られている。人種戦いの始まりを告げるほら貝は、差別をはじめとする差別的な制度や偏見がいまなお世界を覆っていることを私たちに示唆する。そして、現代人の私たちに行動せよ、と促すのだ。そうした強いメッセージが伝わってくるからこそ、私たちは感動するのである。このあと触れることになるキューバのエル・コブレの「逃亡奴隷の銅像」も同様である。

図1　「無名の逃亡奴隷」の像

奴隷にとって、パレンケこそが白人主人の所有権から逃れ、サトウキビ畑の農場監督の容赦ない鞭から逃れることができる避難地であった。さらに言えば、奴隷商人とスペイン人統治者によって奪われた自由と人権を確保できる「聖域《アジール》」だった。

サトウキビ畑や製糖工場が、奴隷たちにとって、明日の見えない地獄であったのに対して、逃亡奴隷のパレンケは天国とはいえないまでも、少なくとも自分と家族のために暮らせる場所だった。そこでは、どのような文化がどのように育まれたのだろうか。

キューバの逃亡奴隷とパレンケを論じることは、大航海時代以降の世界史を、ペンを奪われた奴隷の側から見ていくことでもある。それによって、西洋的な思考で語られることが多い世界史に修正を加えられるだろう。そうした反=世界史を補強する意味で、ここではキューバのほかに、研究の進んでいるカリブ海域のスペイン語圏やポルトガル語圏の「聖域」も見ていくことにしたい。

キューバの逃亡奴隷《シマロン》

サンティアゴのバスターミナルのある四番通り《カジェ・クワトロ》から、こちらでは「カミオネッタ」と呼ばれる小型トラックを改造した乗り合いタクシーに乗り、エル・コブレに向かう（図2参照）。

エル・コブレには、ラ・ビルヘン・デ・ラ・カリダー（慈善の処女聖母）と呼ばれる、黒色のマリア様が祀《まつ》られたカトリック教会がある。

長らくこの混血《ムラータ》の肌色を持つ聖母はヴァチカンの法王には認められなかったが、一九一六年になってようやく、ローマ法王ベネディクト十五世によりキューバの守護神として認定された。

教会の祭壇の裏手には、信者たちが持ち寄った聖母への感謝の品々、聖母への手紙や写真に混じって、オリンピックのメダルや、プロ野球の優勝記念ボールやユニフォーム、戦士の勲章などが飾られ

図2　小型トラックを改造した乗り合いタクシー

ている。ヘミングウェイが寄贈したノーベル賞の記念メダルも飾ってあったらしいが、いまはない。

毎年、聖母の祭日である九月八日には、キューバ全土から聖母に感謝する人々が訪れる。黄色い服をまとった女性や、ひまわりで作った花飾りを持った人々でごった返すのだ。キューバ人であれば、一度は訪れたいと思う巡礼の地である。

なぜ黄色なのだろうか？

サンテリアの守護霊の一体である、オチュンという女神とこの聖母は「習合」していて、オチュンのシンボルカラーが黄色だからだ。オチュンは、女性たちに関心の高い結婚や出産や黄金を司ることで知られる。アフリカ系の人々にとっては、来世などのことより、近い将来のご利益が重要で、そうした発想はとても現実的だ。

メキシコでは褐色の「グアダルーペの聖母」が大勢のメスティソ（ヨーロッパ

人とインディオの混血）たちをカトリック教会に誘い込んだように、キューバのカトリック教会は、アフリカ奴隷たちの崇《あが》める女神（オチュン）と聖母マリアを重ね合わせて、かれらをキリスト教に改宗させようとした。そうした「習合」による、アフリカ奴隷の囲い込みの試みは、半ば成功していると言えるし、失敗しているとも言える。

ぎゅうぎゅう詰めの乗り合いタクシーは、目的地までほとんどノンストップで走る。三月でも、昼は摂氏二十度を超えるが、車にエアコンなどはなく、窓も開閉のハンドルが壊れていて閉めきったまだ。次第に額に汗を掻いてくる。

三人掛けの真ん中に座ると、エロチックな香水の匂いをさせた中年女性の太腿が両側から迫ってくる。牝牛のような、どんと突き出たお尻についている太腿が、である。ここで香水の誘惑などに負けないで、少しでも自分の脚のスペースを確保しておかないと、まるで宿題をさぼって先生に叱られている小学生みたいに、三十分以上も両膝を合わせたまま座っていなければならなくなる。

途中で降りる客はいない。それもそのはず、「カミオン」と呼ばれる大型のトラックならば五ペソだが、全員が座れる小型の「カミオネッタ」は二倍もするからだ。公共のバス（グアグアと呼ばれる）は二十センタボと、リーズナブルな価格だが、めったにやってこないので、人々はいきおい民営の乗り合いタクシーに頼ることになる。

往復で二十ペソ（八十円）なんて大した額じゃないか、と思うかもしれないが、平均給与が三千円ぐらいだから、一回往復するだけで給与の二・六パーセントを消費してしまう計算だ。

それがどれほど高いか。たとえば、日本で二十万円の給与をもらっている人が、いま同じ割合のタクシー料金を払うとしたら、なんと五千二百円になってしまう計算である。

また、配給以外の商品は、CUC（セウセ）と呼ばれる兌換ペソ（ペソの二十五倍）で買わねばならないので、▼7 給料以外の収入が不可欠だ。そのため、誰もが副収入の確保にあくせくする。パラドールと呼ばれる食堂を開くか、カサ・パルティクラルと呼ばれる観光客相手の民泊を経営するか、あるいは、二〇一二年の大幅な法律改正で自営業が解禁になったので、家の軒先で、海賊版のＤＶＤやＣＤを売ったり、どこかで仕入れてきた女性服やサンダルを売ったり、文房具や洗濯ばさみなどの小物を売ったりする。

そうした機会に恵まれない者は、しかたなく闇市で稼ぐ。葉巻きやラム酒の製造工場で働く者は巧みに商品を持ち帰り、観光客に道ばたで売りつける。レストランで働く者は材料の肉をごまかして、誰かに売りつける。若い女性は観光客相手に売春をする。下級公務員は依頼人からワイロを受け取る。タクシー運転手は、メーターをごまかす。そんなふうにして、庶民は二重通貨制の桎梏《しっこく》の中でしたたかに生きている。

東部の港湾都市サンティアゴ・デ・クーバは、一五一五年から一六〇七年までスペイン植民地の首都だったが、いまはキューバ第二の都市だ。首都ハバナ市に対するライバル意識が強い。カストロの反乱軍が最初に抵抗の狼煙《のろし》を上げたのも、ここサンティアゴだった。一九五三年七月二十六日の「モンカダ兵舎襲撃事件」である。

いまそうした「反権力」の名残があるとすれば、地元のプロ野球チームがハバナ市の「インドゥストリアレス」と戦う試合ぐらいだろうか。人々はホーンやサイレンをけたたましく鳴らして応援する。内野の立ち見席では、地元チームの攻撃が始まると、私設楽団の音楽に合わせて野球そっちのけで踊りまくり、まるで開放的な野外ディスコのようだ。入場料は三ペソ（十二円）だから、庶民には最高の娯楽である。

エル・コブレは、サンティアゴから二十キロほど内陸に入った静かな町だ。教会が丘の頂上にそびえたち、丘に沿って住宅が並んでいる。その名が示すとおり、ここの山には銅《コブレ》が埋まっており、アフリカから連れてこられた黒人奴隷たちが鉱夫として働かされていた。早い時期だと、十六世紀の初めにすでに銅山に連れてこられていたという。かれらは銅山で反乱を起こしたり、周辺の山に「パレンケ」を作った。しかし、エル・コブレの町自体は「パレンケ」ではない[8]。

わたしは　ここの者じゃない
ハイチからやってきた
七つの海をわたって
ここにたどり着いた

わたしは　ここの者じゃない
ハイチからやってきた
アフリカ人
コンゴ　ルクミ

わたしは　ルクミ
ハイチからやってきた
七つの海をわたって
ここにたどり着いた

コンゴ　ギニアのコンゴ
コンゴ　ギニアからやってきた

これは、キューバ東部でおこなわれているベンベと呼ばれる太鼓を使った厄除けの儀式でうたわれる歌の一つだが、かれらの出自をきちんと記録している。コンゴとはアンゴラ近辺のバンツー語を話す人たちのことで、ルクミとは、いまのナイジェリアあたりから連れてこられたヨルバ語を話す人たちのことだ。コンゴの人たちは東部に多く、おそらく十九世紀初頭の独立革命の際に、フランス領ハイチからキューバに逃げてきた白人の主人が連れてきたのだろう。その証拠に、いまでもフレンチ・クレオールを喋る黒人たちがサンティアゴやエル・コブレに少なからずいるし、スパニッシュ・クレオールによる儀式の歌もある。実は、さきほど取りあげた歌は、スパニッシュ・クレオールの歌である。かれらの宗教は、パロ・モンテ（レグラ・デ・コンゴ）と呼ばれて、ヨルバ族の人たちが信仰するサンテリア（ルクミ、レグラ・デ・オチャ）と区別される。

アフリカ奴隷たちは反乱を起こすたびにスペイン人総督下の軍によって鎮圧された。それでも気位の高い奴隷たちは、スペイン人たちが「パレンケ」と呼ぶ避難地へ逃げた[9]。

逃亡奴隷は、フランス語圏ではマルーンと呼ばれるが、スペイン語圏ではシマロンと呼ばれる。フランス語のマルーンは、スペイン語のシマロンから派生してできた語である。そこからもわかるように、カリブ海を舞台にしたヨーロッパ諸帝国の植民地主義の歴史を反映して、スペイン語圏の逃亡奴隷の歴史のほうが古い。しかし、そのスペイン語のシマロンでさえ、さらにカリブ海の先住民の言語の影響をうけている。ある学者によれば、シマロンの語源は、獲物に向かってまっすぐ飛んでいく「矢」を意味する、タイノ族の「シマラ」だという[10]。

スペイン語のシマロンはもともと山のほうに逃げて野生化した家畜を指していたが、スペイン人たちによって転用されて、逃亡奴隷を意味するようになった。その際、シマロンは蔑称であったが、いまでは、そうではない。むしろ、黒人たちが自分たちの出自やアイデンティティを自覚して、誇りを持って使う言葉である。

厄除けの儀式ベンベで、奴隷制時代から黒人たちがうたい継いできた、シマロンを称える歌を聴くことができる。

あたしには　黒人《ネグリト》の夫がいた
それは　ネグロ・シマロン
あたしには　黒人の夫がいた
それは　ネグロ・シマロン
（コーラス）
ネグロ・シマロン　パレンケに行った
ネグロ・シマロン　ケンケ・ブケンケ

ネグロ・シマロン　パレンケに行った
あそこに　私のンガンガがある
ケンケ・ブケンケ

儀式では、ソロの歌い手が先導して、集まった者たちが同じ歌詞をくり返す、いわゆる霊歌特有のコール・アンド・レスポンスの形式をとる。歌詞だけを見ると、単純に思えるかもしれないが、歌い手がいろいろと抑揚をつけたり、歌詞を引き延ばしたり、アドリブで新しい歌詞を付け加えたりするし、またジャズのようにコーラスの者たちと即興のやり取りをするので、音楽として実に多彩で、変化に富む。

いま取りあげた歌「ネグロ・シマロン（黒人逃亡奴隷）」のように、太鼓や鉦《かね》の音に合わせて素朴な歌詞を何度も繰り返し、十五分、二十分と歌いつづけ踊りつづけているうちに、場が熱を帯びてくる。ラム酒や葉巻の助けもあり、先祖や死者の霊、オリチャが霊力の強い人たちに憑依する。

憑依された人は「馬」と称され、霊が「馬」に乗ると、「馬」はいきなり半覚醒状態になり、乗った霊にふさわしい踊りを始める。パンツー語系の信仰パロ・モンテのベンベや、サンテリアの太鼓儀礼ほど、神々を身近に感じられるものはない。特に、ベンベは真夜中にはじまり、夜明けまでつづく。そうした非日常的空間が、神秘的な体験を可能にしてくれるのだ。

野球場での娯楽としての踊りとは違い、こちらの憑依の踊りは、貧困や難行苦行を強いられたディアスポラの民にたんに精神的な解放感を与えるだけでなく、いまある自分の生を先祖や死者の霊や、オリチャと結びつけて、自分を取り巻く世界を意味あるものにしてくれる。

こうした儀式をおこなうたびに、奴隷の地位におとしめられている人たちは、自尊心を取り戻すことができた。ベンベの歌にはテキストなどはなく、すべて口承伝達である。歌は支配的なメディア（ペン、本、教育）を奪われた人々にとって、すぐれて貴重な記憶装置だった。

ここに重大な逆説が生まれる。近代的な知識人にとって、ペンや活字や何らかの証拠資料こそが永遠を保証するものであり、ベンベの歌のような口承伝達の文化は消失の憂き目に遭うものだという思い込みがある。実は、活字で書かれた本こそ、その物質性により、いつかは消滅する運命にあるのだ。それに対して、口承伝達の文化は、その一回性の運命ゆえに、つまり、放っておけば消失してしまうがゆえに、逆に、そのたびごとに強度を持って更新されていくのである。

この歌の中にある「ンガンガ」というのは、パロ・モンテにおける神聖な「鉄の容器」のことで、その中にさまざまなパロ（木の枝）、鉄道線路の一部、鳥の羽根、ワニの歯、動物の骨など、二十一種類の異なる要素が入っている。自然界の全パワーがその中に凝縮していて、司祭《パレロ》はそこから死者の霊や精霊を呼びだす。私がバラグアのジャマイカ人司祭、ゴメス氏の裏庭の儀式小屋の中で見たものは、まさしくこの「ンガンガ」だった（第7章「痕跡の思想」を参照）。

逃亡奴隷が逃げ込んだパレンケは、かつてキューバのあちこちに存在した。そのうち有名なのは、最初に触れた西部ピナール・デル・リオ州にあるその名も「シマロンのパレンケ」である。しかし、最近の考古学的な発見により、この周辺に小さなパレンケがいくつもあったことがわかっている。

いま、観光客用に復元されているパレンケの小屋を見てみると、明らかにタイノ族をはじめとする先住民たちの文化が反映されていて、こちらでグアノと呼ばれる大王ヤシの葉を使って屋根を葺《ふ》いているのがわかる。アフリカの逃亡奴隷も先住民の知恵を借用しているのだ。パレンケによっては、奴隷にされることを嫌った先住民も一緒に暮らしていた。というより、「サンミゲールの洞窟」のように、土地勘のある先住民が最初に隠れるための場所を見つけたのかもしれない。

キューバでは、パレンケはプランテーションのある東部のほうに圧倒的に多かった。東部のパレンケを扱った精緻な研究書によれば、植民地プランテーションの周辺にたくさんの小さなパレンケができたが、それらは一時的な退避が目的であったので、六、七名で編成された奴隷狩り集団（ランチェラドレスと呼ばれる）による攻撃で簡単に壊滅したという[11]。しかし、シマロンが百人以上の規模の大きいパレンケでは、バナナやサツマイモ、サトウキビ、タバコなどの栽培をおこない、自分たちの食糧にしただけでなく、それらをジャマイカやハイチの外国人たちとの交易の手段として使い、武器や道具を獲得していた[12]。

奴隷の数が急激に増える十九世紀に、東部にできた大きなパレンケは以下のとおりである。キューバの東端の町バラコア（グアンタナモ州）の奥地にできたパレンケ、オルギン州のエル・フリホル山脈のパレンケ、同じくオルギン州のメキシコ湾流に面した港湾の町モアのパレンケ、同じくオルギン州の港湾の町マヤリの山岳にできたパレンケ、サンティアゴ・デ・クーバの東にできたパレンケ、サンティアゴの東北のシエラ・マエストラ山脈にできたパレンケ、グランマ州のバヤモの南の山中に作られたパレンケなどである。[13]

なかでも、とりわけエル・フリホル山脈のパレンケは特筆に値する。実に十五ヶ所に及ぶパレンケのうち、ボタという指導者に率いられた「トドス・テネモス（・ムヘレス）」という名のパレンケと、セバスチャンという指導者によって率いられたその名も「エル・フリホル」は、ともに百人規模で、それぞれ小屋の跡が五十九と三十五あったという。ここでは、家畜が飼われ、果物やタバコ、コーヒーなどが栽培されていた。[14]

十九世紀には、東部で奴隷による大きな反乱が何度かあった。とりわけ、「ガジョ（雄鶏）」というあだ名を持つマヌエル・ガリニャンなどカリスマ的な指導者に導かれた反乱が相ついで起こった。指導者はアフロ信仰の司祭（ババラウォやサンテロ）で、中には強烈な個性を持つ女性司祭《サンテラ》もおり、みな憑依儀礼を取りしきることで指導力を発揮した。そのため、一八一六年に、エスクデロ総督はパレンケを絶滅させる計画をスペインの王室に上申しさえした。[15]

「一八一五年二月二十八日のサンティアゴ・デ・クーバの議事録は、ある評議員の報告を載せている。逃亡奴隷が市から遠くない山に二百以上の小屋からなるパレンケを形成したという。サンティアゴ・デ・クーバで最も有名な逃亡奴隷は、間違いなくベンチュラ・サンチェス、愛称コバだった。コバの影響力はとても強かった。一八一九年七月二十日の英字新聞『モーニング・クロニクル』が、次のような報道をするほどだった。三百二十人のニグロが集まり、自由と財産権を求め――同紙は『知事はこれらの要求に同意した』と述べている――さらに、『反乱者たちのスローガンは「土地と自由を！」だと付け加えた』という[16]」

エル・コブレでは、ロマ・デ・チボ（山羊の丘）にパレンケの一つがあった。その山は、町からも見えて、教会からそれほど離れていない。パレンケの逃亡奴隷と銅山の奴隷鉱夫たちのあいだでは、容易にコミュニケーションがとれて、十六世紀の初め、キューバでいちはやく反乱を起こしたのもか

図3　シマロンの記念碑

れらである。だから、スペイン人たちがこのような僻地に立派なカトリック教会を建てたのも、アフリカ人たちを改宗させることで、そうした不穏な動きを沈静化するという意図があったのかもしれない。

　現在、「山羊の丘」のとなりにあるロマ・シマロン（シマロンの丘）の頂上には、逃亡奴隷の誇り高い反乱を記念して、巨大なシマロンの記念碑が屹立している（図3参照）。一九九七年に、キューバ現代芸術を代表する彫刻家の一人、アルベルト・レスカイによって造られたものだ。彫刻が立てられた丘の頂上に立つと、遥か向こうの丘の上に建つ白いカトリック教会が見える。逃亡奴隷たちは、こちらの木陰に隠れて、遠くで威容をほこるキリスト教の教会を眺めながら、そこには絶対に近づくまいと心に誓ったはずだ。

　このシマロン像は、形態論的に言って喩《たと》えようもないほど異様で、見る者を圧倒する。それと同時に、その像には計り知れない強靭さも感じられる。基底部分は、大地を思わせるお椀型の鉄板だ。もともとはその中にパロ・モンテの精霊「サラバンダ」（サンテリアの「オグン」にあたる）の鉄類が入っていたようだ。そのお椀の上には、なんとも摩訶不思議な銅像が乗っている。さらに、空に向かって片腕が伸びていて、手先がくの字型に曲っている。腕の下には、鳥の片翼のようなものが付いている。人間と鳥の合体した形姿だろうか。この逃亡奴隷の像は、ハイチの「無名の逃亡奴隷」の像と同様、「逃亡」というのが「抵抗」の手段であり、それは永遠に終わらないということを示唆している。そのことは、上空に向かう翼つきの腕に明らかだ。

お椀型の基底部分に登ってみると、遥か遠く丘の上に建つカトリック教会が見える。エル・コブレの黒人たちの家にある祭壇には、キリストや聖徒たちの絵や像が飾られていて、アフリカ奴隷の末裔たちがキリスト教に改宗したかのように見える。

だが、それは、長い弾圧や迫害の末に、ディアスポラの民が学んだ妥協の産物なのかもしれない。あるいは、もっとポジティヴに言えば、「偽装」や「擬態」という知恵なのかもしれない。それというのも、かれらは多神教を捨てていないからだ。たとえば、カトリック教会の聖女バルバラの絵や像のまわりには、チャンゴー（聖女バルバラと習合しているサンテリアの守護霊）の好みだというビールや山羊の肉、コーヒー、タバコなどが供えられている。そのように、キリスト教はアフリカ伝来の信仰によって囲い込まれているのだ。

きみの数ある魅力のなかで
ぼくは　微笑《ほほえ》みを選ぶ
微笑みで　きみは内に燃えている
炎を隠すからだ▼17

私を乗せた乗り合いタクシーは、壊れたスピードメーターがゼロをさしたまま、猛スピードで緑色の田園地帯を走り抜け、三十分ほどでエル・コブレの広場に着いた。隣に座っていた牝牛のおばさんたちは、少し手前のグリージョ地区で降りていった。

カミオネッタを降りると、私は近くの店で、サトウキビ焼酎のお土産《みやげ》を買い、アフリカン・ダンサーのアルレネの家に向かった。すると、二年間も会わなかった友人のノルへが映画館の角からぬっと姿をあらわした。コーヒー色の肌をして、プロバスケットボールの選手のように長身のノルへは、私が初めてエル・コブレに行った日に、見ず知らずの私をベンベに誘ってくれたのだった。シマロンの記念碑の存在を教えてくれたのもかれだった。あとで聞いた噂では、税金を払わなかったので、刑務所に入れられたということだった。

互いに再会を祝す言葉とハグを交わすと、ノルへがいつもの柔和な笑みを浮かべて言った。

「今夜、エル・パホンでベンベがあるよ。ちょっと遠いけど」

私は言った。「絶対に行きたいな。でも、どのくらい遠いの？」

「三時間ぐらいかな、歩いて。日が暮れてから山を二つ越えていくんだ」

「さすがにシマロンは健脚だ。でも、今夜は僕もシマロンになるよ」

「抵抗」としての逃亡――コロンビアとメキシコ

逃亡奴隷には、もともとそこに暮らしていた先住民も、後に奴隷貿易で連れてこられたアフリカ人もいた。

「逃亡」と聞くと、それは本来すべきことをせずに、あるべきところから逃げようとする、倫理的に罪深い人間を連想しがちだ。遠い昔の、それも十六世紀の逃亡奴隷に関する記録や文献はヨーロッパ人の手になるものばかりだ。自らの征服行為を賛美する、それらの「勝利者の語り」[18]に彩られた文献をもとに論じれば、どうしても逃亡奴隷にネガティヴなイメージを付与しがちになる。だが、人間としての尊厳を否定され、物理的に拘束される邪悪なシステム（奴隷制）から逃亡することは、積極的な「抵抗」の行為にほかならない。人権意識の高い現在では、ヨーロッパ人の押し付ける同化政策や人種差別に屈しなかったヒーローとして、逃亡奴隷の指導者を英雄としてロマンティックに称賛する者もいる。

逃亡奴隷の歴史は、当然のことながら、南北アメリカ・カリブ海の奴隷制の歴史と切り離せない。キューバのパレンケに詳しいリバはこう言っている。

「奴隷制度によって抑圧された人々の逃亡は、インディアンも黒人も同様に、奴隷制度自体の導入とともに始まった。（中略）迫害や捕虜、処罰から逃れられる『聖域《サンクチュアリー》』を求めて、奴隷たちは最も人里離れた場所にある、最も馴染《なじ》みのない荒野に避難したのだった」▼19

逃亡奴隷の「抵抗」には、二つのレベルがあった。一つは、フランス語で「小さな逃亡《プチ・マロナージュ》」と呼ばれる、一人あるいは複数人で二、三日プランテーションを離れるもので、必ず戻ってくるためにこれは大した罪にはならなかった。

もう一つは、「大きな逃亡《グラン・マロナージュ》」と呼ばれるもので、こちらは大勢で人里離れた山奥や辺地に避難して、そこで共同体を築くものだった。共同体は三十人規模のものから数百人規模のものまであり、バナナやトウモロコシ、イモ類やキャッサバなどを栽培し、家畜を飼って暮らしていた。

すでに述べたように、そうした「聖域」としての逃亡奴隷の共同体《マルーン・コミュニティ》は、スペイン語圏ではパレンケと呼ばれた。主に以下のようなものがある。

中米の、現在のニカラグアでは、十七世紀後半にポルトガル船が難破して（一説によれば、奴隷が反乱を起こして難破させたという）、奴隷たちは泳いで近くの陸地（現在のモスキート・コースト）まで逃亡した。そこには先住民（ミスキト族）が住んでいたが、かれらを味方につけ、そのうち先住民との間に混血が始まる。混血児たちはミスキト・サンブ（スペイン人からはモスキートス・サンボス）と呼ばれた。やがてかれらは軍隊を作り、近隣の先住民やスペイン人の村に攻撃を仕掛けたりする一方、イギリスの海賊やイギリス領ジャマイカから支援を受け、武器を手に入れた。そして、混血児と先住民による強大なメスキト王国を作り上げた。

ニカラグアの北のホンジュラスでは、十七世紀に、太平洋側に銀山があり、カリブ海側の現在の港湾の町トルヒージョやプエルト・カバジョスまで銀が運ばれていたが、運送に従事していた奴隷たちは近隣の山に逃亡してパレンケを作った。

パナマでは、十六世紀半ばに、アントニオ・マンディンガに率いられた逃亡奴隷の集団がスペイン植民地で反乱を起こし、ローランドにパレンケを作った。サー・フランシス・ドレイクのイギリス海賊船に加わってスペイン船を襲い、「シマロン」と呼ばれて恐れられた。

カリブ海のイスパニョーラ島（現在のドミニカ共和国）では、十六世紀に、ハイチとの国境近くのバウルコ山脈の奥地に、エンリキージョという指導者に率いられた逃亡奴隷の集団がパレンケを作った。

スペイン語圏のパレンケでとりわけ注目すべきものは、コロンビアとメキシコにある。

コロンビアでは、北部マハテス自治区、サン・バシリオのパレンケが有名である。これは十七世紀の初め、カルタヘナ・デ・インディアスから逃亡したドミンゴ・ビオホという奴隷が導いた反乱がきっかけになって、カルタヘナの南東六十キロにあるマリアの山の麓《ふもと》に作られた村である。ドミンゴ・ビオホは「ベンコスの王」と呼ばれて、パレンケに君臨した[20]（図4参照）。

十七世紀末に、新大陸のパレンケでいち早く「自由」を勝ち取った歴史があり、現在、三千五百人の住民がいて[21]、独自の文化伝統と言語（スペイン語のクレオール「パレンケロ」）を維持している[22]。

ある言語学者によれば、パレンケロはこれまで数奇な歴史をたどってきたという。パレンケに住む住民は、スペイン語とパレンケロのバイリンガルだが、スペイン語の社会でパレンケロをしゃべると差別されるので、集落の外では積極的に話そうとしてこなかった。だから、学者たちはそれをブロークン・スパニッシュ、すなわち「地方のスペイン語方言」としてしか認識してこなかった。パレンケロは秘密のベールに覆われていたのである。それがようやく二十世紀の後半になって「発見」された。

図4　ドミンゴ・ビオホ（ベンコスの王）の銅像

しかも、二〇〇五年にここ「サン・バシリオ・デ・パレンケ」がユネスコによって「世界口承無形文化財」に認定されると、パレンケロも一躍脚光を浴び、学校でも教え始めることになった。だから、パレンケの子供たちは親よりも学校の先生によってパレンケロを学ぶという皮肉な現象もある[23]。

植民初期の逃亡奴隷たちは、顔のない集団としてこれまで論じられてきたが、名前のある逃亡奴隷（しかも女性）をめぐる数奇な物語は注目に値する。スペイン人の探検隊が、ベンコスの王が統《す》べるサン・バシリオのパレンケを破壊するために送られるが、あえなく敗れ、二度目の探検隊が編成される。そこに副将として参加したフランシスコというスペイン人がいた。戦いで負傷して、ベンコス軍の捕虜になってしまう。だが、かれがパレンケで見かけたのは、ベンコスの王の娘、オリカ王女だった。オリカ王女はかつて奴隷としてカルタヘナにいたころ、フランシスコの愛人だった。オリカ王女は昔の愛人の傷の手当をしてやり、ある夜、こっそり逃してやる。しかし、脱走が見つかり、フランシスコはあえなく銃弾に倒れる。オリカ王女も謀反《むほん》の罪で死刑になったという。[24]

一方、スペイン植民初期のメキシコは、ブラジルに次いで二番目にアフリカ人の奴隷が多かった。一五二〇年から一六五〇年のあいだに、二十五万人のアフリカ人がメキシコに連れられてきた。[25] 植民地政府と住民にとっては、治安と平和を乱す逃亡奴隷の問題は最大の関心事であった。

アフリカ人の集中する地域が四つあった。東部ではベラクルスとその近郊で、ベラクルス港だけで一六四六年には五千人のアフリカ人や混血がいて、ドックの人足や運び屋をさせられていた。メキシコシティの北部や西部では、少なくとも一万五千人のアフリカ人が、銀山や牧場で働かされていた。メキシコシティの南西部の、プエブラからアカプルコに帯状に広がる地域では、三千人から五千人のアフリカ人がサトウキビ・プランテーションや牧場、鉱山やドックなどで働いていた。そして、メキシコシティとその周辺には、二万人から五万人のアフリカ人（奴隷と自由人）がいた。[26]

植民初期のメキシコの逃亡奴隷狩りで知られているのは、エレーラ大尉によって一六〇九年になされた、ベラクルス近郊のパレンケの討伐である。討伐隊は四百五十人からなる大部隊だった。一方、パレンケの指導者は、年配の第一世代のアフリカ人で、ヤンガともニャンガとも呼ばれており、もし奴隷として新大陸につれてこられなければ、アフリカで王として国を治めていたはずだったという。主人のもとから逃亡して、三十年も自由を謳歌していた。その集落には、約六十戸の小屋があり、八十人の成人男性、二十四人の女性（アフリカ人と先住民）、大勢の子供たちがいた。パレンケは、生活の場でもあるが、戦争のための野営地でもあり、大人には労働の区分けがあり、半数が食料の手配（穀物や野菜の栽培、家畜の世話）をするのに対して、半数は軍事行動に従事して、パレンケを防御したり、盗みを働いたりした。[27]

ヤンガに率いられた逃亡奴隷たちは、スペイン人の討伐隊に屈せず十年近く戦い、一六一八年に自由と独立を勝ち取っている。かれらはパレンケの近くに逃亡奴隷の自治区を作り、ヤンガが「知事」（あるいは「王」）に就任したが、自由と独立の見返りに、スペイン人の提案したいくつかの条件を呑まねばならなかった。一つは、一六〇八年九月以降の逃亡奴隷はスペイン人の主人のもとへ帰すこと、スペイン人の所有物を盗まないこと、村にキリスト教の教会を建て、スペイン人の司祭を迎えることなどである。しかし、村は十八世紀の初めまでには、先住民やスペイン人が入り込み、多民族化して、メキシコの他の地域と変わらなくなってしまった。とはいえ、メキシコが独立する一八二一年までは、指導者の名前を記念して、この町は「ヤンガ」という名前で呼ばれていた。その後、「サン・ロレンソ・デ・ロス・ネグロス」とも呼ばれた。毎年八月には、ヤンガの武勇を祝って祭りが開かれている。またメキシコ政府も、逃亡奴隷の集落を文化遺産として認め、二〇〇九年には、スペインの討伐隊への抵抗を祝う四百年記念祭が開かれた[28]（図5参照）。

図5　ヤンガの銅像

「黒人の征服者」から「反＝征服者」へ

一九九〇年代以降、逃亡奴隷の視点から、十六世紀にはじまる新世界での植民地主義の歴史を読み直す最先端の歴史学者たちがあらわれている。かれらは「逃亡奴隷」をスペイン人の「征服者《コンキスタドール》」に対抗する、もう一人の「征服者」と捉える刺激的な視点を提供している。なぜそれが刺激的かというと、大航海の時代にアフリカから連れてこられたディアスポラの民を顔のない「奴隷」として一括りに論じる伝統的な言説から逃れることができるからである。

十六世紀に新大陸での「征服」にいち早く乗りだしたスペインの植民地に連れてこられたアフリカ人には三つのカテゴリーがあった。[29]大多数のアフリカ人は名もなき奴隷として新大陸に連れてこられた。そのほかに、スペイン人の主人に付き添うアフリカ人がいた。さらに、三つ目のカテゴリーとして、スペイン軍に組み込まれたアフリカ生まれの軍人や、イベリア生まれの混血の軍人がいた。

この最後のカテゴリーのアフリカ系の人々は、「黒人の征服者《ブラック・コンキスタドール》」と呼ばれている。メキシコのファン・ガリド、ユカタンのセバスチャン・トラル、コスタリカのペドロ・フルポをはじめ、スペインの初期植民地の歴史に名を残している。[30]エステバンと呼ばれたモロッコ生まれの黒人は、アルバール・ヌニェス・カベサ・デ・バカの一五二八―一五三六年の探検に連れ添い、フロリダからメキシコシティまで徒歩で舞い戻ったという強者である。一五三九年の探検では、現在ニューメキシコとして知られている土地へ「現地人でない者」として最初に到達したが、当地で先住民によって殺されてしまったので、その功績は歴史に残されなかった。この探検を含む一五三〇年代のバハ・カリフォルニアをめざしたコルテスの探検には、三百人のスペイン人に対して、ほぼ同数のアフリカ人が付き従っていたという。[31]

こうした「黒人の征服者」はスペインのために戦い、先住民を敵にまわすことが多かったが、中にはスペイン人を敵にして戦う者もあらわれ、スペインの植民地主義に反対して先住民と同盟を結ぶ者も出てきた。そうしたアフリカ人は必然的に、逃亡奴隷の集落を作りあげていく。それらはスペインの「征服」に逆らう黒人の「反＝征服者《カウンター・コンキスタドール》」の共同体と呼ぶことができる。[32]「反＝征服者」のリーダーとして有名なのは、パナマのアントニオ・マンディンガ、ベネズエラとパナマのバヤノ、ベネズエラのミギェル、さきほど触れたベラクルスのヤンガ、フランシスコ・アンゴラなどである。[33]

歴史学者のシュワラーはさらにその論点を推し進めて、逃亡奴隷の共同体がスペインの植民地すら弱体化させる「征服の場」であったとまで言っている。[34] つまり、初期のスペイン人の新大陸の「征服」は、アフリカ人の労働と大西洋の奴隷貿易に依存していたため、結果的にアフリカ人による新大陸の征服（逃亡奴隷の共同体）に寄与することになった。そして、それがスペイン人の征服を未完成に終わらせたというのである。[35]

「キロンボ」――ブラジルの逃亡奴隷の共同体《マルーン・コミュニティ》

南米諸国でいちばんアフリカからの奴隷が多かったのは、ポルトガル語圏のブラジルである。したがって、逃亡奴隷の数も多かったし、逃亡奴隷の共同体にも他の地域の追随を許さぬものがあった。スペインに続いて、大航海に乗りだしたポルトガルは、スペインが手をつけていないブラジルをターゲットにして植民地経営をおこなった。そこに送り込まれたアフリカからの奴隷の数は推定の域をでないが、歴史学者のシュワルツは次のように言っている。

「ブラジルの奴隷貿易に関する統計データは、非常に少ない。奴隷のブラジルへの移入は一五五〇年

	ポルトガル・ブラジル	英国	フランス	スペイン・ウルグアイ	オランダ	米国	デンマーク	合計
1501-1875	585	326	138	106	55	31	11	1252

表1　奴隷貿易（アフリカから新大陸へ）の推定値（単位：万人）。▼37

以降に本格的に始まり、一六〇〇年までには十三万から十五万人のアフリカ出自の奴隷がブラジルにいたとされる。（中略）一七九八年には百五十万人の奴隷がいて、その大半がアフリカ出自か、アフリカ系ブラジル人であった」▼36

スペインが植民地経営に乗りだした十六世紀初頭から、ヨーロッパ諸国が奴隷制を廃止する十九世紀後半まで、どの国がどれくらいのアフリカ人を新大陸に送り込んだのか。その推定値をまとめたのが上の表1である。

スペインの数字は、スペインからウルグアイに送られた奴隷の数字なので、中南米やカリブ海のスペイン領の数字を加味すると、これよりも多くなるだろう。それにしても、ブラジルが圧倒的に多いことに変わりはない。

ブラジルの逃亡奴隷の共同体は「パレンケ」ではなく「モカンボ」と呼ばれた。アンゴラ北西部のバンツー語系のアンブンドゥ（キンブンドゥ）族の人たちの「ムカンボ」が隠れ家という意味であり、「モカンボ」はその語に由来するという。▼38

ブラジルの各地、とりわけアフリカ人奴隷の売買がなされたサルバドール港のあるバイーア地方には、モカンボが数多く点在していたが、そうしたモカンボをいくつも集めた巨大な逃亡奴隷の共同体が十七世紀のブラジルにあった。ブラジルの中のこの特殊な巨大集落についての論文「パルマレス——ブラジルの中のアフリカ国家」（一九六五年）を書いたのは、ウィスコンシン大学のケント教授（歴史学）である。▼39 この画期的な論文が出てから、俄然、パルマレスは欧米の学者たちの注目を集めるようになった。

パルマレスは、ブラジルの北東部アラゴアス州の内陸部にあった。

図6　パルマレスの「キロンボ」

オランダとポルトガルの植民地政府および近隣の地元住民がたびたびこの逃亡奴隷の共同体を破壊しようとしたが、無駄だった。ようやく一六九四年にポルトガル軍によって排除されるまで、ほぼ一世紀にわたって存続した。ブラジル最大（いや、南米・カリブ海でも最大）の逃亡奴隷の集落だった。[40]

アラゴアス州は、北にペルナンブーコ州、南にセルジッペ州と境を接する。州都は港町のマセイオ市で、人口百二万人（二〇二〇年の推定数字）である[41]（図6参照）。

パルマレス（その中心地であるセラ・ダ・バリガ）は、その州都から目の鼻の先、九十キロほど内陸に入ったところにあった。目と鼻の先とはいえ、逃亡奴隷の集落の常として、険しい崖や罠や囲いに防がれて、部外者は容易には近づけなかった。

パルマレスは、もともと十六世紀後半にペルナンブーコ州の海岸、ポルト・カルボ近くのサトウキビ・プランテーションの奴隷たちが反乱を起こして作りあげたものだ[42]。十七世紀のポルトガルとオランダの抗争（一六三〇―一六五四年）の間隙を縫って大きく発展し、推定で一万人から三万人もの住民がいた。一六七七年ごろのパルマレスは、長さ六十リーグ（約二百四十キロメートル）に及ぶ広さだった。▼43

パルマレスは、「キロンボ」と呼ばれた。モカンボがいくつも集まってできたのがキロンボである。逃亡奴隷の集落として「キロンボ（quilombo）」という語彙が出現するのは、十七世紀後半だ。モカンボと同じく、アンゴラのアンブンドゥ（キンブンドゥ）族の人たちの間で戦争の「野営地」を意味する「キロンボ（ki-lombo）」に由来するという。▼44

アフリカにあったキロンボには、いくつかの面白い特徴がある。中でも、キロンボとは、もともと軍事組織だったことがとりわけ注目に値する。血統の違う若者でも、宗教的なイニシエーションと訓練によって、その組織に所属できたという。言い換えれば、通常アフリカで重要視される伝統的な親族関係（血のつながり）ではなく、イニシエーションによるつながりが重要視されたのである。▼45

イニシエーションによってその軍事組織の構成員になるというシステムは、親族関係（先祖の霊とのつながり）を失った新大陸のディアスポラの民にとっても有効だったに違いない。

パルマレスの逃亡奴隷の共同体キロンボには王、士官、神官などがいた。王はガンガ・ズンバと呼ばれる男だった。アフリカのキロンボには、ンガンガ・ア・ナズンビ（nganga a nzumbi）と呼ばれる宗教の司祭がいて、親族関係（祖先の霊とのつながり）を失った住民たちの精神的な支えになっていたが、ここブラジルのキロンボでは、ガンガ・ズンバがそうした「神官」としての役割を担った。だから、ガンガ・ズンバは個人の名前ではなくて、宗教的な役割をしめす名称だったのではないかと考えられる。▼46

もちろん、ガンガ・ズンバは戦略にたけた王としても優秀で、ポルトガルの植民地政府に対して、執拗な軍事的な抵抗を繰りかえす一方で、植民地側に対して和平交渉をもちかけたりした。一六七六年に、ポルトガル植民地のペルナンブーコに新しい知事が就任したときも、こうした硬軟自在な手腕を発揮して和平を訴え、協定を結びさえした。[47]

逃亡奴隷とジェンダー

逃亡奴隷の歴史は、黒人への人種差別《レイシズム》に重きをおいて語られることが多いために、盲点として、その記述の中に女性差別《セクシズム》が温存されたままであることが多い。逃亡奴隷の表象として女性ではなく男性が使われたり、女性が使われたとしてもステレオタイプなジェンダー観で語られたりして、その結果、逃亡奴隷の歴史の中に女性の個性的な顔が見えないことが多い。

そうした盲点を克服すべく、現代の歴史学者や人類学者、ジャーナリストは逃亡奴隷の、個人としての女性に注目している。パルマレスのキロンボでは、一人の女性が注目されている。ダンダラという女性である。彼女は、ガンガ・ズンバの甥で後継者となったズンビという男の妻であった。顔も出自も知られていないが、母として三人の子供を育て、信仰心あつく先祖の霊を敬い、他のみんなと同じように農業に従事して主食のキャッサバづくりに励んだり、狩りをしたり、カポエイラを習ったりした。カポエイラとはアフリカの奴隷の得意とする「擬態」の一つで、白人の目には踊りと見せかけて、実は相手をやっつける格闘技のことである。二〇一四年にユネスコの無形文化遺産に登録された。ダンダラは武器を手にとり、成人女性軍を率いてポルトガル軍と戦うなどして、八面六臂の活躍をした。[48]先ほど触れたように、パルマレスの王、ガンガ・ズンバは、ペルナンブーコ政府との和平交渉に積極的だった。結ばれた平和条約によれば、パルマレスの逃亡奴隷は自由を与えられ、モノの取引が許可された。その一方で、キロンボに逃げ込んでくる逃亡奴隷を白人の主人のもとに連れ戻すという条件が付けられた。ダンダラは、穏健派のガンガ・ズンバが署名したその条件に反対した。自由黒人、奴隷、白人とインディオとの混血、インディオに関係なく、自由はすべての人のためにあるという点

図7　ズンビの銅像。黒人抵抗のシンボル

で夫と同意見だったからだ。ダンダラにとって、この平和条約はキロンボの破壊をもたらすだけであり、奴隷制への逆戻りに思えた。結局、ガンガ・ズンバは、この条約に反対した者（一説にズンビ）よって毒殺され、その後、ズンビが王位に就いた（図7参照）。

　ズンビとダンダラは二十年近くパルマレス（ガンガ・ズンバの政権のころから、小さいアンゴラという意味の「アンゴラ・ジャンガ」とも呼ばれた）を統治した。一六九四年一月、ポルトガル軍の攻撃で、「セルカ・ドゥ・マカコ」という中心となる集落が陥落したが、ズンビは逃げ延びた。だが、その後捕まり、一六九五年十一月二十日に首を刎《は》ねられ、晒《さら》しものにされた。一九九五年の同日、ブラジルはズンビの没後三百年記念日を迎えた。いまズンビはポルトガルに歯向かった逃亡奴隷のリーダーとしてよりも、すべてのアフリカ系ブラジル人のスピリチュアルな「先祖」として称えられている。[▼49] 一方、ダンダラは、ズンビよりも一足先にポルトガル軍に捕まったが、一六九四年二月六日、再び奴隷になることを拒否して、高い採石場から身を投じた。ズンビが亡くなる二年近く前のことだった。歴史家のサンドラ・サントスは、現代でもブラジルは「人種差別的で性差別的な」社会であることには変わりなく、ダンダラをはじめとする女性リーダーの系譜は、国の公式記録になっていないという。「ダンダラやマリア・フェリパ、ルイザ・マインは、学校の教科書ではまったく無視されている」と。[50] サンドラ・サントスが触れたマリア・フェリパとは、スーダン系の血を引く、ブラジル独立戦争のヒロインである。バイーア州イタパリカ島で女性を中心にした二百名もの市民軍を組織して、サルバドールの沖合に停泊していたポルトガル戦艦に火事を起こして大打撃を与えた。普段は海産物を売って生活をしていたが、並外れた度胸をもち、カポエイラの技にもたけていたという。一方、ルイザ・マインは、十九世紀初期のサルバドールの奴隷地区で起こった二つの反乱を主導したと言われている。彼女については謎が多く虚実がはっきりしないが、黒人フェミニズムの中心にある「解放神話」のシンボルとして称えられている（図8参照）。そうした女性指導者の物語は、まだ男性中心のアフロブラジル史の陰に隠れて眠っている。ダンダラには、ズンビのような銅像も記念日もない。

図8　ルイザ・マインの写真

最後に、ダンダラの先駆者ともいうべき、アンゴラのマタンバ王国のンジンガ・ムバンデ女王（Nzinga Mbande）について一言触れておこう。彼女は十七世紀（一六二〇年代から一六六〇年代にかけて）、ポルトガルによるアンゴラの植民地化に抵抗したレジスタンス運動のリーダーである。すぐれた戦略家・政治家であり、ポルトガル語に堪能で、ポルトガルとの交渉のためにキリスト教への改宗さえもいとわず、オランダとの奴隷貿易に手を染めたりもした。ポルトガルとオランダの二大列強に伍して取引をおこなったが、内部にも敵がいた。女性リーダーに対するステレオタイプな価値観を持つ同胞の、ムバンドゥ人の男性たちの抵抗に遭ったのだ。だが、彼女は逃亡奴隷を傭兵に雇って、これを鎮圧した。彼女の最大の功績は、コンゴを植民地化してアンゴラに勢力を拡大しようとしたポルトガルに対して、オランダと手を組むことでポルトガルに思うように植民地政策をとらせなかったことだ。その一方で、男らしさと暴力とを賛美する自民族の価値観とも戦った。そうした強靭な精神力と柔軟性を兼ねそなえた政治家としての資質は、ポルトガルの植民地であったブラジルで、キロンボのリーダーとして戦ったダンダラやその他の女性指導者にも引き継がれていたはずであり、現在でもなお、ブラジルの女性リーダーたちに生きている資質である。[51]

キロンボの多様性

パルマレスのキロンボを十六世紀の後半に最初に作ったのは、中央アフリカのバンツー語系の人たちだといわれているが、集落のメンバーは単一の民族によって占められているわけではなかった。アフリカの集落と違うのは、そこがディアスポラの民たちの集落であったことだ。歴史学者のケント教授がいうように、逃亡とは「奴隷制保持社会への反応行動」であり、集落は「民族の境界線を越えて、さまざまなプランテーションからさまざまな時期に脱出してきたすべての人々を受け入れなければならなかった」からだ。[52]

十七世紀初期のキロンボの民族構成は、多様性に富んでいた。「多民族的で、大方クレオール的な共同体」だった。[53] 一六七〇年代になると、さらにブラジル生まれの住民が多くなった。逃亡奴隷だけでなく、プランテーションへの襲撃で連れてきた奴隷や自由人、政治的な転覆をあじわった白人の植民地人、あらゆる人種背景を持つ貧しい移民たちも加わった。[54] ある一定数の先住民の女性がいたのは、キロンボの存続のために（子孫を残すために）、逃亡奴隷が先住民部落を襲って拉致したからである。

ほかの地域のキロンボの人種構成も似たような傾向があった。ミナス州のキロンボは、パルマレスのそれについで大きな集落で、二万人ぐらいの奴隷がサンパウロやバイーアから逃げてきていたが、かれら以外にも、多くの白人と黒人の混血、白人の犯罪者、山賊が加わった[55]。アンゴラのキロンボで血族の絆よりも、司祭が執りおこなうイニシエーションによるつながりが重視されたように、ディアスポラの民や社会の周縁に追いやられた人々で構成されたブラジルのキロンボでも、それは同じだった。パルマレスの住民は人種的・民族的な出自には関係なく、誰もが植民地の当局への敵愾心《てきがいしん》をもっていて、たがいに「マルンゴ（同志）」と呼びあっていた。それは、アフリカから奴隷船で連れられてきて、「養子縁組」を結んだ奴隷たちが使っていた呼び名であった[56]。

逃亡奴隷と先住民の関係は、両義的である。敵対するときもあったし、同盟を結ぶときもあった。キロンボに手を焼いていたポルトガル植民地政府は、先住民の戦闘隊を利用する戦術をたてた。一六九二年から始まる掃討作戦で先住民と同盟を組み、パルマレスの排除に乗りだした。二年後には、パルマレスが陥落して、二百人の逃亡奴隷が殺され、五百人が捕まり、二百人が降伏を拒み自殺を試みた[57]。

しかし、キロンボでは、アフリカ黒人と先住民を結びつけることもあった。マットグロッソ州のピオーリョというキロンボには、十八世紀の後半、多くの奴隷たちが避難して二十五年近く暮らしていたが、その地域に住む先住民カビクセ族から女性を盗もうとして争いを繰り返していた。しかし、やがて両者は手を結び、その結果、カボレスという混血が生まれた[58]。

十八世紀から十九世紀初期にかけて、バイーア州の海沿いのいくつかのキロンボを先住民の大隊が襲って解体させたことがあった。たとえば、一七六四年のブラコ・ドゥ・タツ（黄色い穴）のキロンボ、一八〇六年のオイチセイロのキロンボがそうである。だが、同じくバイーア州のサルバドール近辺で、一八一四年にナイジェリア出自のハウサ族の逃亡奴隷たちが反乱を起こしたときに、かれらは先住民を味方につけた。白人に奪われた土地を先住民に返還することを、その同盟の条件にしたからだという。[59]

結びに

いま、逃亡奴隷（とその集落）をめぐる研究は、初期の文化人類学者や歴史学者によるもの（宗教や祭祀、ダンス、音楽、言語、家族をめぐる）から、「アフリカン・ディアスポラの考古学」という次の段階に入っている。

この研究分野で、めざましい成果を挙げているのは、英語圏の逃亡奴隷の共同体である。そのひとつに北米フロリダで、逃亡奴隷と先住民の混血、ブラック・セミノール族の作ったとされる幻のモーゼ砦をめぐる研究がある。[60]

さらに、一九六〇年代初頭までイギリス領だったカリブ海のジャマイカでは、コフィ・アゴーサーという、ひとりの考古学者の活躍がめざましい。[61] 逃亡奴隷は、ジャマイカではマルーンと呼ばれている。マルーンの集落はいくつもあり、いまでも逃亡奴隷の共同体として残っているところもある。少しだけ歴史をさかのぼれば、一六五五年にイギリスがジャマイカへの侵略をおこなったために、もともとここを占有していたスペインの植民地に混乱が生じる。その混乱に乗じる形で奴隷たちは山奥へと逃げる。逃亡奴隷の集落として大きかったものは、ガーナ生まれで、民間信仰オベア（先祖霊とのスピリチュアルな交流でヒーリングをおこなったり、薬草・毒草を使って治療したり敵を攻撃したりする）の女祈禱師のグラニー・ナニーによって率いられた集団が東部ブルーマウンテンの山奥に作った、その名も「ナニー・タウン」である。ここに逃げて暮らしたのは、タイノ族とアフリカ奴隷であった。一方、西部には、モンテゴ湾の南西二十二キロの山奥に、クジョー（コジョーとも呼ばれる）に率いられた集団がつくった「クジョー・タウン」や「アコンポン・タウン」があった。

先ほど触れた考古学者は、ガーナの中央海岸から十五キロほど内陸のエフツという、かつて王国があった古代遺跡の発掘と、ジャマイカの「ナニー・タウン」と「アコンポン」の発掘をおこない、比較考古学の見地から「アフリカン・ディアスポラ」の民の謎の解明に取り組んでいる。[62]

もちろん、アフリカとカリブ海とをつなぐ糸は単純ではない。単一の種族が逃亡奴隷の社会を構成しているわけではないからだ。逃亡奴隷の社会には、確実に先住民の痕跡もあり、さらに先住民とアフリカ人の混血の痕跡も残っている。そうした新大陸ならではの文化変容（クレオール化）を踏まえて、アフリカとのつながり（あるいは断絶）を探ろうというわけである。

「アフリカン・ディアスポラの考古学」は、土器や陶器などの分類学的検討という段階を超えて、逃亡奴隷共同体での家族形態、ジェンダー、人種、民族といった問題系に切り込んでいこうとしている。もちろん、こういった広範囲に及ぶ研究はひとりでできるわけではない。「ヨーロッパ中心主義」の思考や、主人（支配）と奴隷（抵抗）といった単純な二分法的思考、伝統的な家族観、伝統的なジェンダー観などに毒されていない他の分野の研究者にも共同研究・作業を求めている。[63]

第7章　痕跡の思想
——キューバの日系移民とジャマイカ移民

神が子を与えない者に、悪魔は甥を与える。
——キューバのことわざより

多言語主義が我々の内に生み出す交響《サンフォニー》と、それに劣らぬ活力をもつ発声障害《ディスフォニー》、この最も内奥の我々の声とリズムの新たなる盛り上がり。
——エドゥアール・グリッサン

キューバの日系移民

キューバ中央部のシエゴ・デ・アビラ市から、のどかな田園地帯をまっすぐ貫く片側二車線の中央《カレテ》高速道路《ラ・セントラル》を東に二十キロほど行くと、コロラドという小さな集落があらわれる。

中央高速道路を離れ、幅広い田舎道《いなかみち》に入ると、しばらくのどかなカントリーロードがつづく。道の両側には、大人が立って隠れられるくらいまでに伸びたサトウキビの畑が広がる。

図1　バラグアの製糖工場（現在も稼動中）

上から見ることができれば、緑の大きなサトウキビ畑が肥沃な赤土に囲まれているように見えることだろう。畑の彼方には、積乱雲がまるで巨大な綿菓子をいくつも重ね合わせたように浮かんでいる。いや、空全体が綿菓子に覆われているといったほうがいいかもしれない。

しばらく行くと、右手に「ようこそバラグアへ」という看板が見え、遠く木立の向こうに砂糖工場の巨大な煙突が三つ見えてくる（図1参照）。

バラグアは砂糖工場の町だ。

一九一五年、米国ピッツバーグの投資家グループが出資してこの田舎町に近代的な製糖工場を建設した。この工場は、一九二二年に「プンタ・アレグレ」という砂糖会社によって買い取られた▼1。第一次大戦で高騰した砂糖の価格に目をつけたE・アトキンズ社がキューバに所有していた製糖工場の一つである。

時代を少し遡《さかのぼ》って見てみると、十九世紀の半ばから世紀末までの間に、キューバにおいて「インヘニオ」から「セントラル」へと大きな変革がおこった。そうした一大変革を通じて、十九世紀後半に製糖業はキューバの主要産業となり、政治的・経済的・文化的にキューバ社会に根をおろす。

そうした変革をもたらしたのは、北米から流れてきた資金である。キューバの砂糖に最初に重要な投資をおこなったのが、ボストンに本拠を置くアトキンズ・フリーマン社である。創業者はエライシャ・アトキンズとウィリアム・フリーマンの二人だったが、すでに一八三八年からキューバの砂糖や糖蜜の輸入をおこなっていた。ボストン＝ハバナ航路を利用して、ボストンからは木の樽、魚、乾物、ブーツや靴を運んだ。一八四〇年代以降は、当時、キューバの主たる砂糖市場であったシエンフエゴス市の企業人たちに資金を提供して製糖工場を経営させ、年間で二万五千樽の砂糖、三万五千樽の糖蜜を輸入して、数百万ドルの利益を得ていた▼2。

一八四九年に共同経営者のフリーマンが別の種類の貿易を志向して独立。もともと商人のアトキンズに砂糖を製造する気持ちはなかったが、十年戦争（第一次キューバ独立戦争）で倒産してしまったシエンフエゴスのソレダー・エステートを債券代わりに得たところから、キューバの製糖業に深くコミットしていく。

創業者の息子エドウィンも父親同様にやり手のビジネスマンで、一八七四年、二十四歳のときに経営に参画した。このソレダー・エステートを任され、工場を近代化して、鉄道を敷き、サトウキビ畑を拡大して、見事に再建させる。十年足らずでこの工場で四千トンの砂糖を生産するまでになった▼3。最終章でまたシエンフエゴスに触れるので、この都市名は覚えていてほしい。

いかにエドウィンがやり手であったかがわかる数字がある。二十世紀にはいり、第一次大戦がヨーロッパで勃発して、砂糖の価格が高騰すると、前述した「プンタ・アレグレ」という砂糖会社を買収して、中部のカマグウェイや南部のシエンフエゴスをはじめ、キューバの人里離れた土地を次々と購

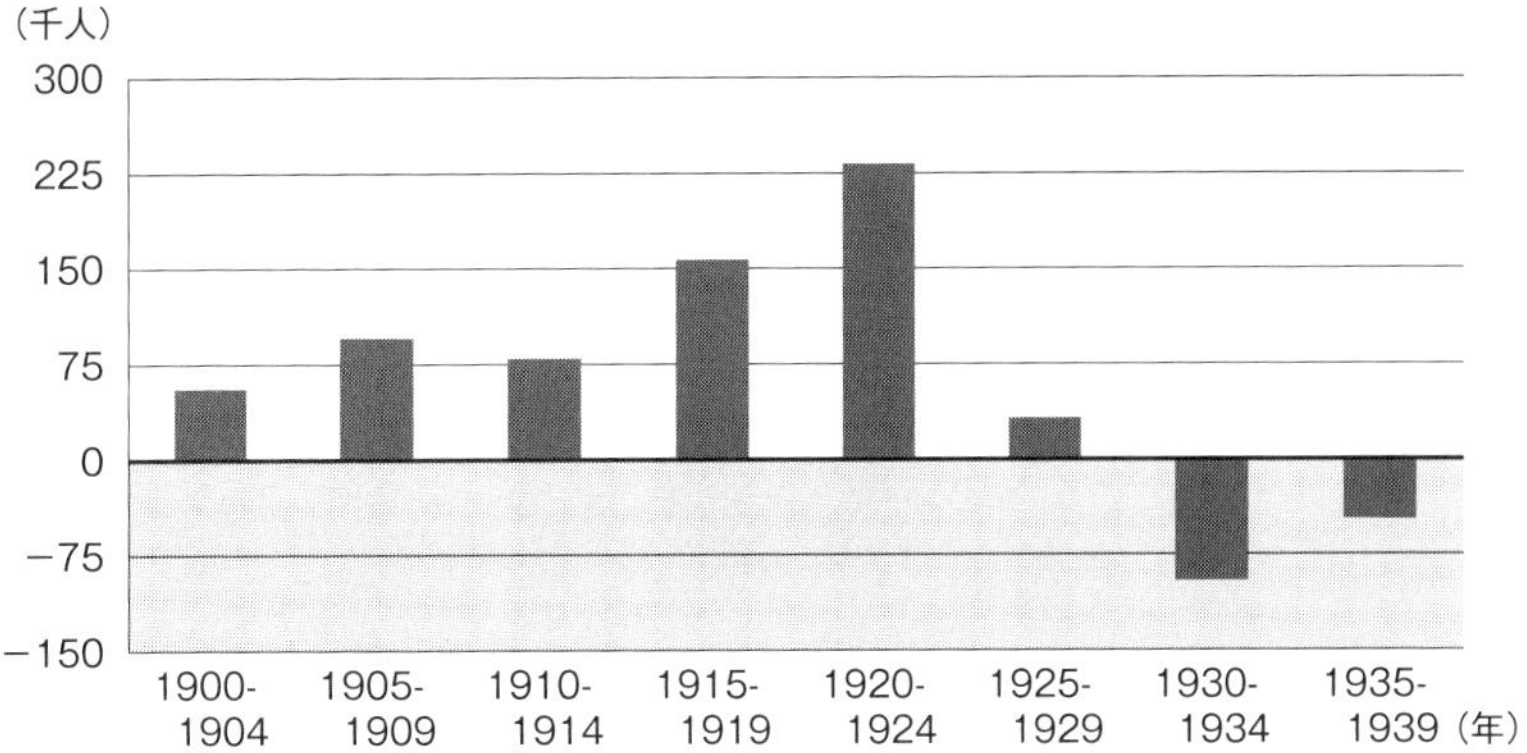

表1　キューバへの移住人口の推移

入し、そこに新しい工場を建設したのである。アトキンズ家と「プンタ・アレグレ」は、一九二五年の時点で十三のセントラルを所有し、五十一万六千トンの砂糖を生産していた[4]。

「砂糖王」あるいは「砂糖男爵」の名前をほしいままにした者は、複数存在する。アメリカで言えば、西海岸の「砂糖王」として君臨したクラウス・スプレッケルズ、東海岸では、ヘンリー・O・ヘイヴメイヤー。キューバにおける「砂糖男爵」と言えば、このアトキンズ親子である。

　そんな砂糖景気にわくキューバに、大勢の労働者が小アンティリャス諸島の英領の国々（バルバドス、グレナダ、トリニダード・トバゴなど）からやってきた。

　統計を見てみると、キューバの砂糖生産がピークを迎える一九二〇年代に、キューバに移住してくる外国人が急増する（表1参照）。キューバ人労働者が恐れていたように、アメリカの大資本が投下されたキューバの製糖工場に、安い賃金で働く外国人労働者がやってきたのだ。

　セルヒオ・ディアス゠ブリケッツによれば、キューバへの流入人口は一九一〇年から一四年までに七万九千三百人、一五年から一九年までに十五万七千人、二〇年か

ら二四年までは二十三万二千九百人とうなぎ上りだった。▼5
一九二五年から急減するのは、砂糖の値段が一九二〇年六月にピークを迎えて、その後、急落したからだ。

工場の東側には、きちんと区画整理された土地に大木の植わった大きな公園があり、革命前にはアメリカ資本「プンタ・アレグレ」のマネージャーのものだったという立派な邸宅がいまも残っている。「立派な」というのは、前庭の向こうに大きな居間が見え、風通しを良くしながらも、蚊が入ってこないように贅沢に網戸をかぶせた大きな出窓があるからだ。

近辺にあるほかの建物は質素な造りで、窓も小さいので、その差は歴然としている。

昔の木造の小学校のような質素な平屋の建物があり、それをいくつもに区切って、製糖工場の労働者やその子孫が住んでいる。これは私がハーシー・タウンでみた労働者用の住宅「バテイ」に似て、簡素な建物である。

二〇一一年の夏、いまも製糖工場で溶接工として働いている地元のキューバ人に話を聞いた。ギリエルモ・リャマ氏は、ギリェルミートという愛称で呼ばれている。かれは私と同じ一九五二年生まれで、生まれた日は私と三日しか違わない。私たちは、まるで同じ学校に通った同級生のようにすぐに親しくなった。

ギリェルミートは、いまでも工場で溶接工として働いており、白人（スペイン系）だが、あとで述べる大アンティリャス諸島の英語圏（ジャマイカ）出身の黒人移民たちが作る民族音楽グループの一員でもある。

妻のカルメンは黒人で、若い頃にギリェルミートと結婚して、娘二人を産んで離婚。その後、紆余曲折があり、最近になって二人は再婚している。二人の娘は二十代前半で、一人は医学部に通う学生だ。

そのリャマ氏から、バラグアや製糖工場にまつわる話をいろいろと聞いた。なかでも私の興味を惹《ひ》いたのは、この町にかつて少なからぬ数の日本人が住んでいたという話と、スペイン語が国語であるこの国で、英語も話すバイリンガルのジャマイカ移民たちの子孫がいまも住んでいるという話だった。

後日、かつてバラグアに住んでいたという日本人家族の一人、サダミータ・アラカワさんにハバナの自宅で話を聞いた。

サダミータさんは一九三五年生まれの日系二世で、七十六歳（二〇一一年夏の時点）。話す言葉はスペイン語で、日本語はほとんど通じない。高級住宅地ベダード地区の立派な四階建てのマンションのペントハウスに、四十代の独身の娘フランシスカさんや、三十代の息子マリオさんとその妻と生後三ヶ月の孫娘と一緒に住んでいる。夫は、二〇〇七年に癌《がん》で亡くなったという。広々としたベランダからは海岸通りとメキシコ湾流が一望に見渡せ、また開放感あふれる居間からは道路をはさんで緑豊かなジョン・レノン公園が望める。

サダミータさんは言う。

「バラグアには一九七二年までいましたよ。バルバドス人から英語を習っていました。ハバナに来たときは娘がまだ三歳で、十年間は夫の稼ぎに頼るしかありませんでした」

私は話を聞きながら、どうやってこんな快適な住まいを手に入れたのだろうか、と不審に思っていた。サダミータさんは、それを察したのだろうか、こちらが訊く前に話してくれた。

「夫はバラグアの製糖工場で働いていたのですが、私たちは結婚してハバナにやって来ました。夫はこちらのガス公社で溶接工をしていたのです。こちらに来たばかりの頃は、薄暗い部屋に暮らしていました。でも、夫が模範的な労働者だったので、ご褒美にチェ・ゲバラがこのアパートをくれたのです」

ゲバラは、一九六七年にボリビアの山中で米CIA（中央情報局）とボリビア政府軍の手によって斃《たお》されているので、それはサダミータさんの勘違いかもしれない。でも、私には、故人との思い出を大事にしているサダミータさんの思い違いを正す気にはなれなかった。

サダミータさんによれば、父の荒川伍平は一八八九（明治二十二）年、熊本県菊池郡旭志村《きょくしむら》伊萩の生まれ。母の荒川さだめは一八九五（明治二十八）年生まれ。阿蘇山のふもとに先祖の墓があるという。

移住するにあたっては、まず父伍平が一九二五（大正十四）年に、それから母が一九二九（昭和四）年に長女スマコ（四歳）と一緒にキューバにやってきた。

サダミータさんがふと思い出したように奥の部屋にいき、大切に保存してきた父のパスポートを持ってくる。

日本帝国外務省が大正十四年四月二十日に発行した一枚の和紙である。父伍平、三十五歳五ヶ月のときのものだった。表は日本語、裏は英語とフランス語で、名前や住所などが書かれており、渡航理由の欄には「農業のため玖瑪《キューバ》国に」とあった。

父と母は、神戸から船でやってきた。母と長女の書類（パスポートにあたる戸籍謄本）には、母さだめの出生は、明治二十九年九月六日とある。西暦では一八九六年だ。一九九五年というのは、サダミータさんの記憶違いだろうか。

荒川一家がやってきた一九二〇年代にはキューバに七百人ぐらいの日本人がいたらしい。パラグアでは小物を売ったり、野菜を栽培したり、裕福なアメリカ人の家の花の手入れをしたりするなど、仕事はけっこうあったが、賃金は安かった。そのため、サダミータさんの母は家事をこなしながら、ほかの日本人の独身者やアメリカ人の家庭から洗濯物を預かって小銭を稼ぐなど、大変な働き者だったらしい。

子供は四人恵まれたが、すべて女性で、サダミータさんは末っ子だった。父も母もスペイン語はまったくできなかった。つらかったのは太平洋戦争のときで、キューバが連合国軍に加わっていたので、十八歳以上の日本人男子は一人残らず、当時ピノス島と呼ばれていた「青年の島」の強制収容所に入れられた。

サダミータさんの父も、一九四二年から四年間収容された。働き手を失った一家にとって、その間の生活が最も厳しかったという。これは大方のキューバ人にはいまだ未知の事実であり、このことを本に書かねばならない、とサダミータさんは私に言った。

バラグアには、荒川家のほかに島崎家、高山家、藤田家、平野家など四世帯の日本人がいた。独身者は石井さん、斉藤さんをはじめ、五名いた。大戦前に家族で来ていた人たちは、すべて日本に帰国したという。

サダミータさんに会ってから数ヶ月後に、私は日系キューバ人会の会長をしているフランシスコ・ミヤサカさんに話を聞くことができた。

セントロ地区から、地元の人たちがマキナ（機械）と呼ぶ乗り合いタクシーに乗って高級ホテルや大使館や外資系の会社の建物が立ちならぶミラマール地区へ向かった。

約二十分で三番街七十六丁目の「ミラマール貿易センター」に着く。私が泊まっているセントロ地区はスラムのように人でごった返し道路も穴ぼこだらけだが、革命前に富裕層が住んでいたミラマール地区の道路はきれいに整備されていて、別天地のようだ。

ミヤサカさんから電話で教えてもらった、外資系の企業が多く入っているビルの上のほうの階にエレベータで向かう。キューバでエレベータに乗ること自体が、階段の上り下りになれた身には新鮮に感じられてしまう。

ソージッツ・コーポレーションのハバナ支店の副社長の肩書きの名刺をもらう。黒木和雄監督が若い津川雅彦をフィーチャーしてキューバで撮った映画『キューバの恋人』（一九六九年）の撮影のときにはロケ隊の通訳を務め、一ヶ月に及んだロケのあいだ監督の右腕となって働いたという。

ミヤサカさん自身は、一九三八（昭和十三）年にキューバで生まれた日系二世だ。父は一九〇七（明治四十）年に長野県の更埴市《こうしょくし》（現・千曲市）に生まれ、一九二四（大正十三）年にキューバにやってきた。

サダミータさんの父がやってきたのもその一年後だった。どうして一九二〇年代前半にバラグアに日本人が移民してきたのだろうか。

キューバ側の理由は、すでに何度も触れたように、第一次大戦のためにヨーロッパでビートによる砂糖生産が滞り、値上がりしたからだ。めざといピッツバーグの投資家たちがバラグアの製糖工場建設のために投資したのも、戦争開始直後の一九一五（大正四）年のことだった。その後も、キューバでは砂糖景気がつづいた。

他方、日本側の理由は、多数の国民が、海外（あるいは都会）に働き口を見つけて故郷に仕送りをしなければならないほど、貧困にあえいでいたからだ。特に、家父長制度のもとでは、長男が家を継ぎ、次男以下の男性はそういう役割を担うことを期待された。サンフランシスコにあった殖民《しょくみん》会社が最後の日本人移民の募集をするのが一九二六（大正十五）年のことだった。

サダミータさんやミヤサカさんの父も、そうしたアメリカ資本のもとにあるキューバに働き口をもとめてきたのだが、一九二四（大正十三）年に、アメリカ合衆国で排日移民法が成立したこともキューバ行きの要因として大きかっただろう。それがなければ、カリフォルニアをめざしていたかもしれない。

とはいえ、サトウキビ畑での労働は肉体的に劣る日本人には向いていず、やがて製糖工場の周辺で野菜や花の栽培など、日本人の適性を活かした仕事に移っていく。

ミヤサカさんは、スペイン語しか喋れないサダミータさんと違って流暢に日本語を話す。サダミータさんが結婚したのがキューバ人であったのに対して、ミヤサカさんの最初の結婚相手が日本人女性であったことが大きく影響しているかもしれない。

四年生ぐらいまでは母から日本語の読み書きを習ったが、それ以後は大学に入るまで野球に熱中して、日本語学習への意欲を失った。だから、喋ることはできるが、読み書きはできないという。

「ベネスエラというパラグアのとなり町にアメリカ人の工場支配人の大邸宅があって、私の父は庭師として住み込みで働いていました。私が生まれたのもその家でした。父は日本の家では惣領《そうりょう》だったのですが、弟が大きな借金を作ってしまい、一家を代表して移民を買って出たらしいです」

「惣領」という言葉を、私は何十年ぶりかで聞いた。長男・長女のことだ。家父長制時代には、家を受け継ぐ者という意味であった。「惣領」とはいえ、ミヤサカさんの父が渡航を決心したのは十七歳のときであった。

後年、ミヤサカさんが長野の親戚を訪ねたときに、親戚の人たちは父のことを「立派な志をもった人だった」と、口を揃えてほめそやしたという。家父長制時代の「惣領」には跡取りとしての特権と引き換えに、そういった「義侠心」も世間から期待されていたに違いない。

私も「惣領」であったが、戦後生まれの私はそういった特権や義侠心から解放されていた。それでも、昭和三十年代前半には、そういう表現が残っていたのだろう。明治生まれの私の祖父母や大正生まれの父などがこの言葉を使っていた。

ミヤサカさんは革命直後の二十代のときに、四年間カストロ政府の仕事で日本に滞在したことがあり、一九六四年の東京オリンピックも見たという。

ミヤサカさんの父も同じく外交官として母を伴って日本に来ることができ、しばらく日本に滞在した。一人息子であったために、両親によって、ほかの知り合いの日本人たちに「惣領」として紹介されもしたのだろう。

こういった革命以降のことは、ミヤサカ家にとってはよい時代の事柄に属するだろうが、さきほどサダミータさんのところでも触れた日本人にとって悪夢的な体験ともいうべき強制収容に関しては、具体的な数字を挙げて説明してくれた。

「青年の島」の収容所に入れられた日本人は、一世が三百四十二人、二世が八人、合計で三百五十人だった。ミヤサカさんの母をはじめ、日本人の女性はキューバに六十八人いたが、北米の強制収容が家族ぐるみだったのに対して、キューバでは家族の別離を余儀なくされたことが、とりわけ後に残された女性たちにとって辛かったのではないか、とミヤサカさんは強調した。

「母は遠い『青年の島』まで父に面会に行きながら、日本語で話すことを許されなかったんです。ただ離れたところから、ガラス越しに見合うだけだったのです。それも、たったの数分間だけでした」

ミヤサカさんの父は四年にわたる収容所での体験について語ることはなかった。終戦になっても半年間は、さしたる理由もなく収容所に留め置かれた。

収容所生活で唯一よかった点は、皮肉にも、そこで初めて全国に散らばっていた日本人が一緒になれたことだった。また、残された母子の暮らしは厳しいものであったが、ミヤサカさんはキューバ人のよいところとして「助け合いの精神」を挙げ、隣近所の人たちが自分たちにいろいろと親切にしてくれた、と指摘することを忘れなかった。

ここで、そうした強制収容をふくめ日系キューバ人の歴史を知るうえで参考になりそうな映像資料について触れておこう。波多野哲朗のドキュメンタリー『サルサとチャンプルー』(二〇〇七年)である。

この作品の中で、大戦中にサダミータさんやミヤサカさんの父をはじめ、日本人男性が収容されていた監獄跡の映像が見られる。

この監獄はパノプティコン(一望監視システム)と呼ばれる方式で建てられたものだ。収容者の個室が円形に配置され、中央に監守塔があり、収容者たちはお互いの姿を見ることはできないが、看守はその塔からすべての収容者を監視することができる。十八世紀末にイギリスの哲学者ベンサムが構想したもので、運営の効率性・機能性などに優れたものだった。

フランスの哲学者ミシェル・フーコーは、この監獄において囚人が監視されているのかいないのかわからないままに、どこにいても一ヶ所から監視されているという点に、絶対神を信仰するキリスト教社会の「権力」の隠喩を見ている。

「権力の自動的な作用を確保する可視性への永続的な自覚状態を、閉じ込められる者にうえつけること」。それがこのパノプティコン方式の監獄の主要な効果だという。[6]

ベンサムの構想に基づきキューバのピノス島に実現したパノプティコン監獄は、そういった意味で私たち現代人には、「不快」であり「非人間的」な存在に思えるのだが、土屋恵一郎は、見る者を圧倒するようなその建物の「絶対的」な巨大さに着目する。

そして、圧倒的な不快をとおして快の感情へといたる人間心性のパラドクシカルなメカニズムが働く、まさに「現代」という時代の「崇高さ」（カント）の顕《あら》われだ、と述べる。

「現代世界はまったくこの〔数と量に支えられた〕崇高さがほとんど唯一の普遍的価値となっている。流通する資本量、核兵器の数、国民総生産、ギネス・ブック的人生、建築物の巨大さ……」[7]

土屋の言説を敷衍《ふえん》すれば、「不快」で「非人間的」なのは、パノプティコンのような巨大な刑務所に象徴される、数と量を追求する私たちの現代生活そのものなのだ。

私たちは、そうした生活の価値観に囚われていること自体に気づき、このハイテク消費主義の「刑務所」から脱出しなければならないのではないか。

話を日系キューバ移民のドキュメンタリー映画に戻そう。

公式ウェブサイトにある概要は以下のとおりである。

「この映画は、移民を描いた従来の多くのフィクションやノンフィクションのように、他国の中に日本人の痕跡を発掘したり、日本人の血統を辿《たど》るのではなく、むしろその痕跡や血統がどのように他国の風土と混じり合い、溶解しているかについて描いていく。この映画が描く中心人物たちは、まさにそうしたディアスポラであり、無国籍的な人物たちである」▼8

「砂糖産業と日系移民――キューバは、一八九八年の米西戦争における米国の圧倒的な勝利を機にスペインの支配を逃れ、一九〇二年に遅れた独立をはたす。しかしすでにキューバの基幹産業であった砂糖農業は、輸出の九割以上が米国向けという状態にあり、間もなくキューバ全体が『米国の砂糖農場』と化していく（中略）鉄道、鉱山などあらゆる領域に米国の投資が進み、とくに砂糖産業には米国資本が集中し、一九二六年に砂糖産業の六十パーセントが米国資本となる。ちなみに、私たちの映画の中心人物である上間清の父上間利清が、沖縄からキューバに渡ったのも一九二六年であった。時はまさに米国資本による巨大生産複合体『セントラル』の全盛期であった」▼9

サダミータさんの父は、一九七八年にバラグアで亡くなった。現在はハバナ市ベダード地区の、コロン墓地にある日本人のための区画に眠っている。母は、夫の死後に日本に帰り、一九八一年に熊本で亡くなった。

サダミータさんは、一度だけ一九九七年に両親の故郷の熊本を訪れたことがある。

そのとき食べた「ドゥルセ（お菓子）」が美味《おい》しかった、と私に言った。なかにフリホル豆をつぶしたものが入っていた、名前は覚えていない、と。

私は「おまんじゅうですか？」と、尋ねた。

「そうそう」と、彼女は言い、まるでなくしたと思っていた母の形見を取り戻したかのように、嬉しそうな顔をした。

はたしてそれが「まんじゅう」であったかどうかはわからない。きっと彼女は私と認識を共有したことが嬉しかったのだろう。

私は帰国後、何人かの者に熊本のまんじゅうの話をした。すると、それは「いきなり団子」だろう、と誰もがいう。阿蘇山の麓《ふもと》でとれたサツマイモの上に小豆の餡《あん》を乗せ、小麦粉の生地でくるんで作る、実に素朴なお菓子だ。客が「いきなり」来ても出せるからとか、熊本ではおおざっぱな人のことを「いきなりな人」ともいい、そんな人でも作れる簡単なものだからなど、名称の由来には諸説があるようだ。

かつてパラグアでは、四月二十九日の昭和天皇の誕生日には仕事を休んで、日本人の家族が大挙して荒川さんの家にやってきて、過ごしたという。そのとき、と片手で何か棍棒のようなものを持ってそれを打ち下ろす仕草をしながら、「父が米をつぶして」と言った。何を作ったのか、つづけるべき言葉が出てこない。私は「お餅！」と叫んでいた。

サダミータさんは、自分たちキューバ育ちの子供にはそうでもないが、父や母などにとっては、梅干しのようなものが本当に恋しかったようだ、と言った。それにしても、日本政府（大使館）は、移民たちに冷たかった。父や母はよくそうこぼしていたという。

そうした周縁に追いやられた日系キューバ人の言葉が文学（詩、エッセイ、小説）になったという話は聞かない。二世、三世たちの数が圧倒的に少ないせいかもしれない。

ミヤサカさんに見せてもらった日系キューバ人の国税調査の最も新しい資料（一九九七―一九九八年）によれば、一世から五世まで千四十一人の日系キューバ人が登録されている。ただし、私がミヤサカさんと面談した二〇一二年一月九日現在、上位に並んでいる十一名の一世の名前のほとんどは黒い棒線で消されていた。▼10

独裁者バチスタの時代のこととはいえ、超現代的な刑務所への強制収容をはじめ、日系キューバ人が味わったことは、社会的な「他者」としての現実そのものだ。

北米では、日系人の強制収容にまつわる「他者」としての体験は、ジョン・オカダの『ノー・ノー・ボーイ』（一九五七年）などの文学的な成果を挙げており、その他にも、写真家の宮武東洋や芸術家のミネ・オオクボらのクリエイティヴな作品がある。だが、ミヤサカさんによれば、キューバではそうした成果はまだないという。

一方、北米ではいまなお伊藤比呂美のような書き手によって、「他者」の物語にクレオール（ピジン英語）の要素が付け加えられている。たとえば、つぎのような詩によって……

ある日私は呼び止められた
マーケットで、日系人のあつまる（中略）
なかでは年取った女が働いている
宣伝販売である
彼女は叫んでいる、なまり切った英語で
年頃は六〇代後半、日本で生まれて日本で育った
若いときにここに来た、ここの生活の方が長い
もう帰らない（中略）
今日、まさに今、彼女は叫び、次のように
呼び止めた、一人の女を
ちょっとおくさん寄ってってぐっつそーすがいんくるーでっどよ！＊
それは私である、呼び止められた（彼女が呼び止めた）
私は考えた、立ち止まりながら
いったいぜんたいだれをこの地球上で
あの呼びかけは呼び止めようとしているのか、どんな人間を？

どんな背景を？　どんな性の？　どんな生活のただ中にいる？
なにを共有したがっているのか、呼びかけた相手と？
そしてそれはまさに私である
私こそ共有している
その言語の、性の、年齢の、立場の、興味の、金銭感覚の
彼女の狙いさだめている、などと考えながら
手に取り、彼女の差し出すやきそばの一盛りを
懐かしく味わい、それを
アラこれはらざぁちーぷだわね＊＊などと思いながら手に取り、それを
ためつすがめつし
投げ入れたのである、それを、カートの中に（以下略）

＊Good sauce ga included yo!
＊＊Korewa rather cheap dawane.

伊藤比呂美が、「YAKISOBA▼11」という詩の欄外につけたアルファベットによる注釈は、ピジン日本語（あるいはピジン英語）とも呼べるものだ。

退屈なモノカルチャーを信じる保守主義者には、変な日本語、変な英語にすぎないだろう。だが、それは国家の周縁に追いやられたディアスポラの民の、すぐれて表現力に富む「言語」であり、いかなる正規の文法書にも書き留められることはないが、あたかも秘密の暗号のように、同類の者のあいだだけで、執拗な伝達力をもって棲息《せいそく》しつづける。

エドゥアール・グリッサンはそうした方法論を「痕跡の思想」と呼んでいる。
「痕跡は地球の隠された表面の彼方で、かくも遠く、かくも近く、ここ－かしこで、生き残りの場の一つとして、ある者たちによって体験されてきた」[12]
サダミータさんは、いま資料をもとに自分の家族の歴史を書こうとしている、と私に語った。それも「痕跡の思想」の自覚的な実践にほかならないだろう。
だが、それは、いかにかれらの日本語や日本文化がキューバ文化の中に消失していったかという話になるだろう。波多野氏が述べたように、消失と変容の物語をとおしてこそ、逆説的にディアスポラの民の「痕跡」がかたちづくられるからだ。

バラグアのジャマイカ部落

バラグアの製糖工場の向こう側、すなわち西側にまわってみると、車一台通れるかどうかわからないほど狭い、舗装されていない赤土の道があり、そこから迷路のような部落が広がる（図2参照）。

通称「ジャマイカ部落」の一番手前にあるのが、サンフランシスコ・ゴメス＝エレス氏の家だ。かれは皆から「パンチョ」というニックネームで呼ばれて親しまれている、ジャマイカからやってきた移民の二世だ。一九四八年生まれで、現在（二〇一一年夏）六十三歳。九人兄弟の末っ子だという。

ゴメス氏は、スペイン語が国語であるキューバで、クレオール英語を喋るジャマイカ人たちの一人だ。もちろんスペイン語も喋るので、バイリンガルだ。そのほかに、パロ・モンテと呼ばれるアフロ信仰の司祭としてアフリカのバンツー語も知っている。

ゴメス氏は、まるでテレビのチャンネルを変えるみたいに難なくスペイン語から英語に切り替える。

「母は現在百四歳で、移民一世で唯一の生き残りです。元気な頃は、ジャマイカの民族舞踊を教えて

図2　バラグアのジャマイカ部落

図3　ゴメス氏と母

いました」と、こちらが聞きたいことを先取りして言う（図3参照）。

　家の隣の庭というかジャングルには、大木がいくつも立っており、実のなるブレッド・フルーツやアキの木だという。

アキのほうが美味しいらしい。見あげてみると、ブレッド・フルーツの実が一個なっているのが見えた。

ゴメス氏によれば、移民一世はジャマイカやバルバドスなどから直接やってきたのではないという。一九一七年頃に、パナマからやってきたのだ。パナマで海峡工事に従事していたが、そこのフランス系の会社が一九一五年に事業を終え、ちょうどその頃パラグアにアメリカの製糖工場が建てられたので、やってきたのだという。

「毎年八月一日に、お祭りがありますよ。午前中、皆でクリケットをやり、午後からお祭りです。七月三十一日は、一日中クリケットの試合です」

話題は、そこから〈ラ・シンタ〉という名の、ジャマイカを中心とする英語圏の島々の移民たちからなる民族舞踊グループの話に移る。正式には、コンフント・フォルクローレ・カリベーニャ・〈ラ・シンタ〉という。日本語に訳せば、カリブ海民族合奏舞踊団だろうか。二〇〇〇年に入ってから何度もイタリアやフランスの民族舞踊フェスティバルに招待されている。

フェスティバルのビデオを見せてもらった。

〈ラ・シンタ〉というのはそもそも、長いポールの先から色とりどりの細長い布を垂らしたもので、何人もの踊り手が布の先を手にして、音楽に合わせてポールの周りを踊りながらぐるぐるまわる。ある者は右回りに、ある者は左回りに。すると、ポールを中心に布によって綾織りができてくる。できた綾織りをもう一度もとに戻して、踊りは終わる。

「一九六五年の創設です。いまメンバーは男女合わせて二十五名。ジャマイカのほかに、バルバドスやトリニダードの出身者もいます」と、ゴメス氏は言い、古い紙切れを取りだした。

それは、創設まもない一九六七年におこなった演題のプログラムだった。会場は不明だ。

インテグランテス・デル・コンフント（合奏団のメンバー）として、サミュエル・キャンベル（ハーモニカ)、デルフィン・ゴードン(ギター)、アストン・オズボーン(マリンバ)、ホセ・エルナンデス・ディアス(ボンゴ)、ビクトール・ディアス(太鼓)、レネ・エルナンデス(太鼓)、ウィリアム・ミラー(歌手/ソリスト)、エリオット・ネルソン(歌手)、アロンソ・ホルダン(歌手)、アーリー・ラシュリー(歌手)。オリエンタドル(進行係)としてアンドレス・アベジェ、踊り手としてナンシー・ゴンサレス、モライマ・バロ、サミュエル・キャンベル、エリオット・ネルソン。

演奏された曲目は、次のとおり。

①マッティ・ラップ(Matty Wrap)
②バーバリアン(Barbarian)
③ミス・グーシィ(Miss Goosie)
④クーリー・マン(Coolie Man)
⑤ウーマン・スウィーター・ザン・マン(Woman Sweeter than Man)
⑥マングースの歌(Mangoose)
⑦キングストン・タウン(Kingston Town)
⑧マティルダ(Mathilda)(ママ)
⑨バナナ・ボート(Banana Boat)
⑩モナ・リサ(Mona Lissa)(ママ)
⑪ボンゴ・バンガロー(Bongo Bungalow)
⑫ザ・ドンキー(ロバ)(The Donkey〔Jackass〕)

演奏曲目は、すべて「カリプソ（伝統的）」となっている。カリプソとは、小アンティリャス諸島の元英領トリニダードで生まれたカーニバル音楽で、カリブ海の他の島々にも広まったものだ。歌によって風刺や皮肉をぶつけあうアフリカの伝統を受け継ぎ、ローカルな出来事や人物をユーモアにくるんだ風刺で笑いのめす歌詞に特徴がある。いろいろと替え歌をつくって競い合うが、このときは「伝統的」と書かれているので、即興というよりはよく知られた歌詞を用いたようだ。言葉はピジン英語が使われている。

トリニダードでカリプソと呼ばれるこうした替え歌は、ジャマイカではメントと呼ばれる。カリプソと同様に、地元で起こった出来事や政治などをテーマにして、歌詞に二重の意味をもたせて、黒人の口承文学に特有の「偽装」の戦略が見られる。

表面的には素朴な動物や女性の歌のように見えて、実は白人主人をたぶらかす黒人の知恵をうたっている。

ゴメス氏は、私の依頼に応えて、いまも演じられている曲をいくつか歌ってくれた。

私はノートにその歌詞を懸命に書き写した。その後ネットで調べたものを参考にしながら、書き写した歌詞を日本語にしてみた。

逃げろ　マングース
おまえの名前　天下にとどろく
逃げろ　マングース
おまえの名前　天下にとどろく
ウェストマン氏のキッチンに行って
チッキン（鶏肉）の一番いいところ手にして

一張羅《いっちょうら》の服のポケットに
忍び込ませた
逃げろ　マングース

（「マングースの歌」より）

この歌の特徴は、言うまでもなくブラックユーモアである。権力者をやっつける弱者の抜け目なさ、ずる賢さが讃えられているからだ。

一九三〇年代から四〇年代には、エキセントリックなアフロ信仰の指導者の名前が歌詞にあらわれ、マングースに喩《たと》えられたこともあったらしい。

歌手である黒人は自分を毒蛇の天敵でもあるマングースに喩える。そうすることで、強欲な主人を出し抜き、自分の飢えをやり過ごす黒人奴隷の狡知やトリックスターぶりがうかがわれる。キッチンとチッキンと韻を踏みながら、「鶏肉の一番いいところ手にして」で盛りあがる。

私訳では、slide（滑るように行け）を敢《あ》えて「逃げろ」と訳した。そのほうが、マングースのずる賢さを強調できると思ったからだ。

言語学的に興味深いのは、こうしたカリプソの歌にピジン英語が使われている点だ。ピジンとは、アフリカ奴隷のように共通語を持たない者同士がコミュニケーションをとるために、植民地の主人たちの言語（英語やスペイン語やフランス語）をアレンジした言語だ。

「マングースの歌」でも、文法的には大胆な単純化が図られている。動詞に注目すると、現在形で過去形を代用する特徴が見られる。「台所に行って」は、wentではなくgo、「鶏肉の一番いいところ手にして」は、tookではなくtakeが使われている。「服のポケットに入れる」はputが使われているが、この動詞はそもそも現在形と過去形が同じで、語形変化しない。

メルヴィン・ブラッグは名著『英語の冒険』のなかで、次のようにピジン英語を説明している。「knife（ナイフ）の複数形は、knivesではなくknifesになる。目的格が主格としても使われるようになり、himがheにとって代わる――him can read。（中略）動詞の語形も単純化され、たとえば受動態は使わない――de grass cut で the grass has been cut（草は刈られた）の代わりになる。疑問文では助動詞のdoは使わない――why you hit him（なぜあいつを殴るのか？）。副詞の代わりに形容詞を使う――I do it good.（自分はそれがうまい）」[13]

ピジンは、それを使う人々への差別意識から、正しくない言語、あるいは二級言語と見なされてきた。それは、日本で方言が置かれてきた立場に似ている。方言を使う人々への偏見が、方言自体にたいする差別を生みだし、逆に、方言を「野蛮」とみなす言語政策が方言使用者を差別する心情を生みだす。

とはいえ、ピジンは、土着の独特な風土によって培われる方言とちがって、人工的な言葉だ。ブラッグは、ピジンを「生きる必要から生じた便利な速記のような言葉」[14]と表現している。

代名詞一つとっても、主格や所有格、目的格をひとつで済ますことができるのは、なんと便利なのだろう。誰もが中学生時代に、I, my, me, mine／you, your, you, yours／he, his, him, his／she, her, her, hersなどと、呪文のようなものを覚えさせられたことだろう。だが、ピジンでは、そんな苦労は要らないのだ。

たとえば――

me go home.（私は家に帰る／家に帰った）meが主格のIの代わり。

me house is over there.（私の家は向こうにある）meが所有格のmyの代わり。

Nancy buy me sandwiches.（ナンシーが私にサンドイッチを買ってくれた）meは目的語。なお動詞（buy）は、三人称単数現在でも語形変化しない（sやesを付けずにすます）。

以上のように、主語でもなんでもmeで済ますことができる。ピジンは、実に機能的で、合理的な言葉なのだ。

さきほどの「マングースの歌」の別バージョンでは、動詞のslide（そっと行く）の代わりに、形容詞のsly（抜け目ない）という語が使われているが、主人の名前がウェストマン氏からベックフォード氏に代わった以外に大きな変更はない。マングースに喩えられた黒人奴隷が白人の主人の大事なものをくすねるというエピソードだ。

抜け目ないマングース
おまえの名前　天下にとどろく
抜け目ないマングース
おまえの名前　天下にとどろく
ベックフォード氏のキッチンに行って
チッキンの一番うまそうなところ手にして
チョッキのポケットに忍び込ませた
逃げろ　マングース

つづいて、ゴメス氏が歌ってくれたのは「マティルダ」。つき合った女性に大金を持ち逃げされる白人男性を語り手にした、これまたユーモアたっぷりの自虐的な歌である。

マティルダ　マティルダ　マティルダ
おれの金　奪って

ベネズエラに　逃げちまった
マティルダ　マティルダ　マティルダ
彼女　おれの金　奪って
ベネズエラに　逃げちまった

五百ドルだぜ
おまけに　おれの猫と馬まで　売りやがった

マティルダ
おれの金　奪って
ベネズエラに　逃げちまった
さあ　みんなで！
マティルダ　マティルダ　マティルダ
おれの金　奪って
ベネズエラへ　逃げちまった
もう一度！
マティルダ　マティルダ　マティルダ
おれの金　奪って
ベネズエラへ　逃げちまった
土地と家　買う金だったのに

あの女　しっかり考えていやがった
マティルダ
おれの金　奪って
ベネズエラに　逃げちまった

この歌には、ジャマイカ人の母とマルティニーク人の父を持ち、ニューヨーク市に育った歌手ハリー・ベラフォンテ（一九二七年生まれ）による音源があり、YouTubeで聞くことができる。自虐的な歌にふさわしく、騙《だま》されたにもかかわらず、みんなで「おれの金奪って　ベネズエラに逃げちまった」と合唱することで盛りあがる。もちろん、歌って盛りあがるのは、奪う側のマティルダに属する人たち（黒人女性か混血女性）だ。間違っても、ジャマイカが独立を果たす一九六〇年代初めまで当地を支配してきたイギリス人（男性）ではない。

「マングースの歌」と同じように、ここでもピジン英語が使われている。「おれの金　奪って／ベネズエラに　逃げちまった」は、She **take** me money an' **run** Venezuela. である。tookの代わりにtakeが使われ、動詞の現在形で過去形を代用している。また、ran to の代わりにrunが使われて、run一つで他動詞（〜に走っていく）の機能を果たしている。いずれにせよ、一つの動詞で、複数の意味を表すことができる合理的な多機能性がピジンの特徴だ。

その次にゴメス氏が歌ってくれたのは、同じくハリー・ベラフォンテが一九五六年に世界中に広めた名曲「バナナ・ボート」だ。熱帯の灼熱下の労働をさけて、夜中にバナナを摘み取る黒人労働者のワーキング・ソングだ。

朝だ　朝がきた
夜が明けた　もう帰りてえ
デー　ミセデー　ミセデーオ（朝だ　朝だ　朝だ）
夜が明けた　もう帰りてえ

ひと晩中　ラム酒飲みながら　働いて
夜が明けた　もう帰りてえ
朝がくるまで　バナナ運んだ
夜が明けた　もう帰りてえ

ミスタ・タリマン（計測係）　やってくる
おれのバナナ　数えてくれよ
夜が明けた　もう帰りてえ

六フット　七フット　八フット　バナナの房
夜が明けた　もう帰りてえ
六フット　七フット　八フット　バナナの房
夜が明けた　もう帰りてえ（以下略）

現在七十歳以上の日本人ならば、子供の頃（一九五〇年代）に、テレビやラジオから流れる「デーオ、デーエエエエオ。デライ・コム、ミ・ウォンゴーホーム」を耳にした記憶があるだろう。

「デーオ、イデデ・イデデオー」を聞いて、どこが痛いんだろう、と思った人も多いはずだ。「デライ・コム」は、daylight comeで「朝日がのぼった」の意味だし、「イデデ、イデデ」は、me say day, me say dayで「おれは朝だという（すなわち、もう朝だ）」という意味だ。

この歌はワーキング・ソングで、歌詞の表面的な暗さにもかかわらず、フィエスタで楽しく踊りながらうたう。

「バナナ・ボート」に見られるカリブ海や中央アメリカにおけるバナナ貿易について一言触れておこう。

バナナ共和国《リパブリック》という表現がある。それは、中南米の小国（ホンジュラスやグアテマラ、パナマなど）を揶揄する名称だ。二十世紀初頭に、ユナイテッド・フルーツ社などのアメリカの大企業が中米の国々にプランテーションを建設し、その資金力で各国の政治を牛耳ったことに由来する。

鉄道や港湾施設など、必要なインフラストラクチャーを自己資金で整え、ビジネスがうまくいくように各国の独裁者と結託した。

ユナイテッド・フルーツ社は、熱帯の第三世界のプランテーションで栽培されるフルーツ（とりわけバナナ）を欧米で売りさばいた大企業で、一八九九年に、マイナー・キースという人の経営するバナナ貿易商とボストン・フルーツ社との合弁でスタート。スタンダード・フルーツ社（ドール）と競合するも、バナナ共和国と呼ばれるようになる地域では実質的な独占状態を維持した。

チリの国民詩人パブロ・ネルーダ（一九〇四―一九七三年）が「ユナイテッド・フルーツ社」（一九五〇年）と題する政治詩を書いている。

トランペットが鳴ったとき
すべての準備が整った

エホバが世界を
コカコーラ株式会社や　アナコンダ（産銅会社）
フォード・モーターズ　その他の企業に与えた
ユナイテッド・フルーツ株式会社は
最も美味しい部分を
わたしの土地の中央海岸を
アメリカ大陸のすてきな腰《ウエスト》を
自分のために残しておいた

再度これらの国々に洗礼を施した
バナナ共和国が
かつて偉大さや自由を　旗を
勝ち取った、眠っている死者たちのために
眠らない英雄たちのために
喜歌劇（オペラブッファ）を完成させた
自由な意思を廃《すた》れさせ
帝国の王冠を授与し
嫉妬心を育み
蠅たちの独裁政治を促した
トルヒーヨ蠅　タッチョ蠅
カリアス蠅　マルティネス蠅

ウビコ蠅　従順な血とマーマレードで
べとべとの蠅たちだ[15]（以下略）

ネルーダの詩では中央アメリカ・カリブ海の独裁者たちが「蠅」と呼ばれている。自国民を毒するだけでなく、米国の政府や企業にたかる独裁者たちの習性をみごとに言い当てている。なぜなら――ドミニカ共和国の政治家で軍人のラファエル・トルヒーヨ（一八九一―一九六一年）は、一九三七年にアメリカ資本が経営するサトウキビ・プランテーションでハイチからの出稼ぎ労働者によるストライキが発生したとき、掃討作戦を指示し、一万五千の兵隊を動員して、国境付近に住むハイチ系住民を一日で一万七千人から三万五千人も虐殺した。

タッチョこと、ニカラグアの政治家ソモサ・ガルシア（一八九六―一九五六年）は、妻の伯父にあたるサカサ大統領によって国家警備隊長官に指名され、一九三四年にアメリカ合衆国の内諾を得て、サンディーノ（米国海兵隊に対する抵抗運動の指導者）の暗殺計画を実行し、全国でサンディーノの支持者（サンディニスタ）狩りを開始し三百名を虐殺した。

ホンジュラスの政治家カリアス（一八七六―一九六九年）は、一九三三年にユナイテッド・フルーツ社の支持を受け大統領に就任。言論統制、労働運動の弾圧をおこなった。

エルサルバドルの軍人で政治家のマルティネス（一八八二―一九六六年）は、一九三一年から十三年にわたって独裁政治をおこなったが、貧しいインディオの農民たちの反乱を弾圧し、一万から四万人の農民を虐殺した。

グアテマラの政治家で軍人のウビコ（一八七八―一九四六年）は、大統領の在職期間（一九三一―一九四四年）に、大統領直属部隊の「国家警察軍」を創設し、暴力政治を実行。ユナイテッド・フルーツ社に、鉄道建設と引き換えに事実上の支配権を付与した。

かくして、二十世紀はパックスアメリカーナの時代、すなわち超大国アメリカ主導の世界平和の時代だったとも言われる。ラテンアメリカの独裁政治は、そうしたアメリカの覇権主義による「平和」の影絵に思えてならない。アメリカの経済的な繁栄の陰には、中南米の貧民たちの血みどろの「不幸」と無残な死があったのだ。

キューバの独裁者バチスタによる一九五〇年代の政権は、ラテンアメリカの独裁者とアメリカ政府や企業が結託した構図を端的に映しだしている。独裁者のもと、キューバの富はすべて一部の富裕層とアメリカ資本に吸いあげられた。だから、カストロの反乱軍がそうした「植民地」的状況を脱するために、バチスタ打倒とアメリカ資本追放を打ち出したのは当然だった。

私がアフロ信仰に興味があると告白すると、ゴメス氏は自身がコンゴ系（バンツー語系）の信仰パロ・モンテのタタ・パレロ（司祭）である、と打ち明けた。

ふだんは、製糖工場の前でグアラポと呼ばれるサトウキビジュースの売り手をしているが、依頼があるとパロ・モンテの悪魔祓《ばら》いをしているという。

ゴメス氏は、まるで久しぶりに依頼人が訪れた金貸し屋みたいに、すばやく家の裏庭のほうへ私を招いた。裏庭の突きあたりに小さな小屋があり、錠をあけて中に入ると、薄暗く異様な気配がした。

小屋に入ってすぐの左手にテーブルがあり、その上に聖水（アグア・ベンディタ）の入ったグラスが並んでいる。

それは、「ボベダ・エスピツアル」と呼ばれ、霊力が集中する場であり、必ず十字架や花が添えられている。水の入ったグラスやワイングラスの配置によって、安息のためのボベダ、防御のためのボベダ、攻撃のためのボベダとなったりする。

基本的に、奇数が重要だという。たとえば、グラスは七個、ワイングラスは一個、花（白か黄色の花）は、安息のボベダの場合、三本、五本、六本、七本、九本のどれかにする。防御のボベダの場合は白い花を、攻撃のボベダの場合は赤い花をそれぞれ三本、五本、六本、七本のどれかにするという。

　テーブルには黒い顔で青色の衣を身につけたレイナ・アフリカーナ（アフリカの女王）が座っている。彼女は、サンテリアでは海の女神イェマヤー（カトリックのレグラの処女聖母と習合している）と呼ばれる。

図4　祭壇の前でかがむゴメス氏

　奥のほうに、パロ・モンテの祭壇があった（図4参照）。右から、ブンベヤヤ（死者の霊、二十一本以上の木の枝のほかに、骨やワニの歯などが入っている）、ソンデロ（サンテリアのエレグアにあたる）、サラバンダ（鉄や血、戦いや崇高な復讐を司る。サンテリアのオグンにあたる。さまざまな木の枝のほかに、鉄、ワニの歯などが入っている）、バタイア（木の枝のほかに、動物の脳みそや骨、ワニの歯、ハチドリやハゲワシ、二十一ヶ所で集めた土や埃《ほこり》などが入っている）。

　中央に、大きな鏡のようなものがある。ビティティメンソーと呼ばれ、遠くを見渡すものという意味らしい。

　カリブ海のキューバで奴隷制が廃止されるのは、一八八六年のことだ。奴隷貿易は十九世紀の半ばにピークに達したが、キューバに連れてこられた奴隷のうち一番多かったのはヨルバ系の人々で、ジョージ・ブランドンの統計調査によれば、ヨルバ系三十五・五パーセント、カラバリ系十七・三パーセント、コンゴ系十六・七パーセントだった。[16]

キューバでは、西アフリカのニジェール川流域や現ベニン人民共和国あたりから連れられてきた人々を「ヨルバ」と呼び、現在のカメルーン南部からアンゴラにいたる地域の出身者を「コンゴ」と呼んでいる。また、カラバリは現ナイジェリアの一民族である。[17]

ヨルバ系の人々はブラジルのカンドンブレや、ハイチのヴードゥーに通じるサンテリア（ルクミとかレグラ・デ・オチャとも呼ばれる）という信仰をキューバに根づかせた。コンゴ系の人々はパロ・モンテ（レグラ・デ・コンゴ）という信仰を根づかせ、カラバリ系の人々はアバクア（ニャニゴ）という男性のみの秘密結社を作った。

そうしたアフロ宗教同士における相違点について、人類学者のミゲール・バルネットは、逃亡奴隷エステバン・モンテホを主人公にした小説で、主人公にこう語らせている。

「コンゴ系パロとルクミ系のサンテリアの違いは、前者が問題の解決を直接おこなうのに対して、後者が未来を語ることだ。未来を語るにあたって、内部に神秘を宿すアフリカの白く丸い貝であるディログンを使う。エレグアの目はこの貝で作る」[18]

確かに、コンゴ系のパロ・モンテは魔術的な要素がつよく、悪魔祓いをする。それに対して、ヨルバ系のサンテリアは呪いをかけるといった要素はなく、むしろ、占いによる予言をおこなう。

とはいえ、正確にいうと、上記のモンテホの説明（バルネット）は誤解を招きかねない。サンテリアで、十六個のディログンという貝を使って占うのは、イタレロ（サンテロ）と呼ばれる司祭たちで、ババラウォと呼ばれる一段高い位置に位置する司祭たちは、オペレとかエクエレという道具か、イキンと呼ばれるヤシの種を十六個使って占うからだ。

いずれの場合も、占いによって、すでにある体系（二百五十六通りの組み合わせ）のなかから、どういう運命があるかが判明する。それがサンテリアでは解決策と呼ぶべきものである。

しかし、大きな相違点としては、儀式のときに使われる言語が異なる。パロ・モンテではクレオール化したバンツー語が、サンテリアではクレオール化したヨルバ語が使われる。

一方、類似点としては、動物の生贄、薬草類の知識、太鼓による憑依儀礼などを挙げることができる。

ゴメス氏は、この奥の小屋に入ると、まるで喉に何か詰まったかのように前のめりになり咽《む》せた。それから、いきなり首を激しく振って、取り憑《つ》いた霊を祓うような仕草をした。

やや落ち着くと、祀ってある守護霊たちの説明をしてくれた。その説明を聞きながら、私にはあるものが目に留まった。

部屋の一角に、料金表のような看板が飾ってあり、そこに、お浄め五ペソ、相談十ペソ、粉十五ペソなどと書いてある。一番高いのは、隠遁の七十五ペソだ。一般的な月給が四百四十ペソ（千七百円）だから、七十五ペソはかなり高い気がする。

通常、サンテリアでは、ババラウォに払うのはお布施であり、ババラウォは金品を要求しない。持っているもので、感謝の印としてよいのである。私の知り合いの漁師は、捕った魚をときたまババラウォのところに持ってきていた。だから、この料金表にはかなり違和感を覚えた。

とはいえ、私はハバナでサンテリアの儀式や、サンティアゴでブルヘリア（祈禱師）の儀式を体験していたが、パロ・モンテの関係者に会うのは初めてのことであり、入門の儀式に興味を惹かれた。

ゴメス氏によれば、パロ・モンテに入門するには、サンテリアの儀式と同様に三日かかるという。草や木を集めてきて、この小屋に寝泊まりしなければならない。三日目には、パロ・モンテに特徴的な記号を体にナイフでつける儀式をする。当然、動物の生贄《いけにえ》もおこなうだろう。

昼でも薄暗く気味の悪いこの小屋で、一人で夜を過ごすのはたまらない。まして体に傷をつけるというのは、生半可な気持ちではこの儀式をおこなえないことを意味する。

こうした呪術めいた儀式がカトリック教徒には、悪魔の所業に見えるにちがいない。奴隷制時代には、カリスマ性のあった司祭が反乱の指導者にもなり、プランテーション経営をおこなうカトリック教徒をおびやかした。

キューバの作家アレホ・カルペンティエルの『この世の王国』(一九四九年)は、ハイチのいち早い黒人革命に寄与したヴードゥー教司祭の役割について語った小説だ。[19]「周縁者」の視点から植民地社会の激変を扱った小説で、奇跡と日常が同居する「マジック・リアリズム」の語りが、まさにカリブ海世界に特有のものであることを知らしめた作品でもある。

この作品の主人公であるカリスマ司祭(実在の司祭マッカンダルをモデルにしている)は、毒草の知識にたけ、家畜を少しずつ毒殺して、まさにサトウキビ畑や森の中に悪魔がいると、キリスト教徒たちを怯《おび》えさせた。その一方で、かれはプランテーションの奴隷たちに、たとえ自分が殺されても、その変身の術によって、あるいは死者の蘇《よみがえ》りによって、自分は不滅であると信じさせた。

サトウキビ畑に悪魔がいると主人であるキリスト教徒に考えさせたのは、キリスト教徒自身の怯えだ。それを英語でサタンと呼ぼうと、デビル、メフィストフェレス、ルシファーなどと呼ぼうと、またスペイン語でディアブロと呼ぼうと、「悪魔」はキリスト教の外部ではなく、その体系の内部にいるのだ。アフリカの信仰の中にはいない。まして、サトウキビ畑などにいるはずがなかった。

私たちは裏庭の小屋から再びリビングルームに戻り、再会を期して互いの連絡先を交換した。それから、私がゴメス氏の資料で大事だと思える部分をノートに書き写させてもらっているうちに、ゴメス氏はシャワーを浴びてくると言って別の部屋に消えた。しばらくすると、ゴメス氏がすっきりした開襟シャツにアイロンをかけたパンツをはき、パナマハットを被ってあらわれた。ほのかに甘い香水の匂いがした。これからデートに出かけるのだという。この色男め、何人のガールフレンドがいるんだ？　と私が聞くと、ゴメス氏はそんな野暮なことは聞くなよ、といわんばかりに、片目をつぶってチャーミングな笑顔を見せた。

ジャマイカからの労働者という出自ゆえにキューバ社会の周縁に追いやられているが、このような屈託のない笑顔を持って「マングース」や「マティルダ」のように「痕跡の思想」を生きるゴメス氏のような存在に出会えたことは、私にとってとても貴重な体験であった。

第8章　キューバ映画とアフロ宗教

幸せと詩は、ごくわずかの時間しか一緒にいられない。
——オルハン・パムク

はじめに

一九五九年の革命成就後に、フィデル・カストロ（国家評議会議長）は革命政府の文化部門として「キューバ映画芸術産業庁」（通称ＩＣＡＩＣ）を創設し、映画製作に特別な意味を付与した。すなわち、ハリウッド映画のような単なる娯楽作品やヨーロッパの作家主義的な芸術作品とは一線を画す、啓蒙主義的な作品の製作をうながしたのである。▼1 それらは、ヨーロッパの大国や米国の覇権下で翻弄されてきたラテンアメリカの歴史をふまえて、国民に政治的・社会的な自覚をもたらす作品にほかならなかった。

米国アカデミー賞（外国語映画部門）にもノミネートされた『苺とチョコレート』（一九九三年）によって西欧世界にも知られるようになったトマス・グティエレス・アレア（一九二八―一九九六年）は、

ウンベルト・ソラスと並んで、革命後のキューバの国民意識の形成に寄与する映画を作りつづけたシネアストだった。

とはいえ、アレア監督の作ったものは、単純なプロパガンダ映画ではなかった。キューバ独立時の英雄ホセ・マルティの「利用されない土地は配分されるべし」という言葉を引用し、革命直後に作られた短いドキュメンタリー『われらの大地』（一九五九年）をほとんど唯一の例外として。

アレア監督は、少数の富裕層とアメリカ資本に利するマチャドやバチスタによる独裁政治に苦しめられていたキューバを変革へと導くカストロの反乱軍と革命政府を支持した。だが、その一方で、革命政府へのクリエイティヴな批判は忘れなかった。

現在も、アレア監督の作品が時代を超えて充分に通用するのは、ひとえに、見る立場によって政治・社会的な意味が正反対にも取れるような、その多義性にある。

ここでは、革命以前にキューバ社会の周縁に置かれていた人々、とりわけ黒人、女性、同性愛者といった「他者」を革命後のキューバ映画がどのように描いていたかを追うことにする。

そうすることによって、アレア作品をはじめとする革命後の映画がどの程度カストロ政権の公式イデオロギーを反映していたのか、また、どの程度それとは距離を置いていたのかがわかるはずだ。

キューバ映画と宗教

キューバ革命はバチスタ独裁政権の打倒をめざしたものだが、東部のシエラ・マエストラから抵抗運動を始めたカストロの反乱軍と都市部の労働組合の執行部とは、イデオロギー的対立があり、革命が成功してからも、新政府が社会主義的政権をめざすのかどうかは明らかでなかった。

しかし、一九六一年一月に、アメリカとキューバは国交断絶。四月にはアメリカによる軍事攻撃

（ヒロン浜侵攻事件、アメリカでは「ピッグズ湾侵攻」と呼ぶ）を受けるが、その直前に、カストロ議長は冷戦下、ソ連の傘下に入ることを宣言した。それは、革命が社会主義的な意義を持つことを再確認するものだった。富裕階級をなくして、全労働者のための平等な社会の建設をめざす階級闘争である、と。[2]

革命は経済闘争だけでなく、宗教界の変革をも意味した。スペイン植民地時代以来、スペイン王室や政治支配層や富裕層など、キューバの権力の中枢と強い結びつきを持ってきたローマカトリック教会は、カストロの革命政権が反宗教や共産主義の無神論に傾くことを危惧した。革命直後に開かれた全国カトリック会議で、サンティアゴ・デ・クーバのエンリケ・ペレス大司教は、キューバ国民はずっとカトリック教徒だったのであり、外国の宗教やマイナーな宗教（プロテスタントやサンテリア）に走るべきではない、まして反宗教や無宗教などは論外である、といった演説をおこなった。[3]

カトリック教会批判

アレア監督は、そうした権力に取り入ってきたカトリック教会の体質を批判する。しかし、それは硬質で理論的な論駁《ろんばく》によってではなく、コミカルな笑いを通してなされた。

たとえば、『レボルシオン　革命の物語』（一九六〇年）の第二話「反乱者たち」は、山で待機する反乱軍兵士を扱っているが、その中の一兵士が、都市にいたとき警察に見張られていたので止むを得ずカトリックの洗礼を受けた、と告白するシーンが出てくる。フラッシュバックで描写される厳粛なシーンが、ブラックユーモアの効いた誇張法により、洗礼の水が止めどなくその兵士の頭に浴びせられる滑稽なシーンとして提示される。

フィルム全体を通してカトリック教会への風刺が見られるのは、革命直後のキューバを扱ったブラックコメディ『12の椅子』（一九六二年）だ。カメラは、人々の魂の救済ではなく、富豪の椅子の中に隠された宝石にあくなき執着をしめす強欲なカトリック教会の司祭を追いかける。

椅子をめぐって、遺言の聞き取りをした神父と富豪とのあいだで争奪戦が繰りひろげられるが、その二人に代表される革命前の権威――カトリック教会とブルジョワジー――はあえなく失墜する。とりわけ、色のコントラストを使って、黒服の富豪と白服の神父が路上で椅子を取り合うところをドタバタ調の早回しを使って描くシーンが圧巻だ。

そのように、アレア監督はカトリック教会への痛烈な風刺をおこなう一方で、キューバ独自の宗教に関して斬新な解釈を施している。ヨーロッパ（スペイン）に根を持つカトリック教会に対して、西アフリカに根を持ち、キューバで独自の展開を見せたサンテリアに深い理解を示しているのだ。

これまで何度も触れてきたように、そもそも西アフリカからサトウキビ・プランテーションに連れてこられた黒人奴隷が密かに継承してきたものは、アフリカの宗教そのものではない。支配層の宗教であるキリスト教が黒人奴隷の信仰と混淆しており、二つの宗教の習合の産物である。

そうした折衷の信仰は、新大陸やカリブ海で見られる現象である。これまで述べてきたように、キューバにはヨルバ族のサンテリア（「ルクミ」とも、「レグラ・デ・オチャ」とも呼ばれる）や、パロ・モンテ（バンツー語系。「レグラ・デ・コンゴ」とも呼ばれる）や、アバクア（カラバリ系。「ニャニゴ」とも呼ばれる）などがある。ヨルバ族の宗教はハイチではヴードゥー、ブラジルではカンドンブレなどと呼ばれている。

世界宗教であるキリスト教を押しつけられたディアスポラの黒人奴隷の立場からそうしたアフリカ由来の宗教を見ると、被征服者による「偽装」という戦略が見えてくる。立野淳也は、ハイチの「ヴードゥー」に関して、次のように簡潔に説明する。

「奴隷たちは表向きには、白人から強要されたカトリック教を実践していくことになるが、しかし彼らの多くが聖人画で飾られた祭壇で実際に礼拝したのはヴードゥーの神々であり、それらに対する祈りは労働歌や賛美歌などで巧妙に偽装された形で維持された。またこのことはキリスト教の諸要素が彼らの宗教の中に取り込まれていく契機ともなっていく[4]」

キューバのサンテリアに関しても、そうした偽装の戦略は変わらない。デ・ラ・トレはこのように言う。

「奴隷制の制約のもとでアフリカの神々を崇拝しつづけるために、奴隷たちはカトリックの聖者の『顔』を仮面として使い、特定の聖者に特定のオリチャを割り振った。いまやカトリックの聖者の形を取るようになったアフリカの神々は、超絶的な神と人間との間の仲介者と認められるようになった[5]」

キューバは、スペインから独立後も文化的アイデンティティの基盤をスペインにおき、白人支配層優位の社会を作りあげていたが、カストロの革命以降は、その社会主義的な「平等」のイデオロギーゆえに社会の周縁に追いやられていたアフリカ系の人々の宗教を公認せざるを得なくなった。

キューバ映画史上初の女性監督であるサラ・ゴメス（一九四二―一九七四年）は、近年とみに注目を浴びている。アレアの元で助監督をしていたこともあるが、彼女の唯一の長編映画『ある方法で』（一九七四年）は、アフロキューバ女性の視点から、革命政府がスラムの住民をどう扱っているのかをテーマにしている。

キューバ革命以前の社会が生み出した「失業者」を一つの階層と位置づけ、一九六一年以降、雇用の場と住宅を提供することで、そうした階層をなくそうとする革命政府のマルキシズム的実践をゴメスは撮る。具体的には、ハバナのスラム地区の再開発による黒人の生活改善や、黒人の識字率をあげるための教育などを追う。

形式の上から言えば、これはドキュドラマというべき作品で、プロの俳優と素人が混在して登場する。ドラマの部分として重要なのは、ヨランダという女性教師とマリオという下層階級の黒人労働者が登場することだ。前者が国家の教条的な思想を体現する人物ならば、後者は典型的な黒人住民の習俗や価値観を体現する人物だ。近代化への理想に燃える国家の性急さを、不良生徒を指導するヨランダの短気な態度で表す一方、黒人住民が温存してきた、キューバの近代化をさまたげる男尊女卑（マチスモ）の発想を、アフリカ系の男性だけの秘密結社「アバクア」のメンバーになりたかったというマリオの言葉で表す。そのように、恋愛の進行過程における二人の独特な行動の描写によって、革命政府と下層民の間の軋轢《あつれき》や妥協を寓話的に物語る（図1参照）。

ガキの頃 ニャニゴのメンバーになりたかった
When I was a kid I wanted to be a "ñáñigo."
図1　『ある方法で』のマリオとヨランダ

　サラ・ゴメス監督は、同じアフリカに出自を持つ信仰でも、「アバクア」の女性蔑視に対してはナレーションを使って批判するが、アフロ宗教として最大の勢力を誇るサンテリアにはそれほど批判的ではない。

　それはなぜか。マルティネス＝エチャサバルは、サラ・ゴメスが一九六〇年代の黒人女性イデオロギーに囚われていたからだというが、[6] それはゴメスが「アバクア」を批判する理由の説明にはなり得ても、サンテリアに好意的であった理由の説明にはなり得ない。

　なぜサラ・ゴメスは、サンテリアにそれほど批判的でなかったのか。

　十六世紀から十九世紀にかけて、キューバには大勢の黒人奴隷がアフリカから連れられてきた。すでに第2章「サトウキビ物語」で確認したように、キューバの奴隷貿易が最盛期を迎えるのは、ヨーロッパの砂糖需要が急増した十九世紀後半である。ジョージ・ブランドンは次のように言っている。

「一七七四年まで、キューバは職人や辺境人、小役人、小農業家たちからなる定住コロニーだった。大西洋を渡る奴隷貿易で、キューバは七十万二千人から百万人の黒人奴隷を受け入れたが、奴隷制が廃止される前の最後の三十年で最も多くの奴隷がやってきた」▼7

キューバの奴隷制が廃止されるのは一八八六年だが、その直前の一八五〇年から七〇年までで一番多かったのがヨルバ族の人たちだった（前章を参照）。

キューバ学を専門にする工藤多香子教授によれば、そうしたヨルバ族の人たちのサンテリアは、一九九〇年代に占いの体系である「イファ」の書物や、オリチャにまつわる書籍、さらに政府公認のヨルバ文化センターなどを次々と生みだしたという。本来、アフリカ系の信仰は口承伝達であり、密教的であるはずなのに、体系化が進み、活字による聖典が作られ、呪術から宗教・科学へと変身を遂げた。そして、誰でもアクセスできるキューバの観光資源となってきている▼8。

それは革命政府がサンテリアを安全な信仰と見なしている証しであろう。サラ・ゴメスがサンテリアをそれほど批判しなかった理由がそこにあるように思える。サンテリアがヨルバ語（より正確にいえば、クレオール化したヨルバ語である「ルクミ」）で体系を整え、基本的に占いや治癒を目的とするのに対して、カラバリ系やコンゴ系信仰は呪いや死霊との交流など、より呪術的な要素を残しているように映るからだ。

サンテリアへの共感

アフリカ系の出自を持たない白人のアレア監督が、宗教の自由が認められていない一九六〇年代に、『クンビテ』（一九六四年）でアフロキューバ文化の根っこにあるアフロ宗教を描いているのは特筆に値する。

この作品の舞台はハイチであり、そこで描かれるアフロ宗教はヴードゥー教である。原作は二十世紀前半のハイチを代表する作家ジャック・ルーマン（一九〇七―一九四四年）の『朝露の主たち』（一九四四年）だ。[9]

物語は、十五年間出稼ぎでキューバのサトウキビ・プランテーションに行っていたマヌエルという男がハイチの山間《やまあい》の村に帰ってきて、村人全員の助け合い（クンビテ）で灌漑《かんがい》設備を作り、水不足や飢餓、さらには村人同士のいがみ合いから村を救おうとする姿を描く。

共産主義的なロマン主義に彩られた小説は、ヴードゥー教の雨乞いの儀式などに頼らずに組合や共同作業の重要さを説いたものであり、それはキューバ革命政府の説く「新しい人間」のボランティア精神というイデオロギーにふさわしいものだった。

図2　『クンビテ』の雨乞いの儀式

しかし、小説の中のヴードゥー教の雨乞いの儀式の描写を下敷きにしているとはいえ、アレアの映画『クンビテ』の描くそれはルーマンの進歩主義的・共産主義的イデオロギーを反映したものではない。まして、ゾンビを題材にしたハリウッド映画のエキゾティシズムなど、かけらもない（図2参照）。

むしろ、アフロキューバ人の視座から、まるでドキュメンタリー映画のように、丁寧にアフロ信仰の儀式を撮っている。ベネズエラの映画評は、その丁寧すぎる「文化人類学者的な描写」ゆえに、「助け合い」の重要さを説くテーマが薄められてしまっているとして、この映画を失敗作だと断じている。[10]

さらに映画の中に描かれたヴードゥー教は、キューバのサンティアゴで撮られた「キューバのヴードゥー」であるため、オーセンティック（本物）ではないという意見もハイチ人からあがったという。▼11

いずれにしても、ヴードゥー教の雨乞いの儀礼のシーンは、アフリカ的な儀式を前近代の遺物として忌避しがちな芸術映画にしては、異常なほど長いのである。儀式のシーンでは、太鼓と歌からなる音楽と踊り、鶏卵の殻をつぶして作る白い粉で地面に描かれる記号論的宇宙観、タバコと酒と魔術的な粉、山羊の生贄《いけにえ》、人々への憑依などがあますところなく描かれている。

これはアレア監督が、革命政府の進歩主義的・科学主義的なイデオロギーに満足できなかった証拠であるように思える。

言い換えれば、ハイチのヴードゥー教の形を借りて、アレア監督はキューバの生活の中に深く根づいているサンテリアへの共感を密かに埋め込んだのではないか。

映画は、村人の共同作業によって完成した灌漑設備の中を山奥の源泉からの水が滔々《とうとう》と流れるシーンで終わる。確かに、それは直接的には村人の「助け合い」の産物に違いないが、かれらの想像力の中では、殺されたマヌエルの血が豊かな水となって村にもたらされるのである。

この最後のシーンは、儀礼によって死者の霊が生者に乗り移り、死が新しい生の始まりとなる、サンテリアの「輪廻転生」の死生観を反映している（詳細は第3章「カリブ海の黒い神々」を参照）。村の若い女性は、死んだマヌエルの子を宿しており、またマヌエルの死によって村人同士の対立も収まるからだ。

そうして見ると、アレア監督の代表作である『低開発の記憶』（一九六八年）や『苺とチョコレート』（一九九三年）にも、アフロキューバ宗教が密かに埋め込まれているのに気づく。

『低開発の記憶』は、冒頭のシーンで、アフロ信仰のシンボルともいえる太鼓の激しいリズムに合わせて人々が路上で踊りを繰りひろげる模様をハンディカメラで追いかける（図3参照）。誰かが銃で撃たれて倒れるが、太鼓の音にかき消され、踊りは中止されることなく続き、撃たれた男は数人によって抱えられてその場から連れ去られる。踊りの最中に、アフロキューバの女性の顔がクローズアップで映される。

踊り手の下半身に描かれたパロ・モンテの呪術的な記号や太鼓の音などをもって、この黒人の踊りのシーンを野蛮で前近代的な「低開発」の象徴と捉える学者もいる。

一方、キューバ革命にゲリラ兵士として参加するアフロキューバ人たちを撮ったドキュメンタリー映画が作品の中ほどで挿入されていることを指摘して、「低開発」のもう一つの意味が隠されていると語る批評家もいる。すなわち、主人公である白人富裕層のセルヒオが革命に対して受動的で、意識の変革ができず、内面の「低開発」を抱えているのに対して、冒頭にクローズアップで示された黒人女性に代表されるアフロキューバ人は意識改革ができている、といった示唆がなされているというのだ。[12]

図3　『低開発の記憶』の冒頭のシーン

そもそも、キューバに限らずカリブ海の小国が経済的な「低開発」に追いやられているのは、サトウキビの栽培と砂糖の生産に象徴される植民地プランテーションに遠因がある。カリブ海の小国の「低開発」は、奴隷の使役によって得られた富をすべて吸いあげたヨーロッパ諸都市の「繁栄」と対になっている。

文化人類学者のシドニー・ミンツは、次のように断言している。「この時代（十八〜十九世紀）のカリブ海の島々の『経済的な発展』が、後の時代の『低開発』の大きな原因といってよい。ヨーロッパ人によって開発された、この農業と産業の特異な組み合わ

図4　『苺とチョコレート』のチャンゴーのシンボル（両刃の斧）

せは、カリブ海の植民地をそれぞれのヨーロッパの宗主国の大都市に同化させるべく採用されたが、ヨーロッパの大都市を経済的に発達させる一方、カリブ海域をますます後退させたのだった」[13]

一方、『苺とチョコレート』は革命政権下のアフロ宗教を、それとなく間接的に扱っている。主人公であるゲイの写真家で批評家のディエゴとその隣人ナンシーは、キューバ政権の意向に反して、無神論者ではない。心の糧《かて》としての信仰を捨てていない。二人の部屋にはカトリック教会とサンテリアの象徴が発見できる。

たとえば、ディエゴの部屋のドアを入ってすぐのところに、「エル・コブレの慈善の処女聖母」像が飾られている。冒頭のシーンで、ディエゴは、密かに思いを寄せるダビドとの愛の成就をねがって、その処女聖母像に祈るために、ひまわりを持って帰る。ひまわりの黄色が、エル・コブレの慈善の処女聖母と習合しているサンテリアのオチュンを象徴する色だからだ。

さらに、カメラはディエゴの部屋の壁に飾られたサンテリアのイコンをさりげなく映しだす。チャンゴー（火、雷・稲妻、太鼓をつかさどる精霊）の所有する、赤と白に塗られた両刃の斧である（図4参照）。

ナンシーも、ディエゴの友人ダビドとの恋愛を成就するために部屋に祀《まつ》ってある聖女バルバラ（サンテリアではチャンゴー）へのお祈りを欠かさないし、ダビドと男女の関係ができてからは、擬制的な親子関係を結ぶ黒人司祭《サンテロ》のところへ行き、宝貝を使った「ディログン占い」で、恋の成り行きを占ってもらう。司祭の部屋に祀られているのは、イエスの像のほか、エル・コブレの慈善の処女聖母、聖女バルバラなど、キューバの習合の産物だ。

奴隷制とサンテリア

アレア監督が最も意欲的に逃亡奴隷とサンテリアというテーマに取り組んだのが、『最後の晩餐』（一九七六年）である。だが、キューバにおけるスペインの植民地主義と奴隷制を題材にしたその最高傑作に触れる前に、少しまわり道をする必要がある。

新天地アメリカでのカトリック教会の布教活動を白人の神父の視点から扱っている『キューバにおける悪魔との戦い』（一九七一年）という作品がある。これは、黒人奴隷の視点から奴隷制を扱った『最後の晩餐』と対をなす作品である。二つの作品を比較することで、面白いことが見えてくる。『キューバにおける悪魔との戦い』の舞台は、十七世紀、植民地時代のキューバだ。主人公のマヌエル神父は、酒や性欲や享楽に溺れる下層階級の住民だけでなく、上流階級の、不敬な異端児や突然ヒステリーをおこす女性にも、絶対的な信念を持ってキリスト教の神への帰依を説く。そして、不安がる新人神父ファン・コントレラスの模範となろうとする。

しかし、見逃してならないのは、マヌエル神父への批評となるように挿入されている、上流階級の屋敷で働く黒人の侍女《メイド》の視線だ。

真正面から堂々と見据えるマヌエル神父と対照的に、黒人侍女の視線は物陰から覗きみる形を取る。とりわけ荒くれ者の盗賊に屋敷が襲われ、一家の女主人が追いかけてきた盗賊に凌辱されたとき、それを暗い物陰から目撃する。凌辱されたこの女主人が教会でヒステリーを起こしたときに、悪魔に魂を奪われたと見なす神父がただ十字架をかざすことしかできないのに対して、無名の侍女は、奴隷仲間で代々伝えられてきた堕胎の技術をつかい、女主人に中絶を施す。

その後、正気を取り戻した女主人が神父の足下に敬虔にひざまずき、聖水を自らの裸体に浴びせるとき、皮肉にも、ベテラン神父は内なる欲望におののく。

このときアレア監督は、まず神父の顔を映しだし、その映像の直後に、女主人が裸体で聖水を浴びる映像を挿入する。こうした対照のモンタージュを用いることで、神父の性的な妄想をシュルレアリスティックに描写するのだ。シュルレアリスティックな描写で暗示されるのは、植民地での教会権力の失墜に他ならない。

エリック・ウィリアムズはカリブ海の奴隷制に関して、「それはまさにランナーが気の進まないバトンを次から次へと渡しては力尽きて倒れ込むリレーのようなものだった」[14]と述べているが、しかし、奴隷の末裔の中には、倒れ込むリレー走者が代々受け継いできた抵抗の戦略を自らの思想の核に据える者もいる。

ポストコロニアルの思想家のホミ・バーバは、奴隷制によって「周縁」に追いやられた人々を主体にした「歴史」の書き直しを、植民地の支配的ディスコースを揺さぶる「擬態《ミミクリ》」のディスコースと呼んでいる。

「擬態《ミミクリ》のディスコースは、アンビヴァレンスのまわりに構築されている。（中略）擬態は、それ自体が否認のプロセスであるような差異の表象としてあらわれる。二重の分節化＝二枚舌の記号である」[15]

この映画の黒人女性の視点は、体制に対する屈服と抵抗の両方を意味するような「擬態」を示唆するものである。

だが、黒人奴隷たちの「擬態」を示唆するこの映画自体は、実はアンビヴァレント（曖昧）ではなく、カトリック教会を牽制するという意味で、明確にカストロ政権の方針を弁護するものだった。

食事のシーン

『最後の晩餐』は、タイトルが示すとおり、サトウキビ・プランテーションの白人主人の主催するセマナ・サンタ（聖週間）の正餐を題材にしている。

思えば、アレアほど政治的なニュアンスを持たせた食事のシーンにこだわりを見せた監督はいない。『悪魔との戦い』は、スペイン系の農園主の催す宴《うたげ》のシーンで始まるが、すぐにそれは盗賊の襲撃で中止に追い込まれる。聖餐式が象徴する封建主義の前途が暗いことを暗示している。

また、『天国の晩餐』（一九七九年）の冒頭でも、かつて植民地プランテーションによって潤《うるお》った名家の正餐のシーンが出てくる。それは、映画の終盤、取り残された親子がたった二人だけでおこなう殺伐とした食事に対応する。ありあまるほどあった食料も底をつき、最後には仕えてくれる召使いもなく、廃墟になった屋敷で、父と子の二人だけの食事がおこなわれる。そのわびしい食事のシーンにこそ、キューバ独立後、植民地主義の大農園主から資本家への道を突っ走ってきた富裕層への痛烈な風刺が見られる。

では、『最後の晩餐』の食事のシーンは、どのような形を取っているだろうか。

最後の晩餐に臨むにあたってイエスが弟子たちの足を洗ってやったという由来に基づいて、聖木曜日にプランテーションの主人が大勢の黒人奴隷の中から十二人を選びだす。イエスのように奴隷の足を一人ずつ洗ってやり、その足に口づけをする。しかし、その行為はただのポーズにすぎず、総じてこの晩餐自体も、本心からのものではない。

晩餐のハイライトは、逃亡奴隷のセバスティアンが、主人の酔いつぶれた後に仲間に語る寓話である。

図5　『最後の晩餐』のセバスティアン（左）の視線

主人が奴隷たちにおこなう説教との対比は、鮮やかというしかない。

主人は、聖フランチェスコの苦難の旅を引き合いに出して、黒人奴隷たちに「まったき幸福とは何か？」という訓話をする。

その説教によれば、幸福とは神への愛のために苦しむことであり、とすれば、この世の中で苦しむ機会の多い黒人のほうが、白人よりもずっと幸福だという。さらに、主人は、自然が黒人を白人よりも苦痛に強い体にしたとか、神は黒人にサトウキビ刈りに適した能力を与えたとか、黒人は生まれつき農作業に適しているとかといった、白人支配の奴隷制を正当化するような自説を披露し、最後は自己満足の涙まで流す。

それに対する奴隷の反応はといえば、「農場監督に鞭で叩かれたとき、俺は幸福ってことですかい？」といった一奴隷の素朴な物言いと、その一言が引き出す奴隷仲間たちのバカ笑いに象徴される「拒絶」である。

それと対照的なのは、三度の逃亡に失敗し、農場監督に片耳を切り取られた逃亡《シマロン》奴隷のセバスティアンがおこなう演説だ。

セバスティアンはこの晩餐の最中に一切食べ物に手をつけず、主人を睨みつけるように見ている（図5参照）。片耳を切り取られたことはハンディキャップではない。むしろ、主人の甘言に耳を貸さないで済む。主人に自由にしてやると言われたり、聖週間は働かなくてもよいと言われたりして、ぬか喜びしたりする一部の奴隷仲間と違って、かれの心はリアリズムに貫かれている。

　セバスティアンはサンテリアの創造神オロフィンを引き合いに出し、その神が作った「真実」と「嘘」を擬人化して話す。こちらの話の教訓は、主人の話よりずっと複雑であり、「真実」は「嘘」の顔を持っているというものだ。

「真実」は「嘘」の顔を持っているので、見極めることが難しい。外から見ただけでは何が「真実」なのかはわからない。そういった含蓄が窺《うかが》われるセバスティアンの心には、一つしか「真実」はない。

　それは、奴隷制を前提にした経済体制によって豊かな生活を送る主人のいかなるレトリックにも騙《だま》されることなく、このシステムの外へ逃げること。自由への逃走しかない。晩餐の最後に、セバスティアンがそっと胸の中から取りだして、眠っている主人の顔に吹きかける白い粉は、ハイチで黒人革命を可能にし、白人たちを怯《おび》えさせた毒草の知識をかれが有していることを示唆している。

逃亡奴隷

　この映画の背景となっているのは、キューバの奴隷制が盛んになる前の十九世紀の初めである。なぜアレア監督は、この時期に設定したのだろうか。

　この映画で、フランス語を話し、ハイチ（サントドミンゴ）から逃れてきたドン・ガスパールという名のフランス系クレオールの技師がかの地での黒人暴動に言及する。

「サントドミンゴも昔はクレオールと黒人がいましたが、いまは黒人しかいません」と。

　アレア監督は、この映画の時代をハイチ革命（一七九一－一八〇四年）直後という設定にして、自らの所有物を失う不安に取り憑かれているスペイン系の白人主人が奴隷所有の後ろめたさに駆られて晩餐会を開く、その隠れた動機（あるいは、キリスト教徒としての偽善性）を示唆する。

すでに第6章「逃亡奴隷の哲学」で触れたように、キューバ各地に点在したといわれる「パレンケ」は、サトウキビ農園やコーヒー農園から逃走する奴隷たちが隠れた人里離れた辺地だった。『最後の晩餐』はそんな逃亡奴隷の矜持を讃えることによって、スペイン系の農園主が説くキリスト教の「慈愛」の精神の欺瞞を風刺する。

『最後の晩餐』は、逃亡奴隷を描いたセルヒオ・ヒラール（一九三七年生まれ）監督の『もう一人のフランシスコ』（一九七五年）や『マルアラ』（一九七九年）と同様、ディアスポラの民である黒人奴隷を主体にしてキューバ史を捉え直す脱植民地主義の作品である。

それは、単に過去の歴史（植民地主義／奴隷制）だけでなく、なお現在も潜在する新植民地主義的メンタリティ（黒人差別）に対しても強力な批評になりうる映画である。

セクシュアリティとジェンダーの意識改革

女性や同性愛者もまた革命社会の周縁に追いやられた存在であり、かれら／彼女らをめぐる市民の意識改革もキューバの映画が取り組むべきテーマだった。

キューバ革命後の「ジェンダー問題」をいち早く映画の中に取り入れ、革命が単に階級闘争だけでなく、マチスモの克服でもあることを示したのは、ウンベルト・ソラス（一九四一―二〇〇八年）監督の『ルシア』（一九六八年）だ。

この作品は、独立前、独立後、革命後のキューバをそれぞれ作風の異なる三話で扱う。とりわけ、ヌーヴェル・ヴァーグ風の表現を用いて革命後のキューバを描いた第三話は、昔気質《むかしかたぎ》の男の伝統的なマチスモを笑いの対象にしている。たとえば、文盲の夫は、妻が教育を受けたり外に働きにでたりするのを嫌い、家のドアに釘を打ち込んで、文字どおり妻を家の中に閉じ込めておく。

この映画には、女性は労働者として社会に貢献すべきだとする一方、男性もまた料理や洗濯などの家事に参加すべきだという「平等主義」のイデオロギーが容易に見いだせる。

興味深いのは、そうした「平等主義」の障害になっているマチスモがアメリカの支配から来ていると指摘する地区の革命指導者たちの考えである。それによれば、マチスモを自己の中に内面化してしまうのは、教育がない（文字が読めない）からであり、それこそアメリカ帝国主義の犠牲にされてきたキューバ下層市民の現実にほかならないのだという。

主人公のルシアは、そうした下層市民たちの識字率をあげるためにハバナから送られてきた若い教師によって、マッチョな夫から逃げることを勧められる。彼女は働きに出たいが夫とは別れたくないというディレンマに悩まされる。

反マチスモのイデオロギーという観点から見れば、アレア監督の『レボルシオン　革命の物語』（一九六〇年）の第三話「サンタクララの戦い」も注目に値する。

この作品は、チェ・ゲバラの司令官としての能力が発揮され、革命の勝利にとって決定的となった中部都市サンタクララでの銃撃戦を題材にしている。見逃してならないのは、後方から火炎瓶を作ってゲリラ兵士に手渡す女性テレサの視点だ。

映画の終盤、サンタクララ市民が熱狂的に迎えるなか、革命兵士たちによる凱旋《がいせん》のシーンが出てくる。だが、映画は勝利の賛美では終わらない。英雄の崇拝とは対極にあるような、テレサの頬を涙が伝うシーンで幕を閉じる。

恋人のゲリラ兵士フリオが敵に撃たれて亡くなったことが彼女の涙の理由だが、アレア監督はこのような悲しみを込めて革命の勝利を描き、それによって戦争という暴力の持つ両義性を観客に知らしめる。

アレア監督は、革命直後の亡命キューバ人（アメリカのＣＩＡに援助をうけた）によるヒロン浜侵攻を扱った短いドキュメンタリー作品『侵略者に死を』（一九六一年）によって、ケネディ政権による軍事侵略を徹底的に批判している。

『ある官僚の死』（一九六六年）では、自身のドキュメンタリーの一部にコミカルな操作を加えて再利用しながら、コメディという最高の批評形式を用いて、キューバの革命政権下の官僚体質にメスを入れる。

この作品では、革命政府が英雄と称えるキューバ独立時の詩人・思想家ホセ・マルティの胸像を大量生産する機械を発明した模範的な一人の労働者の死を扱っている。葬儀をおこなおうとする家族がキューバの官僚制度の犠牲になる。墓地の管理人たちの教条的な態度が風刺の対象になるが、受付の女性は上司（年配男性）の命令に逆らうことができない。革命政権下においても、セクシズム（性差別）が権力の上下関係に強く反映されていることをアレア監督は見逃さない。

ホモセクシュアリティと映画

一方、革命政府下で、マチスモと同様、一挙には変革できない意識の問題として隠蔽されていたのは、ホモセクシャルの問題だ。

サラ・ゴメスの貴重な短篇ドキュメンタリー『もう一つの島』（一九六八年）の中に、革命直後に、売春婦や長髪ヒッピー、両親がＣＩＡの協力者であったその子女らと一緒に、再教育のために「青年の島」の作業場（通称ＵＭＡＰ「生産のための軍事キャンプ」）に強制収容された同性愛者へのインタビューがあり、ゴメスはかれらの言い分に耳を傾けている。

キューバにおける同性愛問題を扱ったものとしては、トロント映画祭に出品されたネストール・アルメンドロス（一九三〇—一九九二年）の『素行不良』（一九八四年）が物議をかもした。革命政府下のゲイの抑圧を扱って、欧米のリベラルな知識人の失望を引きだしたが、キューバのゲイの問題を論じたイーアン・ラムズデンは、ゲイの抑圧をキューバ社会全体の抑圧に単純化しすぎているとして、この映画を批判している[16]。

アレア監督も、公開直後に、ニューヨークの文化誌『ヴィレッジ・ヴォイス』に論評を寄せて、この映画を「歴史観と社会的文脈の欠如」ゆえに批判している。

「アルメンドロスは、真実らしさをちょっとまぶして、恥ずべきウソをひねり出せるということを熟知している。たとえば、かれはＵＭＡＰ（数多くのホモセクシャルの人たちが軍事的な奉仕をするために入れられた労働収容所）が間違いであり、スキャンダルとなって、ついに幸運にも消滅することになっただけでなく、誤りを修正する政策まで出ることになったという事実を知っている。ＵＭＡＰは一九六五年から一九六七年までつづいた（アルメンドロスが言うように、一九六四年から一九六九年まで、ではない）。ということは、この消滅は十七年前の話だ。しかしながら、『素行不良』の中では、ＵＭＡＰがまるで昨日のことであり、いまでもつづいているかのように語られている。アルメンドロスは、それが正しくないのを知っているのに[17]」

『苺とチョコレート』はアルメンドロスの『素行不良』に対する、アレア監督の返答ではなかっただろうか。

そう考える理由の一つに、アルメンドロスの映画に欠如しているとアレアが批判した「歴史性」を提示するために、この作品の時代背景として、あるテレビ番組が挿入されていることが挙げられる。

『苺とチョコレート』とホモセクシュアリティ

ダビドの寄宿する大学寮のラウンジにあるテレビに、ニカラグアのサンディニスタ民族解放戦線によるソモサ政権転覆（一九七九年七月）を伝えるニュースが流れるのだ。

サンディニスタ民族解放戦線によって打倒されたアナスタシオ・ソモサ・デバイレ（一九二五—一九八〇年）の政権は、二十世紀のカリブ海や中南米に典型的な親米的独裁政権だった。

一九七二年の首都の地震に対する世界からの支援物資や義援金を一族で着服するなど強欲のかたまりのような男であったが、かれの父ガルシア（一八九六—一九五六年）もまた親米的な独裁者として悪名高い男だった。国家警備隊長官時代にアメリカ合衆国の内諾を得て、アウグスト・セサル・サンディーノ（駐ニカラグア・アメリカ海兵隊に対する抵抗運動の指導者）の暗殺を実行した。かれの指導のもとで国家警備隊は全国でサンディーノ支持者（サンディニスタ）狩りをおこない、三百名を虐殺したといわれる。

だから、共産主義青年同盟のメンバーたちがラウンジでニカラグアのサンディニスタ民族解放戦線の勝利のテレビ報道を見ているシーンが出てくるのは、間接的にキューバ革命政府への共感をしめしていることになる。キューバも、自国を保護国化するアメリカにすり寄るマチャド（一八七一—一九三九年）やバチスタ（一九〇一—一九七三年）といった独裁者によって、苦しめられてきたからだ。

しかし、そうした「歴史」への言及だけでなく、キューバ映画に詳しいマイケル・チャナンによれば、この作品には「同時代性」も窺われるという。ハバナ市内の建物の崩壊の映像がこの映画の撮られた一九九〇年代初頭の「非常事態の時代《ペリオド・エスペシアル》」（ソ連の崩壊により、経済的な逼迫状態に追いやられた時代）を彷彿とさせるからだ[18]。

冷戦構造の崩壊によりソ連からの経済援助がなくなり、しかも一九六〇年代からつづくアメリカの経済制裁により、キューバ国家が経済的な危機に陥り、食うや食わずの「同時代」状況に追いやられたなかでは、同性愛や芸術の問題は後回しにしになりやすい。

アレア自身、先ほどの論評の中でこのように断言している。

「リチャード・ゴールドスタインによる『ヴォイス』のインタビューで、私はこう答えた。『戦争の最中では、美学とか同性愛とかの議論はできない』と。自分自身の身を守り、敵をやっつけるという差し迫った問題に直接関係ない事柄という意味だ。優先順位がある。何よりも生き残るということが最優先事項になる。それは、わが国のように小さく貧しい国では、すぐ隣にある豊かで強大な国からの絶えざる脅威に立ち向かうために、まず武装し防御しなければならないということを意味するのだ[19]」

『苺とチョコレート』は、同性愛と異性愛に関して、図式的ともいえる人物配置をおこなっている。芸術表現に関してリベラルな思想を有する同性愛者ディエゴがいる。ディエゴとは対照的に、共産主義青年同盟に所属して、同性愛者を人間のクズと呼んで憚《はばか》らず、芸術品の展覧会を反革命的と断じるマッチョなミゲルが登場する。

性をめぐって、伝統派ミゲルと改革派ディィエゴの対立する力学関係の中で振り子のように右へ行ったり左へ行ったりするのが、ダビドという田舎《いなか》の下層階級出の学生だ。

マルクス主義を信奉しているダビドは、最初は学寮でミゲルと同室であるが、ディエゴに誘われてかれの部屋をたびたび訪れる。ダビドのいる学寮からディエゴの部屋への移動が、セクシュアリティに関するかれの思考に変化をうながす。

アレアの映画に詳しいポール・シュローダーは、『苺とチョコレート』をはじめとする晩年の三作はメロドラマだと断じて、皮肉とブラックユーモアにあふれた他のアレア監督の「革命的な」作品と区別する。皮肉やブラックユーモアは、この映画で女優ミルタ・イバラの存在が与える、救済としての「愛のヴィジョン」に取って代わられてしまった、とシュローダーは嘆く[20]。

その他にも、この映画をメロドラマとして断罪する批評家が少なくない。ジョン・ヘスは、『苺とチョコレート』がメロドラマのパターンを使って、結局のところ、マチスモの家父長制を強化しているだけだと批判する。

「いかにアレア監督がこの物語を語るかを検討し、（中略）監督の意図がどうであれ、このフィルムの使い古されたメロドラマが、どのようにキューバのホモフォビック（同性愛嫌悪的）で性差別的なイデオロギーを再生産するかをここでしめしたいと思う」[21]

ポール・スミスら、評論「苺の言語」の著者たちは、キューバのホモフォビア（同性愛嫌悪）が宗教的なドグマや疑似科学的な理論ではなく、マルクス主義の労働価値に結びついていると指摘し、この映画がカストロ体制の過ちを正すものだという見方を否定している。

「いかに過去の恐怖と一線を画しているると主張しても、『苺とチョコレート』が温存しているのは、クイアの快楽に対する清教徒《ピューリタン》的な軽蔑である」[22]

いずれにしても、一方がメロドロマという構造、他方がマルクス主義という思想を理由にして、『苺とチョコレート』が同性愛を讃える映画ではないと批判している。

だが、そうした批判の根拠となっているのは、映画の原作であるセネル・パスの小説にはなかった、名女優ミルタ・イバラの演じるナンシーという娼婦《ヒネテーラ》の映画へ導入である。

彼女によるダビドの誘惑は、ヘスをはじめとする批評家には、従来の家父長的なヘテロセクシャルな関係への揺り戻しと映るからだ。

キューバにおける政治的な抑圧を論じる欧米の批評家は「表現の自由」というものを盲信し、異性愛も同性愛も同じ程度に描けると信じているようだが、それは欧米の批評家が陥りやすい罠ではないだろうか。

アメリカに完全な「表現の自由」があるのか、と逆に問うているのは、映画監督のフランシス・コッポラだ。一九七五年にコッポラはキューバ旅行をした後のインタビューの中で、「表現の自由」はキューバだけでなく、アメリカにおいてさえ「限界」がある、と語っている。

「キューバの人たちは、よくも『ゴッドファーザー　パートⅡ』みたいにキューバ革命の素晴らしさを描いたものが作れたものだ、と不思議がる。実は、私が思うに、わが国で表現の自由が可能なのは、それがわが国の利害を損ねない限りにおいてなのである。もし国益を損ねそうであれば、わが国の『表現の自由』など、簡単に消え去ることだろう[23]」

コッポラの言うとおり、アメリカでも「表現の自由」は保証されていない。たとえば、比較的最近でも、マイケル・ムーアの『シッコ』（二〇〇七年）はアメリカの医療と保険をめぐって政府と大企業の痛いところを突いたために、一般公開を禁じられている。また、国境地帯の女性殺人事件を題材にして、アメリカのマスコミによるスキャンダルの握りつぶしを描いたグレゴリー・ナヴァ監督の『ボーダータウン　報道されない殺人者』（二〇〇六年）も同様である。

アレア監督の余計な説明を加えない「過小表現」は、解釈の幅を生みだす。『低開発の記憶』は、革命後のキューバに残る主人公セルヒオの生き方をどう表現したかに対して、アメリカとキューバの批評家から異なる反応を引きだしている。セルヒオの傍観者的な態度は、アメリカでは、政治の激流とは距離をとる知識人に対するアレアの両義的なスタンスとして評価され、一方、キューバでは、革命に参加できないブルジョワ階級の欠陥を、人種偏見やマチスモ共々、否定的に描いていると評価されている。

『苺とチョコレート』の解釈をめぐっても、同じことが言えるだろう。アレア監督特有の換喩法を考慮しながら、キューバ社会で許容される「限界」がどこにあるかを検討することによって、アメリカの批評家たちが陥った罠から脱することができる。

サンテリアのイファ占いの二百五十六通りの運勢のひとつに、こういうことわざが出てくる。「人間の自由とは、かごの中の鳥のようなものだ」と。いくら自由と思っても、それぞれの属する社会の制約（法）のもとにあり、完全な自由はありえない。

だから、作家であれ、映画監督であれ、そうした制約のもとで、どういう表現が可能なのか、知恵をめぐらすことになる。アレア監督がアフロ信仰のことわざを知っていたかどうかは問題ではない。自由を奪われたディアスポラの民と同様に、アレア監督は不自由さの中でホモセクシュアリティを肯定する表現を見つけたのだ。

そうした結論を引きだす前に、前提となる法律について触れておこう。

キューバの同性愛をめぐる法律について、ラムズデンによれば、同性愛への差別的な法律は、スペインの法律に由来を持つ、革命以前の「社会保護法」（一九三八年）にあるという。その法律によれば同性愛は犯罪であったが、一九七九年に「罰則法」ができて、私的な空間での同性愛行為は犯罪ではなくなった。

「だが、一九八七年に修正されるまでは、公共空間での同性愛の『露出』は依然として禁じられていたし、私的空間でも第三者に意図せずに目撃された場合は、罰則を与えられた」[24]

そうしたキューバの歴史的な背景を考慮に入れて、『苺とチョコレート』の中の性的描写を見ていくと、冒頭の二つの覗きのシーンと最後の抱擁のシーンの連関性を探ることで、隠されたモチーフを引きだすことができる。

まず冒頭のシーンで、ダビドが恋人を連れ込んだ安宿の窓から外を覗くと、CDR（革命防衛委員会）の看板がさりげなく映しだされる。市民による一種の密告システムである。

CDRの看板が象徴する監視社会では、国家の利益に反するような表現は、芸術であれ映画であれ、密告・通報されてつぶされる。つまり、この社会では映画であれ他の芸術であれ、表現には一定の限界が存在するということが示唆されているのだ。

その後、ダビドが覗くのは、隣の部屋の異性愛のセックスシーンであり、しかも男女は女性上位の体位を取っている。この冒頭の二つのシーンからわれわれが得られるのは、キューバにおける異性愛の性交シーンはここまで許容されるというアレア監督からのメッセージである。異性愛の性交は他にもう一度あるが、それはナンシーが童貞のダビドをベッドに誘うシーンだ。

異性愛の表現は、安宿における女性上位の「騎乗位」にしろ、ナンシーが仕掛ける女性からの「ナンパ」にしろ、それらは革命政府の容認する反マチスモのイデオロギーを反映しているので、かなり大胆ではあるが、許容範囲の映画表現だ。

しかし、同性愛では、当然、許容される表現が限られる。同性愛の表現としては、この映画の最後のシーンが興味深い。

図6　『苺とチョコレート』のダビドとディエゴ

かつて同性愛を毛嫌いしていたダビドが自分から椅子から立ち上がり、ディエゴを抱きしめるところで映画は終わる（図6参照）。

この映画的表現をただの男の友情の表現と捉えるところから、家父長的でヘテロソーシャルな関係への回帰という不満や批判が生まれるのではないだろうか。

確かに、キューバの家父長的な考えを持つ大方の観客は、ただの男の「友情」と受け取ったかもしれない。

だが、映画を撮る側からすれば、一九八〇年代後半にようやく同性愛が犯罪でないという政府の見解がなされたキューバ社会で、男同士の性交シーンを撮ることはとうていできない。観客の許容度を推し量れば、それは当然だろう。

さらに、冒頭のシーンでほのめかされたように、監視社会では仲間同士が使う暗号《シークレット・コード》というか、隠れた映画文法が存在するのであり、それを念頭に入れれば、ダビドとディエゴの抱擁は、ただの男同士の友情表現というより、むしろ、男同士のセックスを表す換喩表現と解釈すべきではないか。

とすれば、ディエゴの涙は、批評家のヘスがいうような「苦しみの涙」[25]ではなく、ついに希望が叶った「恍惚の涙」となるだろう。

この映画でもっとも大きな精神的変化を遂げるのがダビドであるのは誰の目にも明らかだが、それは同性愛者を毛嫌いするマッチョな田舎者から、同性愛者を容認するリベラルな知識人へと変身したからではなく、むしろ性的にウブなストレートからバイセクシャルへと一気に変身するからなのである。

それこそが、アレア監督が私たちに伝えたかったラディカルなまでの「革命」のメッセージなのではないだろうか。

結びに

アレア作品は、カストロ革命政府に対してどのようなスタンスを取っているのだろうか。そのことを知るためには、まず、民族やジェンダー、セクシュアリティに基づく差別にかんして、映画がどれくらい革命政府のイデオロギーに沿っているかどうかを検討すればよい。

革命後の女性の社会参加を論じているニコラ・マレイは、カストロ政府の政策の成果として、男女の機会均等をもたらす「教育の重視」（とりわけ農村地域において）に触れ、その例として、寄宿学校での奨学生の数が革命直後（一九六一年）の七万六千八百三十四人から、一九七〇年までに二十七万七千五百五人に増えたことや、また医学部の学生に占める女性の割合が一九六二年の二十六パーセントから、一九七〇年の五十パーセントに上がったことを挙げている。[26]

社会への女性参画や社会的役割にかんして、ソラス監督は『ルシア』の第三部でカストロ政府が修正したいと願っていたマチスモを風刺している。それに対して、アレア監督は『キューバにおける悪魔との戦い』において、より社会の周縁に追いやられている黒人の侍女の視点を採用して、人種差別の問題（奴隷制）にジェンダーや性差別の偏差を絡ませ、キューバ社会の盲点を突いた。サラ・ゴメスが『ある方法で』で、黒人社会内部の男女のステレオタイプを風刺したように、アレアの女性の描き方も、政治的プロパガンダではないという点で、ソラスよりずっとラディカルだった。

　同性愛は、先ほども述べたように、一九七九年に「罰則法」が施行されるまでは、れっきとした「犯罪」として取り締まりの対象だった。そうした社会情勢のなかで、アレア監督は、同性愛者を主人公にした映画『苺とチョコレート』を作り、一九七〇年代のキューバのマチスモや同性愛者への革命政府の弾圧を風刺した。セクシュアリティの扱いにかんして、かつての同性愛への弾圧を反省している一九九〇年代の革命政府の方針から大きくはずれているわけではない。アレア監督は映画によって、同性愛を肯定した。

　しかし、エンリコ・マリオ・サンティは、『苺とチョコレート』の「主体」の問題に触れて、この映画はホモセクシュアルの映画ではない、むしろ「ホモセクシュアル的」なものにすぎないと非難している。

「ホモセクシュアルとか、インディヘナ（先住民）というのは、主体である。だが、ホモセクシュアル的なるものとかインディヘナ的なものとは、その名を借りて語ることである。それらは主体になることはできず、表象を占有することしかできない▼27」

　アレア監督が社会的な「他者」の代弁者として語っているというのが正しいとして、どうしてそれがいけないのだろうか。その伝でいけば、女性でも黒人でもない、同性愛者でもない監督は、そうした社会の「周縁者」を主人公にした映画を作ることはできなくなってしまう。

しかしながら、そうした不毛な「本質主義論者」の反論をあらかじめ想定したかのように、この映画の真の主人公は同性愛者のディィエゴではなく、ましてマッチョのミゲルでもなく、実はもともと異性愛者だったダビドなのである。

ダイナミズムをもたらす映画のドラマツルギーからすれば、ダビドこそが、映画の中で一番ダイナミックな精神的変化を遂げる人物だからである。

私は、異性愛者の観客に向かって、同性愛の性愛術を提示する方法としてアレア監督の用いた換喩法（男同士のハグでセックスを表すような）に注目した。それによって、ダビドが異性愛者から両性愛者へと変身を遂げることがわかるからである。

異性愛か同性愛かの二元論ではなく、第三の両性愛の道を示唆したこと、それこそがアレア監督が私たちに伝えたかったラディカルな「革命」のメッセージではないだろうか。

＊献辞

拙論を執筆するにあたり、貴重なフィルムを鑑賞させていただいた駐日キューバ大使館と、ハバナの映画芸術産業庁、とりわけ広報部のミルチャ・ラモテさんに感謝申し上げます。（Deseo agradecer la incalculable ayuda que he recibido por parte de la Embajada de Cuba en Japón, la gran colaboración brindada por el ICAIC〔Instituto Cubano de Arte e Industria Cinematográfica〕, y muy en especial ofrecerle mi agradecimiento a la señora Mirtha Lamothe Iglesias del Centro de Información del ICAIC.）

最終章　キューバのヘミングウェイ

——『老人と海』の謎を解く

不死というのは、成し遂げた仕事が、他者の思い出の中で達成されるものなのです。
——ボルヘス

はじめに

周知のように、ヘミングウェイは小説の文体について、無駄を排した、いわゆる「氷山の一角」の手法を提唱している。作家は『午後の死』（一九三二年）でこう書く。「もし書いている対象を十分に心得ているなら、知っていることを書かなくてもよい。（中略）氷山は水面から出ている八分の一だけで堂々たる動きを見せることができるから」▼1と。

一方、読者のほうでも、そうした贅肉をそぎ落としたストイックな作品を読むさいには、書かれていないことを探索する努力が求められる。なぜなら、作家が本当に言いたいことの八分の七は水面下に隠れているからだ。

ヘミングウェイに限らず、文学のテクストは、文化人類学で言う〈フィールド〉であり、読者は人類学者として〈フィールド〉でおこなわれているさまざまな儀礼の底に潜む「深層構造」を読みとる必要がある。

ヘミングウェイのテクストの中で、隠れた深層構造を探す努力は、とかく饒舌に傾く嫌いがあると批判されている後期の作品でもおこなわなければならない。

とりわけ、『老人と海』（一九五二年）はそうである。なぜなら、ヘミングウェイはこの作品の中にも、一見「謎」とはわからない謎を仕込んでいるからだ。サンティアゴ老人がボートのはるか下に大きなマカジキを探すように、読者も作品の中に隠されたそうした「謎」を探求する必要がある。

ヘミングウェイは晩年にキューバに移り住んだ。そして『老人と海』をはじめとして、キューバを舞台にした作品をいくつか残した。『老人と海』の研究史において、これまでビックフォード・シルヴェスターなど、アフロキューバ宗教の観点からこの作品を論じたものは少なからず存在する[2]。だが、それらはときにこじつけとしか思えない部分がある。しかも、アフロキューバ宗教の儀式自体は数多くの秘儀を伴うので、文献（しかも英語だけの）のみに頼るその批評方法には隔靴掻痒の感を拭いきれない。私は十年以上にわたって、キューバのアフロ宗教（サンテリアと呼ばれる）にかかわってきた。ここでは先人の研究を踏まえながら、アフロ宗教の観点から『老人と海』にこれまでにない斬新な解釈をほどこしたい。

小説の細部描写

『老人と海』は短い小説だ。生前に発表されたものとしては、最後の作品となった。『誰がために鐘は鳴る』（一九四〇年）を発表して以来、ヘミングウェイはまともな小説を書いておらず、批評家のあいだでは「ヘミングウェイは終わった」と思われていたが、この小説を書いて、批評家たちを見返してやったというわけである。

というのも、一九五二年にスクリブナーズ・サンズ社から単行本を五万部出版したが、それと同時に、『タイム』誌（九月号）が『老人と海』の全文をフィーチャーし、なんと二日で五百万部を売り切ったからだ。

そうした商業的な成功だけでなく、翌年にはピュリッツァー賞（小説部門）を、さらに翌々年には、この作品のおかげで、作家はノーベル文学賞まで授与されることになる。

『老人と海』はヘミングウェイという名を世界中に知らしめる作品となった。同時代のライバル作家、ウィリアム・フォークナーも、この小説には人生における「憐憫《ピティ》」が書かれており、「われわれ同時代人の書いた最高傑作」と褒めたたえた。[3]

だが、正直なところ、私は若い頃この作品をそれほど面白いとは思わなかった。それがいまでは一大傑作だと思うようになった。

大概の人間は長く生きていれば、サンティアゴ老人のように何度か挫折や失敗を味わうはずであり、フォークナーの言うような「憐憫」の情がわかるようになる。もっとひらたく言えば、自分自身が老いぼれて、老人の境遇や挫折に共感できるようになる。

だが、私がこの作品を一大傑作だと感じるようになった理由は、そういったところにはない。エイジング（年を取ること）への悲哀について書かれた小説であれば、もっと読者が身につまされるような作品がある。たとえば、フィリップ・ロスの『ヒューマン・ステイン（人間の穢《けが》れ）』（二〇〇〇年、翻訳は集英社刊）だ。アメリカの人種差別の問題と絡めて、若い愛人と暮らす「堕落した」老教授への「憐憫」が切なくなるほど見事に描かれている。

『老人と海』が優れていると私が思うのは、そうした老人の悲哀や憐憫が書かれているからではなく、むしろその描かれ方のほうである。文体というとあまりに曖昧なので、小説の細部描写といったほうがいいかもしれない。

『老人と海』は、小説の細部が日本の高校生でも読めるような単純な英語で書かれている。にもかかわらず、どこまでも複雑で深く豊かな読みが可能である。まるで子供でも食べられるような素朴でやさしい味でありながら、舌の肥えた大人が味わうと、さまざまな隠し味が露呈してきて、飽きることがない料理のようだ。凝《こ》りに凝ったフランス料理ではない。一見、手のかかっていない素朴で簡単な料理に見えて、実は目立たないように、シェフの創意工夫が隠されているのだ。

もちろん、最初に述べたように、小説の深層構造（氷山の海面下の部分）を読みとる特殊な読者論的アプローチがあって初めて、そう言えるようになる。

若い頃の私には、そうした読み方をする武器はなかった。いまは、アフロキューバ宗教によるアプローチができる。いわば、そうした掘削機を使って、地下の鉱脈を発見しようというわけである。

ヘミングウェイという作家がアフリカでは猛獣狩り、スペインでは闘牛、キューバでは大物釣りといった、がさつかつワイルドで男性的なイメージに彩られているにもかかわらず、創作においてはとても慎重に言葉を選び、巧妙に謎を仕掛けるような繊細な作家であったことを証明したい。

なぜキューバ語を使うのか？

そういう意味では、『老人と海』は最初から一大鉱脈に通じる手かがりをそっと潜ませているではないか。小説の冒頭を見てみよう。

漁師は老人だった。ひとりでメキシコ湾流に帆舟《スキッフ》を出して、魚をとっていた。一匹もとれない日が八十四日もつづいていた。初めの四十日は少年が一緒だった。だが、四十日たっても一匹もとれないので、少年の両親は、あのじいさんも、とうとう本物の〈サラオ〉になってしまったんだ、と息子に説いた。〈サラオ〉とは、とことん運に見放されたという意味だ。[4]

まったく平易な文章で書かれていて、難しいところなどはない。ただし、一ヶ所だけあまり聞きなれない言葉が出てくる。〈サラオ（salao）〉という単語である。ヘミングウェイはすぐに英語で「とことん運に見放された」と、意味を補っている。

ヘミングウェイはキューバで暮らす前にスペインに暮らしていたこともあり、スペイン語が堪能だった。[5]

だが、同じスペイン語圏とはいえ、『老人と海』はカリブ海のキューバが舞台である。しかも、登場人物たちは、そうしようと思えば「スペインのスペイン語」（カスティジャーノと呼ばれる）を話せるキューバの知識人ではなく、教育の欠如した労働者階級の者たちだ。

主人公のサンティアゴ老人は貧しい漁師である。かれらの話すスペイン語は〈クバニスモ〉と呼ばれる、キューバでしか、あるいはカリブ海のスペイン語文化圏でしか通じないスペイン語である。ひらたく言えば、「キューバ語」である。ここに出てくる〈サラオ〉がまさにそうだ。

どうして「キューバ語」のような一風変わった言語が生まれるのだろうか。それは、第3章「カリブ海の黒い神々」で述べたように、宗教や文化はもちろんだが、言語も接触する他の民族や人種の影響を受けて、「文化変容」を遂げるからである。

〈クバニスモ〉は、スペイン人の言語が、カリブ海のタイノ族をはじめとする先住民や、アフリカから連れられてきたヨルバ族をはじめとするディアスポラの民の語彙や文法の影響を受けて成立したものので、一種のクレオール語（雑種の言語）であり口語表現である。

世界は均質にはできていない。スペイン人の話すスペイン語とキューバ人の話すスペイン語は同じではない。しかし、兄弟姉妹のようなものだ。それを言うならば、世界には無数のスペイン語の「雑種」が存在する。そのどれもがユニークな言語だ。話は逸れるが、スペイン人の話すスペイン語でさえ、実は、他の民族や人種による侵略や接触の歴史を反映して、すでに「雑種」なのである。

話を『老人と海』に戻すと、この〈サラオ〉という「キューバ語」の解読には手を焼いた。なぜこの語が「運に見放された」という意味になるのか。数年間、その謎の読解をあきらめていた。頼みの綱と呼ぶべき二十世紀キューバの人類学者フェルナンド・オルティスの〈クバニスモ〉の辞典にも載っていなかったからだ。もちろん、インターネットなどには載っていない。

あるとき、アメリカの大学図書館で調べものをする機会があった。図書館が所蔵しているさまざまなスペイン語辞典をあたってみた。だが、どんな辞典にもこの〈サラオ〉は載っていなかった。

そのとき私はふと思った。このまま〈サラオ〉という単語ばかりを追いかけていても無駄ではないか、別の可能性はないだろうか。

あれこれ考えをめぐらしているうち、あることがひらめいた。

ひょっとしたら、これはある動詞の過去分詞ではないのか、と。

このひらめきには正直、自分自身うっとりとなった。

というのも、キューバ人はよく他動詞の過去分詞（規則活用）の最後の子音dを抜かして発音するからだ。たとえば、ドアや店などを「閉める」という意味のスペイン語の動詞は「セラール」で、その過去分詞は「セラード（cerrado）」だ。たとえば「映画館は閉まっている」と言いたいときは、受け身形を使って「エル・シネ・エスタ・セラード（El cine está cerrado.）」という。ところが、キューバ人は文末の動詞の過去分詞を「セラード」ではなく「セラーオ」と発音する。

同じように、「（何かが）売られていた」は「ベンディド」ではなく、「ベンディオ」。「どうぞよろしく」は「エンカンタド」ではなく、「エンカンタオ」。「（何かが）終わってしまった」は「テルミナド」

ではなく、「テルミナオ」。いくらでも例を挙げることができる。みな語尾の子音dを抜かして発音している。それがキューバ人の通常の口語表現である。

私のこの推測が正しいとすれば、〈サラオ〉とは、過去分詞の〈サラド（salado）〉だ。そして、その動詞の原形は〈サラル（salar）〉でなければならない！

ここまできて、私はほとんど犯人を特定できた私立探偵のごとく、ほくそ笑んだ。

さっそく次の作業に取りかかった。片っ端からいろいろなスペイン語辞典を広げて〈サラル〉を調べてみた。

だが、どの辞典にも「塩につけて保存する」「塩漬けにする」といった意味しか載っていない。焦った。

スペイン語の〈サル（sal）〉は名詞で、英語で言えば「ソルト（salt）」であり、塩という意味だから、〈サラル〉がそこから派生した動詞として、塩に関係した意味になるのは理解できるが……。それにしても、サンティアゴ老人が「塩漬けにされる」では、恰好がつかない。私の推測は的外れだったのだろうか。

ところが、半分諦めかけて手にしたパリ大学（ソルボンヌ校）のガルシア＝ペラヨ教授が編纂したラルース社の西英辞典に載っていたのだ。

この辞典でも、〈サラル〉の最初の項目には、やはり「塩を加える（シーズニングや保存のため）」という意味が載っている。だが、そのあとのイスパノアメリカ（カリブ海・中南米のスペイン語圏）の用法が私の目に飛び込んできた。

そこには「名誉[▼6]を汚す」「（甘やかして）だめにする」「……に不運をもたらす」という意味が、この順番で載っていた。最後の「……に不運をもたらす」というのは、ヘミングウェイが本文で使っていた意味にぴったりだった。その動詞が受身形（過去分詞）で使われて、老人は八十四日間も魚がとれないほど「悪運にとり憑かれて」しまったという意味になるのだから。

これでようやく一件落着だが、私の頭の片隅にはまだ、もっと本質的な疑問が残っていた。ヘミングウェイのテクストから離れて、どうして「塩」あるいは「塩漬け」がキューバでは「不運」や「悪運」の象徴になるのだろうか、という疑問である。

基本に立ち返って、もう一度オルティスの〈クバニスモ〉の辞典を取りだして、今度は「塩漬け(salación)」を調べてみた。

この辞典は、語彙集でありながら、アルファベット順に見出し語が載っていないので、非常に探しづらいのであるが、最近はデジタル・テクストとなっており、その点、検索がしやすくて、とても助かる。

ここにきて、ようやく私は疑問をぬぐい去ることができた。

オルティスは「塩漬け」の項目で、コスタリカ語(スペイン語のコスタリカ用法)を専門にする学者カルロス・ガギーニの言葉を引用して、このように説明していたからだ。

> ガギーニによれば、「中世には、カトリック教会から破門された重大犯罪人の所有する畑に塩をまくのが通例だった。そこで、『人生で不幸を味わう』という意味が『塩漬けにされる』に付与された……」という。この説明は、キューバ語の「サラシオン(塩漬け・悪運)」「サラド(塩辛い・運に見離れた)」「サリール(立ち去る)」「サレタ(ちょっと塩辛い・ちょっと運がない)」の歴史的な出自を完璧に説明してくれる。▼[7]

その後、私は友人のキューバ人から、面白い話を聞いた。ババラウォ(サンテリアの司祭)のところに相談(イファ占い)にやってくる人が、よく「どうぞわたしから塩を取り除いてください」と言うらしかった。

そういう意味では、サンティアゴ老人が「塩漬け」であるというのは、キューバでは「悪運にまみれている」という意味になるのだから、私の最初の推測もまんざら間違いでなかった。問題はそのニュアンスがわからなかったことである。

私にとって〈サラオ〉が難しかったのは、いまではスペイン本国にも残っていない大昔の意味がカリブ海で生き残っており、しかも、キューバ的な変形（最後の子音が落ちる）を被っていたからだった。

それにしても、なぜヘミングウェイはアメリカ英語で書いている小説の冒頭に、わざわざ〈サラオ〉のようなキューバ語を紛れ込ませたのだろうか。

なぜそうする必要があったのか。

このことを知るために、私はこれまで〈サラオ〉にまつわる疑問を解く作業をおこなってきたのだった。

だが、結論は急ぐまい。小説の中に出てくる「キューバ語」はこれだけではないからだ。

その他の例をいくつか見てみよう。

やはり冒頭近く、サンティアゴ老人の住処《すみか》の描写の中にそれは出てくる。老人は、カリブ海のスペイン語文化圏では〈ボイオ（bohio）〉と呼ばれる、粗末な小屋に住んでいる。奥行がマストの長さぐらいしかない、一間《ひとま》だけの小さな小屋である。ヘミングウェイはこう描写している。


　小屋は、大王ヤシ（このあたりでは〈グアノ〉と呼ばれる）の丈夫な茎で作られていた。中にはベッドとテーブルと椅子がひとつ。床は土間で、炭を使って料理する場所が一ヶ所あるだけだった。▼8

ここでは、ヘミングウェイが英語の大王ヤシにわざわざ「このあたりでは〈グアノ（guano）〉と呼ばれる」と、キューバ語を補っている。

先ほど触れた〈ボイオ〉は、もともとタイノ族やアラワク族の人たちが使っていた単語「ボイ（住居、家）」をスペイン人が借用したものであり、いまなおカリブ海のスペイン語圏の島々で使われているが、[9] この〈グアノ〉もまた先住民の言語に由来をもつものである。

コロンブスの航海から間もない十六世紀に、中南米やカリブ海のスペイン語圏でどのようなスペイン語が使われていたのか。当時のスペイン語の文献を渉猟して一冊の語彙集《レキシコン》にまとめた本がある。その本によれば、コロンビアのカリブ海に面したサンタマルタ、ユカタン半島、メキシコシティ、そしてキューバで出版された文献に、この〈グアノ〉という単語は出てくる[10]。

つまり、ヨーロッパ人がやってくるずっと以前から、おそらく太古の昔からカリブ海の島々では、先住民が大王ヤシを使った〈ボイオ〉を作っていたということだ。

第6章でも触れたが、キューバのパレンケで逃亡奴隷が暮らしていたのも、この〈ボイオ〉である。サンティアゴ老人の住んでいるような小屋は、さすがにハバナのような都会では見かけない。いまでは、田園地帯の畑にぽつんと立っているのが散見される程度だ。この小説の舞台であるコヒーマルという漁村にしても、通常は、木造やコンクリートづくりの家であり、〈グアノ〉の小屋では貧しさが際立つ。

「まえがき」で触れたように、キューバの音楽、とりわけ「ソン」といわれる楽曲は、東部サンティアゴから発生し、白人富裕層ではなく、貧しい黒人や混血ムラートの庶民の暮らしを歌ったものだ。その中に有名な「荷馬車に揺られて」という曲がある。

この歌の主人公は、サンティアゴ老人と同じような粗末な小屋に住んでいる、貧しい農民だ。

ああ　夜明けが近い

雄鶏が鳴いている
一日が始まったと告げている
一年がやってきて　一年が過ぎ去る
朝から晩まで働きずくめ
なのに
日ごとに暮らしはひどくなるばかり
なんとうんざりすることか
いつたどり着くのか　いつたどり着くのか　自分の小屋《ボイオ》に
いつたどり着くのか　いつたどり着くのか　自分の小屋《ボイオ》に▼11（以下略）

〈ボイオ〉は、この「プロテスト・ソング」が訴えるように、革命前の庶民たちの貧しい生活の象徴である。

と同時に、その語源が示すように、古代からあった先住民文化の痕跡でもある。そして、その文化的遺産をアフリカの逃亡奴隷も踏襲していた。とすれば、スペインの白人文化から逸脱した要素をサンティアゴ老人の住む小屋に見いだしてもいいのではないか。

端的にいえば、こういうことである。サンティアゴ老人はスペイン系の白人だが、〈グアノ〉や〈ボイオ〉に注目することで、老人がカリブ海の先住民の文化の中に暮らしていることが見えてくる。

当然、老人の世界観も、そうした先住民の文化を反映したものであるはずだ。海での漁を金儲けのビジネスと捉えるのではなく、人類と他の生物との調和、地球の生物多様性を重視したものでなければならないという世界観だ。それについては、のちに触れる。

さらに、もうひとつキューバ特有の興味深い描写が出てくる。無駄を排した文体を理想としたヘミングウェイであるが、ここはやや饒舌になって、読者に伝えておかねばならないことがあった。老人の小屋の中の描写のつづきである。

　繊維が頑丈な〈グアノ〉の葉を平たく伸ばし、重なり合うように作った褐色の壁には、色刷りの絵が二枚かけてあった。イエスの聖心の絵と、エル・コブレの処女聖母の絵である。どちらも死んだ妻の形見だった。▼12

　ここにも〈グアノ〉が出てくるが、私たちの注目するのはそこではない。〈グアノ〉の葉で作られた壁に飾られた絵のほうである。

　この描写で、老人の亡くなった妻がおそらく混血女性《ムラータ》だったと推測できる。第3章で触れたように、エル・コブレの「慈善の処女聖母」はキューバの守護神であり、黒い肌をした「混血の聖母」である。老人の妻はキリスト教（カトリック教会）の信者だったが、この「混血の聖母」を信仰していたという意味で、おそらく彼女自身はムラータだったにちがいない。

　それに対して、サンティアゴ老人はどうだろう。かれは白人であるが、その信仰については触れられていない。アフロ宗教の視点から見てみると、もし老人が混血《ムラート》であれば、このエル・コブレの処女聖母か、ハバナの対岸にあるレグラという町にあるカトリック教会に祀《まつ》られている、漁師たちの守護神「レグラの処女聖母」（黒いマリア）を信仰しているはずだ。老人の信仰については、この章の最後に触れることにする。

　最後に、もうひとつだけ「キューバ語」を取りあげて、小説の前半部分を扱ったこの節をとじることにする。ヘミングウェイ自身が小説の中で「キューバ語」について解説している箇所がある。「海」を意味するスペイン語の名詞をめぐる件《くだり》だ。

ヘミングウェイによれば、サンティアゴ老人にとって「海（mar）」という名詞は女性形だという。スペイン語では、名詞は男性形と女性形の二種類に分かれる。男性形の名詞ならば、elという冠詞を、女性形の名詞ならば、laという冠詞をその前につけなければならない。例えば、男性形のel libro（本）とか、女性形のla isla（島）といった具合に。

ひとりで大海に小舟を浮かべる老人は、いろいろと夢想するが、「海」についてこう思索をめぐらす。

老人はいつも海を〈ラ・マール（la mar）〉と考えていた。人々が彼女を愛しているときには、スペイン語でそう呼ぶのだ。ときには彼女を愛する人々でも、悪口を言うことはある。だが、それでも、まるで彼女が女性であるかのように、そう呼ぶのだ。若い漁師の中には、鮫の肝臓がもたらす多額の金で購入したモーターボートとか、ブイをラインの浮きとして使う者もいて、そういう連中は彼女を男性形で〈エル・マール（el mar）〉と呼ぶ。彼女のことを競争相手、場所、あるいは敵としてさえ見なすからだ。だが、老人はいつも彼女を女性的な存在だと、大きな恩恵を与えたり差し控えたりする存在だと思っていた。彼女が乱暴なこと、よくないことをしたとしても、それは彼女がそうせざるを得なかったからだ。月の引力が女性たちに影響を与えるのと同じように、彼女にも影響を与えるのだ。そう老人は思っていた。▼13

原文では、最初に出てくる「海」はthe seaだが、その後はすべて女性の代名詞のshe（あるいはその目的格her）で「海」を表している。スペイン語の「海」の男性形や女性形の説明に入る前にすでにその時点で、英語の「海」はすべてジェンダーとしては女性として表されている。

日本語に直訳すると奇妙な感じがするかもしれない。だが、逆にこうして日本語にしてわかるのは、老人（そしてヘミングウェイ）の「海」に対する偏執狂的な愛情である。

ヘミングウェイはサンティアゴ老人の自然観（海を女性として扱う）について語っているが、そこからは知らずして作家自身の「海」に対するフェティッシュな愛情が露呈している。

老人は妻を亡くした孤独な、さみしい男である。亡くした妻の写真を見ると、よけいにさみしくなるので、壁からはずして小屋の隅にある棚の、きれいな服の下にしまってある。そんな孤独な老人にとって、「海」は対決すべきライバルではなく、亡き妻の代わりになってくれる存在である。そして、おそらくマノリンという愛弟子もそうである[14]。

では、「海」を女性形で表すのは、果たしてサンティアゴ老人（そしてヘミングウェイ）の独自の発想なのだろうか。

私はいっとき、「海」をどちらの形で言うのか、手当たり次第にキューバ人に聞いてまわったことがある。結論から先にいえば、両方の言い方があるということに落ち着いた。友達の中には、女性形は詩的表現とか、漁師のあいだとか、慣用表現などで使われると指摘してくれる者もいた。

アメリカの大学の図書館にあるさまざまなスペイン語辞典でも、この単語を調べてみた。イギリスのオックスフォード大学が出しているスペイン語辞典では、私の友達の証言を裏づけるように、通常は男性形だが、「ときには、文学的な表現とか、慣用表現で女性形を使う」とあった。文学的表現の例として、女性形を使って、「海に乗りだす」と言えば「出帆する」という意味になり、また慣用表現（ことわざ）としては、「危険を冒さぬ者、海を通過できず」（私たちの知っている格言では、「虎穴にいらずんば虎児を得ず」だろうか）などの例が載っている[15]。

この場合でも、詳しい説明が載っていたのはラルース社の辞典だった。「海という語は、現代の用法としては男性形（『紅海（エル・マール・ロホ）』）だが、漁師や船乗りが使うときとか、『高波（ラ・マール・アルタ）』とか、『たくさんの事柄（ラ・マール・デ・コサス）』などの慣用表現では女性形である[16]」

先ほど触れた十六世紀のイスパノアメリカの『語彙集』では、ニカラグア、メキシコ、サンタマルタ（コロンビア）、キト（エクアドル）、ペルーで出版された文献に男性形、女性形の両方の用法が載っていた。[17]

これまでにわかったことを整理すると、「海」というスペイン語には、男女両方の用法があり、基本は男性形だが、詩的表現や慣用表現（ことわざも含めて）などでは女性形も使われる。また、漁師や船乗りなども女性形を使う。

だから、くどいようだが、「海」を女性形で呼ぶのは、サンティアゴ老人の独創的な発想によるものではない。多くの漁師や船乗りが「海」を女性形で「ラ・マール」と呼ぶ。

とはいえ、漁師や船乗りは通常、なぜ自分たちが「海」を女性形で呼ぶのか、まったく意識しない。それが「自然」というか「当たり前」になっているからである。

作家はサンティアゴ老人（そしてヘミングウェイ自身）の無意識に深く入り込んで、なぜそう呼ぶのか、その解読を図ったわけである。「海」は自分にとって、愛の対象となる女性である、と。

先に触れたように、英語の「海」の代名詞にsheやherが使われているところで、それは決定的であった。スペイン語でどう「海」が呼ばれていようが、サンティアゴとヘミングウェイにとって、「女性」であることには変わりがない。だが、作家にとって好都合だったのは、スペイン語の「海」が女性形の用法を持っているということだった。しかも、キューバの漁師たちがそちらの用法を使っているとあれば、お誂《あつら》えむきだった。

とはいえ、そうしたヘミングウェイの男女二分法の発想が、ＬＧＢＴＱ（性的少数派）を重視する現代の思想にマッチするのかという疑問は、無視できない問題である。

ここでヘミングウェイの限界を論じるのではなく、それを私たちにとって、より良き思考を促すスプリングボードとして捉えてみたい。

第3章で触れたように、アフロ信仰サンテリアの海の精霊イェマヤーは、人類の愛情をつかさどり、とてつもなく強靭なパワーを有しており、ときに愛情深く、ときに荒々しい両義的な存在である。サンティアゴ老人もまた、「海」をそうした両義性を有する「女性」としてとらえていた。

違うのは、アフロ信仰において「海」の精霊は両性具有の存在であることだ。それはつまり、通常おこなわれている男女二分法ではなく、男と女以外に、その他の区分を認めているということである。アフロ信仰は、少なくとも男女二分法を原則としているカトリック教会よりも、多くの人々にこの世で生きる意義を認めている。

最後に、ヘミングウェイがなぜ「キューバ語」を使うのか、という究極の疑問に取り組んでみよう。ヘミングウェイは小説の細部にこだわった。私が思うに、細部描写へのこだわりのひとつとして、物語の中にキューバ的な色合いを加えるために「キューバ語」を挿入したのではないだろうか。キューバ的な色合いとは、スペイン人の白ではなく、混血の色である。白人と先住民、白人と黒人、あるいは先住民と黒人の混血を象徴する褐色や黒色である。

繰り返しになるが、〈クバニスモ〉は、大航海時代の古い意味がかろうじて残っているスペイン語であり、タイノ族をはじめとする先住民の言語や、ヨルバ族をはじめとするアフリカのディアスポラの民の言語の痕跡を残したスペイン語である。そうした〈クバニスモ〉は、サンティアゴ老人をはじめとした下層民の漁師たちの日常を形づくるのみならず、かれらの世界観すらも形成する。

ヘミングウェイはキューバの知識人たちと交わらなかったので、知識人のあいだでは人気がなかった。おまけに、ヘミングウェイが取りあげたのは、キューバの下層民の世界である。知識人たちが嫌うのも無理はない。

だが、小説家としての立場からすれば、庶民の使うスラングともいうべき、褐色や黒色の〈クバニスモ〉をところどころに配置することが、キューバを舞台にして、さらにキューバ人を主人公にした作品においては、作家としての最低限の責務だった。

かつてのハリウッドには、英語圏でない国を舞台にして、現地人が英語をしゃべっているイカサマ映画が山ほどあった。しかし、この小説はそうではない。これはキューバ＝アメリカ小説であり、それがなければ、ただの平凡なアメリカ小説になっていただろう。

なぜシエンフエゴスなのか？

さて、キューバ＝アメリカ小説『老人と海』を「キューバ語」とは別の角度から見てみよう。そこにもヘミングウェイが「謎」を潜ませているからだ。

あまりに単純すぎて、これまでどんな学者も触れてこなかった箇所である。作中に、次の一節が出てくる。八十四日間不漁をかこった〈サラオ〉の老人がようやく次の日に大魚をしとめる。だが、あまりに大きすぎて簡単に舟まで引き寄せることができない。二日二晩、寝ることもできず、たった一人で巨大なマカジキと格闘することになる場面である。


太陽が沈むと、老人は自信を取り戻そうとして、思い出すのだった。かつて波止場で最強を誇ったシエンフエゴス出身の黒人と、カサブランカの酒場で腕相撲したときのことを。▼18

サンティアゴ老人が対戦した相手は、シエンフエゴスからやってきた屈強な黒人だという。なぜこの対戦相手は、サンティアゴ・デ・クーバやトリニダー、はたまたマタンサスではなく、シエンフエゴス出身でなければならなかったのか。

さらに、腕相撲の舞台となったカサブランカはどうだろうか。なぜハバナの酒場ではいけないのか。

ここに出てくるカサブランカとは、もちろん映画で有名なモロッコのそれではない。ハバナ湾をはさんでハバナ市の対岸にある貿易港だ。鉄道の起点にもなっている。キューバ観光に詳しいカナダ人のスタインネックによれば、一九一七年にアメリカのハーシー・チョコレート社がマタンサスに製糖工場を創設したが、工場で作った砂糖をハバナ湾まで運ぶために自前で鉄道を敷設したという[19]（詳細は第2章を参照）。

波止場には、キューバの特産物を貨物船に載せる港湾労働者たちが大勢働いていた。カサブランカはキューバの下層階級の者が住む土地だったといってもいい。

サンティアゴは白人だが、すでに見たように、コヒーマルという漁村の粗末な小屋に住み、階級的に見れば、カサブランカやレグラの黒人の港湾労働者と同じ、社会の周縁に追いやられたプアホワイト（貧困白人）である。

『老人と海』から引用した部分は、サンティアゴ老人の洋上での回想場面からの短い抜粋にすぎない。シエンフエゴスやカサブランカという、英語圏の読者にはそれほど馴染《なじ》みのないキューバの地名を手がかりに、アフロキューバの下層階級の視点から『老人と海』を見てみよう。

すでにカサブランカについては説明したので、シエンフエゴスを見ていこう。キューバの地図を広げてみればわかるように、それはハバナの南東二百五十キロにあるカリブ海側の港町である。第1章の「大きな緑色のトカゲ」で扱ったギジェンにならって言えば、ハバナがトカゲの腰のあたりだとすれば、シエンフエゴスはその真下にある脚だろうか。

シエンフエゴスとは都市名であり、その都市を含む州の名前でもある。もともとは先住民タイノ族が住んでいたが、一四九四年にコロンブスの探検隊がここに大きな湾を見つけ、十六世紀から十七世紀にかけてスペインがイギリスやフランスの海賊に対抗するために砦を築いたという。

シエンフエゴスという町自体は、一八一九年に北米ルイジアナのフランス系移民、ルイ・ドゥクエによって作られた。ドゥクエの資金援助を得て、フランスのボルドー地方から四十世帯の家族がこの町に移住してきた。

キューバは基本的にはスペイン語圏であるが、サンティアゴ・デ・クーバやシエンフエゴスなどを中心にフランス語文化が根づき、キューバ文化を複雑で魅力的なものにしている。さらに、このふたつの都市は北米のニューオーリンズ、カリブ海のハイチやマルティニーク、グアドループなどにつながり、大きなフランス語文化圏の一部をなす。

それに加えて、一般的な観光ガイドブックである『ロンリープラネット』(英語版)には、次のような記述もある。

「フランス文化の表層の下に隠れているが、シエンフエゴスの魂は、恥ずかしげもなくアフロキューバ的である」と。[20]

この都市がアフロキューバ的な土地である証拠として、ガイドブックはパルミラという地区を例に挙げ、次のように説明している。

「そこのサンテリアのカビルドでは、古代のアフリカの太鼓による儀式で、シンコペーションの効いたルンバのビートが活き活きと奏でられている」と。[21]

ここで言うカビルド(正式には、「カビルド・デ・ナシオン」と呼ばれる)とは、キューバで一八八六年に奴隷制が廃止されたあと、自由になった黒人たちために、一八八八年に政府が公認した「集会場」であり「黒人教会」である。黒人たちが謀反《むほん》をおこさないように、白人によって考案された一種のガス抜き装置だ。

カビルドには、いくつかの要素があった。まずは、娯楽としての要素として、祀っているカトリック教会の聖人の祭日に、音楽と踊りをすることができた。もう一つは、自由になった黒人たちのための互助会組織として、家族の病気や埋葬に備えて、メンバーから徴収したお金をプールしていた。さらに重要なのは、自分たちの精神的なサポートとして、ババラウォによる相談を介して、先祖の霊やオリチャにつながることができる点だった。

建前としては、黒人のためのキリスト教の教会だが、実際にはアフリカ的な儀式（踊りや音楽）がおこなわれてきた。儀式の日はカトリック教会の聖人暦にしたがって決められており、勝手にやることは許されなかった。その代わりに、聖人の祝日には、その聖人と同じ属性を持つアフリカの精霊を祀り、その太鼓儀礼をおこなうことができた。とりわけ、一月六日の「三人の王様の日」やカーニバルの日には、民族衣装をまとって町中をパレードすることが許された。このように、カビルドでは、カトリック教会の教義とアフリカの信仰の実践との典型的な習合《シンクレニスモ》が見られる。

カビルドは、もともと奴隷制のもとではスペインのカトリック教会の中にある「コフラディア」という平信徒のための友愛会をモデルにしていた。キューバでは、アフリカの言語が共通するそれぞれの民族ごとに分かれて構成されていた。最も古いものとしては、十六世紀の半ばにすでに、マンリケ族のカビルドがあったらしい。ハバナに最初にできたのは、十七世紀末にアララ族（もともとダホメ王国の民で、フォン族やエウェ族などからなる）の人たちが作ったものだ。

民族ごとに分かれたカビルドとして、シエラネバダからやってきたマリンケ族のマンディンカ、ナイジェリアやカメルーンからやってきたエクポ族のアバクア、ナイジェリアやベニンからやってきたヨルバ族のルクミ（のちにサンテリアに発展する）、ナイジェリアからやってきたイボ・エフィク族のカラバリス、アンゴラやコンゴからやってきたバンツー語系のコンゴといったカビルドがあった。

そうした各民族のカビルドが一本の大きな木だとすれば、日常生活の中で、実際に活動をおこなったのは、スペイン語で「枝」を意味する「ラマ」という組織である。フェリペ・カスタジャネダによれば、ほとんどのラマの創設者は女性だったという。これは革命前のキューバの男性中心社会では異例のことだった。▼[22]

ラマのほとんどが、マタンサスやハバナの旧市街やセロ地区、マリアナオ地区などに集中しているなかで、なぜパルミラのようなところにラマがあるのか（図1参照）。

パルミラはシエンフエゴス市から内陸に少し入ったところにあり、サトウキビ畑と製糖工場がある。コロニアル都市トリニダーからも約八十キロと、遠くないところにある。トリニダーのプランテーションで働いていた黒人が解放後に大挙してこの田舎町《いなかまち》に住みついたらしい[23]。

図1　パルミラの町境の看板

　ブラウンによれば、パルミラのラマは、少なくとも二人の女性に由来するという。フランシスカ・エステンサ（あるいはエステンセル）とグアダルーペ・エスタブレス。前者は、チャンゴーを守護霊に抱く女性司祭《サンテラ》で、「聖ロクスのカビルド」を創設した人だ。後者は、「エル・クリストのカビルド」を創設したニコラス・セビリアの娘だという[24]。

　キューバのアフロ宗教に詳しいラウル・ロドリゲス・ダゴは次のように述べている。

「この地域の宗教的な習合には、大きな特徴がある。精霊の太鼓儀礼では、サンテリアのバタではなく、パロ・モンテやベンベの強烈な音が出る太鼓を使う。歌や踊りにはこの地域の特色があり、

キューバ島の他の地域よりもずっと強烈で、純血といった点で比類なき信仰を維持してきている」▼25

シエンフエゴスのパルミラという土地には、ルクミのラマを創設した二人の女性司祭をはじめとして、カリスマ的なアフロ信仰の指導者たちがいた。そして、カトリック教会の「法」のもとで聖人暦に従うという制約はあるものの、より純粋なアフロ儀式をおこなっていた。そういう点が多くの解放されたアフリカ系の人々を引きつけた理由だろう。その意味で、ここはアフロキューバ信仰の「聖地」のひとつなのだ。

ここでおこなわれる太鼓儀礼では、パロ・モンテとベンベの太鼓が使われる。サンテリアの太鼓とはどう違うのか。サンテリアの太鼓の場合は、打ち手は椅子にすわり、膝の上に太鼓を横におき、両面に張った革を両手で打つ。大きさの違う三つの太鼓を使うが、音色はエレガントだ（図2参照）。

それに対して、パロ・モンテの太鼓は、やはり大きさの違う三つの太鼓を使うが、縦においたり、横においたりして、片面（あるいは両面）に張った革を手で、あるいはバチで打つ。そのため耳をつんざくような激しいビート音が出る。

さらに、パロ・モンテやベンベでは、鉦《かね》が加わる。耳をつんざくその金属音は、鉄でできた農工具の刃の部分を鉄の棒で打ち鳴らすことで生じるが、バチを使った強烈なドラム音と相まって、よりワイルドな音響効果となる。サンテリアの太鼓儀礼がエレガントだとすれば、パロ・モンテの太鼓儀礼はより野生的だと言える。こちらの儀礼のほうが精霊による憑依が起こりやすい。

二〇一一年の夏に、私はパルミラを訪れた。ダゴによれば、パルミラには三つの「カビルド」と二つの「テンプロ（寺院）」があるという。カビルドとしては、古い順に、「聖女バルバラのカビルド」（一八九四年に創設）と、「エル・クリストのカビルド」（一九一三年に創設）、「聖ロクスのカビルド」（一九一五年に創設、図3参照）。寺院としては、コンゴ系のババラウォが主宰し、六月十三日に聖アントニオ＝オグンの祭礼をおこなう「聖アントニオの寺院」（一八八六年に創設）と、十二月十七日に聖ラザロ＝ババルアイェの祭礼をおこなう「聖ラザロの寺院」（創設年不明）がある。

知り合いのつてで、まず「エル・クリストのカビルド」に行ってみた。パルミラの市街地の、セスペデス通りとインデペンデンシア通りの交差点からすぐのところにある。建物の前の道路は舗装され

図2　サンテリアの太鼓

図3「聖ロクスのカビルド」

ておらず、雨が降ったあとで水はけが悪く、馬車やトラックが往来して、水たまりから水が跳ねた。五、六十名は入れるくらいの体育館のような立派な建物で、中には大きな移動式のテーブルやベンチがいくつもあり、集会ができるようになっていた。そのテーブルを使ってドミノゲームをやることもある、と代表者の弟のフェリペさんが説明してくれた。

代表者は、エディ・カポティ・セビリアさん（当時五十二歳）で、ババラウォ歴十四年のベテランだ。前任者、パブロ・セビリアさんが亡くなり、その甥のエディさんが二〇一一年に後を継いだばかりだった。

基本的に、カビルドの代表者は世襲制で、血のつながりのある者が継承する。「エル・クリストのカビルド」の代表者は、代々セビリアという苗字を持つ人が担ってきたが、「そもそも、苗字も、最初の代表者が自由黒人になったときに白人の主人の苗字をもらったものです」とフェリペさんが説明してくれた。

「エル・クリストのカビルド」という名前は、祖父たちがつけたものだとフェリペさんは言った。集会所の裏手に住宅があり、いまは代表者のエディさんの妻と子供、前代表者の妹ベニタさん（八十六歳）が同居している。

ダゴによれば、「エル・クリストのカビルド」はニコラス・イスナガ・ソラノ（ニコラス・セビリアの間違いか？）によって創設されたが、かれは司祭によくあるように、植物や薬草に精通していた。この集会場は、カトリック教会の伝統行事にのっとり、「セマナ・サンタ（聖週間）」には、カトリック教会でやっているような祈禱を捧げるという。[26]

集会場には白い木製の祭壇があった。最上段に十字架に架けられたイエスの像が置かれている。その下に、聖女バルバラ、聖ラザロ、聖アントニオ、エル・コブレの慈善の処女聖母、レグラの処女聖母など、カトリック教会の聖人像や聖母像が並んでいる。鳥の羽を頭部につけたインディオ・カリベの顔も二つある。また、イエスの最後の晩餐の絵も飾られている。これらのことから、キリスト教を信仰しているという姿勢は明らかだ（図4参照）。

　ところが、集会場を通り抜けて中庭に出てみると、スペイン語で「フティア」と呼ばれるテンジクネズミの皮が、強烈な陽射しの下に干してあった。サンテリアでは、ぱりぱりになるまで乾燥させた皮をルクミ語で「エク」と呼ばれる粉にして儀式のときに使う。

図4　「エル・クリストのカビルド」の祭壇

　さらに奥のほうに行ってみると、巨大なセイバの樹、つまり聖なる生命の樹があり、その根元には、チャンゴーのために生贄《いけにえ》の儀式がおこなわれた跡があった。

　解放後の自由黒人たちは自分たちの信仰を守るために、表面的には体制側のカトリック教会の規則を遵守しながら、アフリカ的な儀式をおこなった。かれらの信仰は、不自由な二重構造を取らなければならなかったので

図5　奥の間に隠されていたサンテリアの「戦士たち」のフィギュア

ある。

「エル・クリストのカビルド」という名前にしろ、カトリック教会の聖人たちのフィギュア表象にしろ、キリスト教の装いはそうした二重構造の名残りではないだろうか。

集会場の一角にカーテンが引かれているので、誰もいないときに、そっとカーテンを開いて中を覗いてみると、そこにはオリチャの像が置かれていた。道や旅を司るエレグア、鉄や産業文明を司るオグン、狩猟を司るオチョシ、てっぺんに鶏を配した見張りのオスン、「戦士たち《ロス・ゲレロス》」と呼ばれるサンテリアのフィギュアである。第3章で詳述したように、日本風に言えば、秘密裏に祀られてきた「納戸神《なんどがみ》」である（図5参照）。

不思議なのは、いまでは、たとえ祭壇をアフリカ風に変えたり、カビルドの名前を変えたりしても、政府から弾圧などされないはずなのに、そうした気配がまったく見られないことだ。百年近く「隠れアフロ信仰」のスタイルを貫いてきて、いまさら表の仮面を剥がせないということなのだろうか。最初は強いられたものに違いなかった「習合」のシステムが身についてしまったのだろうか。

アフロキューバ宗教から見ると

このあたりで話を『老人と海』に戻そう。「シエンフエゴス出身の黒人」と書かれていることをアフロキューバ宗教的な文脈から読み直してみると、夜の大海でサンティアゴ老人が自らを奮い立たせる思い出の中の腕相撲の強敵は、実は「パルミラ出身の黒人」と読み替えたほうがいいかもしれない。

シエンフエゴスの黒人では意味が曖昧であるが、パルミラの黒人と言えば、ニュアンスはずっと明確になる。いまなお、強烈なアフロ信仰を維持している「聖地」からきた黒人。もともとは灼熱の太陽のもと、長時間マチェテでサトウキビの太い茎を刈り取りつづけるだけの強靭な肉体と忍耐力を要求されてきたアフリカ系キューバ人。そうした屈強な黒人と夜を徹してのバトルをおこなったことを思い出すことで初めて、白人の老人は失いそうな自信を取り戻すことができる。

「パルミラ出身の黒人」と読み替えることで、見えてくることがある。サンティアゴ老人は、カサブランカでいちばん腕相撲が強かった黒人と鎬《しのぎ》をけずったことを、マカジキとの戦いに負けないための「よすが」にしている。

とはいえ、アフロ宗教的な文脈から、「パルミラ出身の黒人」と読み替えると、その時点でサンティアゴ老人の、このたびの「敗北」は予想できるのだ。

すでに何度も指摘しているように、パルミラの黒人たちは、パロ・モンテの太鼓の儀式をおこなう体の大きなコンゴ系のキューバ人であり、カサブランカの波止場にいるのは、そのうちの一人でしかない。パルミラには、それに比肩する屈強な者が大勢いる。たとえ老人がハバナの港湾地帯にいる屈強な黒人に勝ったとしても、そんなことはたまたまの一例でしかない。

老人が腕相撲をしたカサブランカの酒場には、大勢の港湾労働者がいて、老人と黒人の対戦に金を賭けていた。だが、一昼夜たっても勝負はつかずに月曜日の朝に突入する。そのとき、作家は、港湾労働者たちが砂糖や石炭の荷を運ばねばならない時間が近づいてきた、とさりげなく書きこんでいる。

砂糖とはもちろん、米国ハーシー社のそれであり、さらに石炭は「ハバナ石炭会社」と固有名詞まであげて、アメリカ資本によるキューバ市場の席巻《せっけん》をほのめかす。作家は競争原理が働いているキューバ市場の末端の、下層階級労働者の視線を持ち込んでいるのだ。

なぜ「ハバナ石炭会社」なのか？

実は、ここにもう一つの謎が隠されている。「ハバナ石炭会社」（英語名でHavana Coal Co.）という名前である。通常は、ブランドネームや企業名などを小説の中で極力排除するヘミングウェイだが、なぜ敢《あ》えてこの企業名を使ったのだろうか。それがずっと私の頭の中に残っていた疑問だった。

二〇一五年の夏に、ハバナで一冊の分厚いスペイン語の本を見つけた。キューバ革命（一九五九年）以前にキューバに存在した企業について説明している一種の事典である。

〈ハバナ石炭会社〉の項目を見てみると――

「ハバナ市サンペドロ通り十六番地スアレスビル四階に本社、カサブランカとハバナ市のタリャピエドラに倉庫を持つ石炭問屋。

①オーナーはエルネスト・デ・サルド・ポンセ・デ・レオン副社長。〈サルドとマルティネス〉社の親族オーナーのひとりで、セントラル・イサベルの〈ビカナ砂糖会社〉の共同重役会のメンバー。〈ゴドイ・サヤン、つまりキューバの保険会社〉に投資。経営責任者はエスタニスラオ・S・クレスポ。マチャド将軍の失脚後の数年、バチスタ政権下できわめて重要な企業リーダーだった。一九四三年一月に、キューバの経済企業連盟の副議長に選ばれる。

②カサブランカで石炭火力発電所を運営するために、一八六五年にハバナ市のマリアナオ地区の男爵サルバドール・サマに委譲されたことがあった。後に一九〇四年に、ルイス・デ・ガミス氏の未亡人がこの会社を取得。倉庫、桟橋、八台のフェリー、二隻の大型石炭船を所有。ニューヨークに本社をおく〈バーマインド＝ホワイト石炭採掘会社〉の代理人でもあった。

もともとの権利は、一九〇五年、一九〇九年、一九一二年、一九一三年に、一九二三年に拡大していったが、後になって一九三八年一月二十日の大統領令（第百五十三号）によって、この権利は失効する。一九四八年十一月六日に、ハバナの裁判所は権利の返還を認めた。

③〈ロイヤル・バンク・オブ・カナダ〉、〈バンク・オブ・ノヴァ・スコシア〉、および〈ファースト・ナショナル・シティ・バンク・オブ・ニューヨーク〉の顧客である」[27]

こうした記述を読んでみて、作品とのかかわりで重要と思えるのは、冒頭の説明と①にある記述だろう。『老人と海』（一九五二年）の語りの現在は、出版よりちょっと前の一九四〇年代と推測できるからだ。

次に①に出てくる他の企業名をあたってみた。〈サルドとマルティネス〉社、〈ビカナ砂糖会社〉、〈ゴドイ・サヤン〉などである。

すると、めまいがするほど興味深い事実が明らかになった。社長や重役などが互いの会社の重要なポストについていたり、親族（親子、兄弟）を派遣していたり、そこにさらに別の企業名が出てきて、まるで利権の網の目をあちこちにはりめぐらしたかのような寡占富裕層のコネクションが見えてきたのだ。

直接は関係ない他業種の企業同士が合体してコングロマリットを形成する。そうした利益は上層部が山分けする。〈ハバナ石炭会社〉は、まさに氷山の一角にすぎない。ヘミングウェイは水面下の氷山（利益集団）のほうに読者の目を向けたくて、〈ハバナ石炭会社〉という固有名詞を使ったのだ。

さらに言うならば、〈ハバナ石炭会社〉が象徴するキューバの富裕層（やがてキューバ革命でマイアミに逃げてゆく人たち）と、カサブランカの酒場で夜通し酒を飲み、賭けで憂さを晴らす下層階級の港湾労働者たちや漁民たち。〈ハバナ石炭会社〉は、その二者の間の絶望的なまでの経済格差を暗示している。

サンティアゴ老人は、若い頃に港湾の労働者仲間に「チャンピオン」と呼ばれたことを誇りに思っている。ヘミングウェイはそこだけ「チャンピオン」という英語ではなく、「カンペオン（campeón）」とスペイン語を使っている。

アフロ宗教的な観点から見ると、それはヘミングウェイの皮肉な見方を反映している。なぜなら、まるで、世界には（少なくともパルミラには）もっと強いレスラーがいるのに、サンティアゴはそれも知らずに、自分がチャンピオンだと思い込んでいるのだから。

さらに、アフロ宗教では、大海には愛の女神であるイェマヤーや、全能の神オロドゥマレによって海底に縛られたオロクンという凶暴な精霊がいて、機嫌をそこねると暴風雨や嵐を起こすと信じられている。

高野泰志は、たとえば、カーロス・ベイカーやジョセフ・マンビー・フローラなど、ヘミングウェイ学者の名前を挙げ、『老人と海』が研究の最初期からキリスト教の観点で論じられていると指摘している。[28]

面白いのは、ヘミングウェイがキリスト教を否定するために、キリスト教のシンボリズムを使っていると論じるウォルドマイヤーのような、へそ曲がりの学者もいるということだ。サンティアゴ老人が無神論者であると言いたいわけである。いずれにしても、キリスト教への言及にとらわれている点では同じである。[29]

確かにキリスト教のシンボリズムが『老人と海』には多数ちりばめられており、容易にそれらを読解したくなる誘惑にかられる。だが、思い出してほしい。それは氷山の上のほうの部分にすぎないということを。ヘミングウェイはそちらのほうに読者を誘導しておいて、何かを下のほうに隠しているのではないだろうか？

サンティアゴ老人はせっかく釣ったマカジキを鮫に食われてしまう。上陸すると、十字架を背負ってゴルゴタの丘をのぼるキリストよろしく、十字のマストを肩に担いで坂道をよろよろとあがってゆく。その姿をキリスト教的な文脈に基づいて、殉死する（そして復活する）キリストに重ね合わせるのは、正当な解釈だ。だが、研究の初期の頃ならまだしも、作品が刊行されて七十年以上経つ現在、それとは異なる読み直しを図らないと意味がない。

アフロ宗教的な観点から読んでみると、終盤のシーンは海の精霊イェマヤーやオロクンの子（現世に生きている人間や動植物）が大自然のもとに帰るにすぎないと解釈できる。

せっかく釣ったカジキを獰猛な鮫に奪われてしまうのは、死と再生という大自然のメカニズムの反映でしかない。ある種の魚が別種の魚の生きるための栄養になるだけだ。そういう考えは、人類だけが大自然の資源を独占してはならないというアフリカ的なエコロジー思想に接続可能である。

なぜグアナバコアなのか？

ヘミングウェイは小説の最後にも、謎をいくつか隠している。その部分を駆け足で見ていこう。

この小説のクライマックスは、二日二晩におよぶ老人とマカジキとの闘いではなく、舟にマカジキを横づけにしたあと、襲ってきた鮫たちと老人が闘うシーンである。これは二日目の正午ごろから真夜中まで断続的につづく。そのたびに貴重な戦利品は減少していく。そして、老人の武器も。

最初に襲ってくるのは、アオザメ（mako shark）で、老人は「これまでに見たことのないほど大きい[30]」と言っている。この鮫の平均体長は三メートルだというから、四、五メートルはあったのかもしれない。しかも、アオザメは鮫の中でも、海中を最速で泳ぐことで知られている。老人は「美しく、気高く、何ものも恐れない[31]」と最大限の賛辞を送っている。

注目すべきは、老人がこの巨大なアオザメを称するのに、〈デンツソ（dentuso）〉というキューバ語を四度も使っていることである。[32]オルティスの〈クバニスモ〉辞典によれば、形容詞〈デンツド（dentudo）〉のキューバ用法であり、その意味は「大きい歯を持った」であるが、とりわけ「その大きい歯が前に突き出ている場合」にこの語が使われるという。[33]小説にも、この鮫の歯は大きく尖《とが》っているだけでなく、人間の指のように動くという説明がなされている。[34]

老人はこの強敵を倒すために、銛《もり》を頭に打ち込むが、銛はそのまま海に沈んでいくこの巨大鮫に持ち去られてしまう。

それから、しばらくして襲撃してくるのは、頭が三角形のシャベルのような形をした二匹の鮫で、これは櫓《ろ》にナイフを括りつけて退治する。さらに、しばらくして同じ種類の鮫が単独で襲ってきて、退治するときに櫓に括りつけたナイフが折れてしまう。そして日没の頃に、また同じ種類の二匹の鮫がマカジキに食いついてきて、老人は壊れた櫓の先をこん棒として使って叩き殺そうとする。挙句の果てには、真っ暗になった真夜中すぎに、鮫が大挙してやってくる。両手はすでにマカジキを捕らえるために釣り糸を素手で引いていたので傷だらけだったが、老人は木製の舵柄《かじづか》を襲ってくる鮫たちめがけて振りおろす。

もはやまともな武器はなくなり、老人がどんなに抵抗しても、獰猛な鮫たちによってマカジキはあらかた食いちぎられてしまう。老人はいよいよ自分の「敗北」を悟る。ヘミングウェイはこう描写している。

老人はいまやほとんど息をすることもできなかった。口の中に奇妙な味を感じた。銅みたいな味がして甘く、一瞬だけ不安を覚えた。だが、それは長くは続かなかった。

老人は海にぺっと唾を吐いた。「食ってしまうがいい、〈ガラノ〉どもよ。そして、人間を一人殺した夢でもみてろ」[35]

この描写の中で私たちが注目するのは、〈ガラノ（galano）〉である。

だが、すでに最初に私たちが見た〈サラオ〉や〈グアノ〉と違って、ここにはヘミングウェイによる注釈がまったくない。英語だけしか知らない読者にとっては、〈デンツソ〉と同様、理解が困難かもしれない。

実は、巨大なアオザメを退治したあとに、断続的に襲ってくる頭がシャベルの形をした鮫に向かって、老人は「さあ、こい〈ガラノ〉」と何度も叫んでいる[36]。

注意深い読者ならば、ヘミングウェイがこの〈ガラノ〉というキューバ語を意図的に使っているのはわかるだろう。情け容赦なく、執拗に、自分の欲望に忠実にマカジキに食らいついてくる鮫に対して、老人がそう痛罵している。だから、意味も「獰猛な獣」とか「野獣」といった意味でなければならない。

だが、一般的なスペイン語辞典には、〈ガラノ〉は「こぎれいな」「スタイリッシュな」「エレガントな」といった形容詞としての意味しか載っていない。

もし老人がその形容詞を名詞として転用しているとしたら、相当の皮肉をこめて鮫を呼んでいることになる。しかし、ここまでの物語で、老人は皮肉のわかる男として描かれてはいない。老人は率直で素朴な男である。

そこで、私はやはり頼みの綱であるオルティスの〈クバニスモ〉辞典にあたってみた。残念ながら、そこにはなかった。

もう一つの頼みの綱であるラルース社のスペイン語辞典には、ラテンアメリカの用法（形容詞）として、「（牛などが）まだら模様で、ぶちの」とあった。とすると、鮫がまだら模様なのだろうか。リヴァプール大学のスペイン語教授、エドガー・アリスン・ピアーズを主幹とするスペイン語辞典には、キューバ用法（形容詞）として、「（獣が）二色の」という意味が載っていた。

そこで、ラテンアメリカのスペイン語用法を専門に扱った本や辞典にもあたってみたが、ヒットしなかった。最後に、そうした系統の、中米コスタリカで一世紀近く前に出版された辞典を見てみると、そこに面白い定義が載っていた。その辞典によると、やはりキューバの用法（形容詞）ではあるが、「さまざまな色の、まだらの動物（牛、家畜）について言われる。特に、白と赤のまだらの」とあった。[37]

この定義を見たとき、一瞬、マカジキに齧《かじ》りついて、血だらけになった白い鮫を連想した。というのも、巨大なアオザメを退治した後に、やってくる頭がシャベルの形をした二匹の鮫のことを、ヘミングウェイは「斑点のある白い大きな胸ひれを持つ[38]」と称していたからだ。

しかし、老人は四度にわたって、マカジキの匂いを嗅ぎつけて襲ってくる鮫たちを、最初のアオザメ〈デンツソ〉と区別して、一様に〈ガラノ〉と称している。だから、ここでは老人がキューバ語を使って、まだら模様が特徴である鮫をこう呼んだと解釈したい。

いずれにしても、老人はせっかく捕らえたマカジキを鮫の〈デンツソ〉や〈ガラノ〉に齧りとられ、疲労困憊して真夜中に寝静まったコヒーマルの港に戻ってくる。

翌朝、マノリン少年がやってきて、老人が小屋のベッドで眠っている姿を確認する。少年はそれを見届けると、近くのレストランにいってコーヒーを買ってくる。老人が目を覚ますと、二人は会話を交わす。小説がいよいよ幕を閉じるシーンである。

「で、魚突きのヤスはどうするの？」

「ほしければ、とっとけ」

「もらうよ」と、少年は言った。「二人でほかにいろんなことの計画を立てなきゃ」

「連中、おれを探したのか？」

「もちろんだよ。海岸警備隊とか飛行機とか使って」

「海は大きくて、小舟は小さい。だから見つけにくい」と、老人は言った。そのとき老人は気づいた。誰かに話しかけるのがどれほど楽しいことなのか。自分自身と海だけに話しかけるのではなく。「おまえがそばにいなくて寂しかったよ」と、老人は言った。「おまえのほうの釣果《ちょうか》は？」

「一日目は一匹。二日目に一匹、三日目に二匹」

「さすがだな」

「また一緒に漁に出ようよ」

「いや、おれは運に見放されている。もうおれには運がない」

「運なんてクソ食らえだ」と、少年は言った。「僕が運をもってくるよ」

「おまえの親がなんて言うかな？」

「そんなの気にしないよ。きのうは二匹とった。でも、二人で一緒に漁に出ようよ。教えてもらうことが、まだいっぱいあるし」

「上質の銛も手にいれないとな。そいつを舟に常備しておかないといけない。刃はフォードの板バネ《リーフ・スプリング》を使うといいぞ。グアナバコアで研いでもらおう。刃は鋭くなきゃいけない。鍛えて硬くすると折れてしまう。おれのナイフがそうだった」

「新しいナイフを手にいれるよ。それと、板バネも研いでもらう。どのくらい長くこの強風がつづくかな[39]？」

マノリン少年▼40がまた一緒に漁に出ることを懇願し、その理由として、サンティアゴ老人に漁の奥儀を伝授してもらいたいからだという。

おそらくそれは口実である。マノリンは老人のために、船具を浜辺から小屋に運んだり、レストランからコーヒーを買ってきたり、疲れて寝ている老人にそっとブランケットをかけてやったり、かいがいしく尽くす。そうした行為は、老人が女性に期待することである。しかし、現実には、その女性、つまり妻は亡くなってしまっている。というわけで老人にとって、海と同様、たとえ性的な関係はなくてもマノリンは愛情の対象である。マノリンはただの釣りの弟子ではないのだ。

そうしたことを前提にして、話を進めよう。サンティアゴ老人は一緒に漁に出るとは言わないが、喜々として漁の奥儀をマノリンに伝授する。それは老人のマノリンに対する愛情表現に他ならない。

ひとつは、銛の刃は、フォードの車軸と車体に接続してサスペンションの働きをする板バネから作ること。それから、もうひとつは、刃を研いでもらうのはグアナバコアがいいということ。英語の原文で、最初のアドバイスの主語は、「おまえ（you）」だが、次のアドバイスの主語は「おれたち」weとなり、微妙にニュアンスが変化する。その変化を活かして解釈すれば、板バネをおまえが見つけてきて、ふたりでグアナバコアに行って研いでもらおう、という話になる。

ここで、ようやく本題に入ることができる。なぜ、銛の刃を研いでもらうのは、グアナバコアでなければならないのだろうか。その謎もアフロキューバ宗教の観点から解いてみよう。

グアナバコアというのは、ハバナ湾の東岸の町レグラから山道を登ったところにある。ハバナ市街からは湾をぐるりとまわってもいくこともできる。せいぜい五、六キロといったところだ。

この地名も、先住民（タイノ族）の言語に由来する。「グアナ」というのは、小説の冒頭に出てきた名詞「グアノ」の女性形で、大王ヤシのこと。「バ」というのは「バナ」の短縮形で、大きいとか高いという意味。「コア」というのは、場所という意味。したがって、グアナバコアというのは、「高いところにある大王ヤシ」という意味になる。[41] 意訳すれば、「丘の上の大王ヤシ」だ。

この町を日中歩いても、表面的にはアフロ信仰の匂いがしない。というより、町の中心にはカトリック教会や小さな公園があって、とても落ち着いたスペイン風の町である。

しかし、現実にはアフロ宗教の盛んな土地である。地元民のマリア・ビスカイノによれば、もともとこの丘の町には大勢の先住民が住んでいたが、十六世紀にハバナの市街地で「征服者スペイン人たちによる統治システムが強化される」[42]に及んで、グアナバコアは救済を求める先住民たちにとって、一種の「聖域《サンクチュアリー》」になったようだ（第6章の「パレンケ」や「キロンボ」を参照）。

しかし、すぐにスペインの植民地政府は、ハバナ湾に近く、しかもハバナ市街から適度な距離がある当地に奴隷たちを収容するようになる。ここにはアフリカのさまざまな言語や文化を持つディアスポラの民たちが集められた。そして、注目すべきは、ここグアナバコアで最初に、アフリカ奴隷たちの相互互助組織である「カビルド」が作られたということである。[43]

先ほども述べたように、アフリカ黒人たちのエスニックごとによる互助組織であったカビルドや、その「枝《ラマ》」は、女性によって創設され運営されることが多かった。研究者のカスタジャネダによれば、マタンサスのアララ族の子孫だったピラール・フラスネダという女性が、十九世紀の初頭に「完全なる正義（あるいは、アロチョルメ）」という名の、サンテリアの「ラマ」をここグアナバコアに創設し、活発に運営していたという。[44]

ここにおいて、黒人教会「カビルド」を接点にして、カサブランカで老人の腕相撲の相手をした大男の出身地シエンフエゴス（パルミラ）とグアナバコアはまっすぐにつながる。

この小説の中に出てくる数少ない土地名であるカサブランカもシエンフエゴスもグアナバコアも、ある意味を持っている。先住民文化の痕跡やアフロ文化の痕跡を持つキューバの土地として、ヘミングウェイによって特権的に選ばれたのである。
だが、ヘミングウェイは、土地にまつわる解説や説明をいっさい排除している。あたかも後世の読者が解明してくれるのを期待するかのように。

最後に、残った謎にとりかかろう。グアナバコアがアフロキューバ宗教の盛んな土地であることはわかったが、なぜ老人は銛の刃をグアナバコアで研いでもらうのがよい、と言ったのか。

アフロ宗教のサンテリアで、鉄や金属を司るのは、すでに第3章の「カリブ海の黒い神々」で触れたように、オグンという名の精霊である。パロ・モンテでは、サラバンダと呼ばれる。ナイフ、銃、自動車など、鉄や金属にかかわるものは何でもオグンの専門領域だ。信者たちの想像力の中で、オグンの象徴としてよく描かれるのは森の鍛冶屋である。オグンは両義的な精霊で人を癒すこともすれば、死に至らしめる暴力を振るうこともある。孤児やホームレスを保護する優しい精霊であると同時に、怒りに駆られて（人間のうそに我慢できなくて）交通事故とか、列車事故とかといった形で怒りをしめす怖い精霊でもある。そうした両義的な特性を持つ、スピリチュアルな存在なのだ。

サンティアゴ老人は、マカジキを殺すためのたんなる武器として、新しい銛の刃を手にいれようというのではない。大海で戦うマカジキに対して誠意を尽くすための、一種の儀礼として、グアナバコアのアフロキューバ人の鍛冶屋に刃を研いでもらうつもりなのだ。これはアメリカの合理主義的な発想からは出てこないものだ。老人はサンテリアの信者ではないかもしれないが、オグンのスピリチュアルな力を信じている。老人の考えに従順に従う少年も同様である。▼45

とすれば、小説の冒頭にあった「マストに巻き付いた継ぎはぎをした帆が、まるで永遠の敗北を象徴するかのようだ」というのは、文字どおり「仮定法」として読解すべきである。いうまでもなく、英語の「仮定法」とは、現実とは違う状況を推測するためにつかう。だから、せっかくとったマカジキを鮫に奪われた老人の行為は、あたかも「永遠の敗北」のように見えても、実はそうではない。

老人の「敗北」は永遠ではない。というより、大海での漁には、勝利とか敗北とかスポーツ競技やギャンブル（カサブランカでの腕相撲）のような用語はふさわしくない。

サンティアゴ老人の宗教観はどうなのだろうか。老人が「海」をどのように捉えているか論じたところで、サンティアゴ老人がカトリック信者であるということをうかがわせるものは何もないことを確認した。老人が小屋の壁に飾ってある二つの絵は、妻の形見にすぎない。エル・コブレの慈善の処女聖母を信じている証拠もない。それでは、ウォルドマイヤーのようなヘミングウェイ研究者が考えたように、老人は無宗教、無神論者なのだろうか。

いや、それは違うと思う。鮫と争っている間に、老人は宗教的な罪のことをあれこれ考える。鮫にせっかく獲った獲物を食われてしまっても、希望を持たないことは「罪」だ。それにいまは、「罪」があろうがなかろうが、問題が山積みだ。自分が生き、多くの人が生きるためであろうと、魚を殺すのは「罪」だ。でも、そうだとすると、人間の行為のすべてが「罪」になってしまうではないか。結局、自分には「罪」が理解できない。「罪」を考えるのは専門家に任せよう。そのように老人は、「罪」をめぐってあれこれ思考をめぐらす[46]。

こうした思考のプロセスは立派に宗教家のそれである。最終的に、老人が落ち着くのは、カトリック教会の教えではなく、大自然の運命論である。魚が魚に生まれついたのと同じように、自分は漁師になるべくして生まれてきたのだ、と考える[47]。

私の考えでは、サンティアゴ老人は、コヒーマルの地元民と同じように、たとえ教会には行かないまでも、アフロ宗教の影響を多分に受けている世俗的なカトリック教徒である。こういうタイプの白人のキューバ人はわりと多くて、アフロ宗教（と先住民の文化）の精神性《スピリチュアリティ》とカトリック教会の教えを矛盾なく受け入れられるのである。

伊藤詔子は、エコロジー思想を応用したエコ批評の特徴について、「人間が意味の中心になり得ず、世界の諸要素がネットワークを形成しており相互関係性をいきているという視点はエコクリティシズムの立場でもある」と宣言する[48]。

アフロキューバ宗教であれ、アフリカのエコロジー思想であれ、それらを応用した批評や研究が素晴らしいのは、ヘミングウェイの作品を西洋キリスト教的な「法」を強化する装置《テクスト》としてではなく、むしろ強制力のある「法」から読者の心を解放してくれる装置として読解する道をしめしてくれるからである[49]。

今後、ヘミングウェイにかぎらず、二十世紀に「古典」と見なされたアメリカ文学は、ますますそうした脱西洋神話的な読解を求められるのではないだろうか。

なぜなら、そうすることでしか、二十世紀の「古典」は次世代に生き延びることができないからだ。ボルヘスの言葉をもじって言えば、古典の「不死」は、他者（読者）の成し遂げる仕事でしか達成できないものだから。

ンカ・ビヒア（邸宅）にオリチャ（たぶん、エレグアをはじめとするサンテリアの戦士たちだと思われる）を置いていたという。Philip Melling, "Cultural Imperialism, Afro-Cuban Religion, and Santiago's Failure in *The Old Man and the Sea*," *The Hemingway Review* Vol. 26, No. 1（2006）p. 10. またキューバの伝記作者は、ヘミングウェイがアルセニオという名のグアナバコアのサンテロ（サンテリアの司祭）と親しかったと指摘している。Norberto Fuentes, "Los Dioses Negros de Hemingway," *ABC*（Junio 27, 2011）. https://www.abc.es/cultura/abci-culturalcover-201106270000_noticia.html　01/06/2022.

▼46　*OMS*, p. 105.

▼47　*Op. cit.*

▼48　ハロルド・フロムほか『緑の文学批評――エコクリティシズム』（伊藤詔子ほか訳、松柏社、1998年）、10頁。

▼49　Jeffrey Herlihy-Mera, "Cuba in Hemingway," *The Hemingway Review* Vol. 36, No. 2（2017）, pp. 8-41. この学者は、多文化心理学や文化精神医学の理論を援用して、多言語使用者のヘミングウェイを「アメリカ作家」ではなく、「キューバ作家」として捉える視点を提供している。「言語は思考を形づくり、言葉や思想がテクストの中に記号化されるのであれば、ヘミングウェイが英語で書いたキューバの文章は、スペイン語によって情報を得たもの（少なくともスペイン語によって影響を受けている）と理解されなければならない」（p. 18）と述べているのだ。ヘミングウェイの作品を論じるというより、作家のキューバでの日常生活をもとに論証しているので、必ずしもすべてにおいて賛同できるわけではないが、刺激的な論文であることには変わりはない。

またキューバの伝記作者フエンテスは、私が第1章で論じたキューバ詩人のニコラス・ギジェンとヘミングウェイが親しかったと指摘して、ある興味深いエピソードを伝えている。それによると、ギジェンがヘミングウェイに「P＆Pのスペイン語をしゃべらないとダメだ」と教えたらしい。ヘミングウェイがそれは何かと尋ねると、ギジェンは「プロスティチュート（売春婦）とペザント（農民）のスペイン語だ」と答えたという。Norberto Fuentes, *Hemingway in Cuba*（Secaucus: Lyle Stuart, 1984）, p. 260.

176頁。

▼29　*Op. cit.*

▼30　*OMS*, p. 103.

▼31　*Ibid.*, p. 106.

▼32　面白いのは、インターネット上にスペイン語の単語の意味について質問するサイトがあり、小説の中の〈デンツソ〉について質問した人がいて、それに対し、たぶんそれは〈デンツド〉のタイプミスだと回答した者がいることである。もちろん、タイプミスではない。ヘミングウェイはこの語を意図的に使っているのである。

▼33　Fernando Ortiz, p. 71.

▼34　*OMS*, pp. 100-101.

▼35　*Ibid.*, p. 119.

▼36　正確には、引用した部分も入れて、単数形の〈ガラノ〉が2回（p. 109, p. 114)、複数形の〈ガラノス〉が4回（p. 107, p. 108, p. 113, p. 119)、合わせて6回出てくる。

▼37　Augusto Malaret, *Diccionario de Americanismos 2a Edición*（San Juan, Puerto Rico: Imprenta "Venezuela", 1931), p. 258.

▼38　*OMS*, p. 107.

▼39　*Ibid.*, pp. 124-125.

▼40　「少年」といっても、老人とマノリンの会話の中に出てくる同時代のメジャーリーグの選手名などから、マノリンは少なくとも20歳を超えていると特定している研究者もいて、それだとマノリン青年と言ったほうがいいかもしれない。筆者も二人のホモソーシャルな関係からその年齢には賛成である。しかしながら、老人から見れば、10代も20代も変わることなく子供なのであろう。

▼41　"Diccionario Indígena," *Obra Diseñada y Creada por Héctor A. García*. www.proyectosalonhogar.com/Enciclopedia_Ilustrada/Diccionario2.htm 10/02/2021.

▼42　Maria Angelia Vizcaino, "Guanabacoa, La Tierra del Babalawao," *Lapuntilla*. https://www.tapatalk.com/groups/lapuntilla/guanabacoa-t8020.html 10/18/2021.

▼43　*Op. cit.*

▼44　Felipe Castallaneda, "Las Mujeres Que Gobernaron La Regla Ocha."

▼45　あるヘミングウェイ学者によれば、ヘミングウェイはハバナ郊外のフィ

メリカ人画家が一人で住む邸宅に、ボイシーという愛猫がいて、この主人公と愛猫の関係は、まさにサンティアゴ老人と海、老人とマノリンの関係と酷似している。あるヘミングウェイ学者は、エコ批評を援用しながら、海を女性と捉えるサンティアゴ（ヘミングウェイ）の姿勢を論じている。『老人と海』というタイトルに、例えば、私たちがすぐに思い浮かべる『ロミオとジュリエット』のような男女のロマンスが隠されている、と興味深い指摘をしている。そして、サンティアゴ老人は、『モービー・ディック』のエイハブ船長のように、海や海の生物を敵視しない、とも。Susan Beegel, "Santiago and Eternal Feminine: Gendering La Mar in *The Old Man and the Sea*," Lawrence Broer and Gloria Holland ed., *Hemingway and Women: Female Critics and the Female Voice*（Tascaloosa: U of Alabama P, 2002）, pp. 131-156.

▼15　Beatriz Galimberti Jarman et al. ed., *The Oxford Spanish Dictionary*（Oxford: Oxford UP, 1994）, p. 481.

▼16　Ramón García-Pelayo ed., p. 588,

▼17　Peter Boyd-Bowman, p. 563.

▼18　*OMS*, pp. 68-69.

▼19　Julia Steinecke, "Hersey Sugar Mill: Bittersweet Death of a Small Town in Cuba," *Toronto Star*. January 16, 2006.

▼20　Brendan Sainsbury, *Lonely Planet Cuba*（Oakland: Lonely Planet, 2006）, p. 257.

▼21　*Op. cit.*

▼22　Felipe Castallaneda, "Las Mujeres Que Gobernaron La Regla Ocha." https://www.scribd.com/doc/220070487/Las-Mujeres-Que-Gobernaron-La-Regla-OCHA　11/10/2021.

▼23　David H. Brown, *Santería Enthroned: Art, Ritual, and Innovation in an Afro-Cuban Religion*（Chicago: U of Chicago P, 2003）. p. 99.

▼24　*Ibid.*, pp. 100-101.

▼25　Raúl Rodriguez Dago, *Sincretismo Cubano: Santeros, Ñañigos, Paleros y Espiritistas*（Bogota: San Pablo, 2012）, p. 107.

▼26　*Ibid.*, 108.

▼27　Guillermo Jimémez Soler, *Las Empresas de Cuba 1958*（La Habana: Editorial de Ciencias Sociales, 2004）. p. 343.

▼28　高野泰志『アーネスト・ヘミングウェイ、神との対話』（松籟社、2015年）、

▼9　アーヴィング・ラウス『タイノ人――コロンブスが出会ったカリブの民』（1992年／杉野目康子訳、法政大学出版局、2004年）、262頁、299頁。このbohio（小屋）の由来については異説もある。オルティスは、東欧出身のユダヤ人で、30ヶ国語を話したと言われるレオ・ウィーナー教授（ハーバード大学のスラブ文化研究の第一人者）の説を紹介している。それによれば、「ボイオの起源はアフリカにあり、とりわけマンディンカ族の言葉からきている」という。マンディンカ族は、西アフリカの国々に住んでいるが、かつてはサハラ交易を支配したマリ帝国を作りあげた民族の子孫であり、イスラム教徒。中東との貿易で、アラビア語の影響を受けた可能性もあり、マンディンガ語のグループの「家」を意味する語をひとつずつ挙げて、ウィーナー教授は「アラビア語で家を意味するbaitがボイオの語源」であると結論づける。アラビア語が中世のサハラ交易を通じて西アフリカに旅をして、そこから近代の奴隷貿易によってカリブ海の島にやってきたという壮大な話である。

オルティスはこの博学のポリグロット（多言語話者）の説に耳を傾けるが、最終的には同意しない。Fernando Ortiz, *Glosario de Afronegrismos*（La Habana: Imprenta "El Siglo XX", 1924), p. 58. なお、ウィーナー教授の説が載っているのは、Leo Wiener, *Africa and the Discovery of America Vol. I*（Philadelphia: Innes & Sons, 1920), p. 71. である。

▼10　Peter Boyd-Bowman, *Lexico Hispanoamericano del Siglo XVI*（London:Tamesis Books Limited, 1971), p. 439.

▼11　この曲の原題は、"Al Vaiven de Mi Carreta" という。この歌を作ったのは、サンティアゴ生まれのベニト・アントニオ・フェルナンデス・オルティス（1901-1982)、通称「ニーコ・サキート」。生前500曲もの歌を作り、サルサやティンバの生みの親とも言える人だ。この生まれついての「吟遊詩人」はキューバ革命に心酔していた。「荷馬車に揺られて」は、社会の底辺に追いやられた農民たちの貧困に抗議する「プロテスト・ソング」だった。"Proservan Documentación Poco Conocide de Ñico Saquito," *Santiago en Mí*. https://santiagoenmi.wordpress.com/al-vaiven-de-mi-carreta　11/02/2021.

▼12　*OMS*, pp. 15-16.

▼13　*Ibid.*, pp. 29-30.

▼14　ヘミングウェイはカリブ海で暮らす孤独な男性の主人公に対して、人間の女性ではなく、女性性を有した存在を小説の中に配している。たとえば、『海流の中の島々』（1970年、没後刊行）では、トマス・ハドソンという主人公のア

Scribner's Sons, 1932), p. 192.

▼2 Bickford Silvester, "The Cuban Context of *The Old Man and the Sea*." Scott Donaldson ed., *The Cambridge Companion to Hemingway* (Cambridge: Cambridge UP, 1996), pp. 245-268.

▼3 William Faulkner, "Review of *The Old Man and the Sea* by Ernest Hemingway," *Shenandoah* III (Autumn 1952). Also in James B. Meriwether ed. *Essays, Speeches & Published Letters by William Faulkner* (New York: Random House, 1965), p. 193.

▼4 Ernest Hemingway, *The Old Man and the Sea* (New York: Charles Scribner's Sons, 1952), p. 9. これ以降*OMS*と略す。

▼5 氷山の一角の理論が出てくる『午後の死』は、スペインの闘牛を題材にしたノンフィクション。巻末に、スペイン文化にまつわるスペイン語の単語集《グロッサリー》の附録があり、スペイン文化やスペインの闘牛を知るためにヘミングウェイが重要だと思った語彙とヘミングウェイ自身による説明が載っている。たとえば、「ビール」cervezaの項目もある。「マドリッドではドラフトビールのうまいのが飲める、ビクトリア通りのビール専門店アルバレスが最高である」という説明が冒頭にあり、「ドラフトビールは、〈ドブレ〉と呼ばれる1パイントグラスで提供される。それでなければ、〈カーニャ〉、〈カーニィタ〉、〈メディア〉と呼ばれる半パイントグラスで」というふうに、地元の人たちが頻繁に使うスペイン語が紹介されている。もちろん、闘牛の本だから、闘牛の道具につけられた特殊な名前とともに、闘牛士の精神にかかわる語彙も載っている。たとえば、闘牛士仲間でよく使われる「コホネ」は、スペイン語で「金玉」という意味だが、ヘミングウェイの説明はこうだ。「勇敢な闘牛士は、こいつをたっぷり備えていると言われる。臆病な闘牛士の場合は、それが欠如していると言われる。牡牛のそれは〈クリアディリャス〉と呼ばれ、どんな風に料理されたとしても、スウィートブレッドと食すると、美味である」。ヘミングウェイは、キューバに来る前から、そうした庶民の使うローカルの言葉に敏感だったということである。*The Death in the Afternoon*, pp. 426-428.

▼6 Ramón García-Pelayo ed., *Diccionario Moderno Español-Inglés* (Paris: Ediciones Larouse, 1976), p. 811.

▼7 Fernando Ortiz, *Un Catauro de Cubanismos: Apuntes Lexicograficos* (La Habana: Harana, 1923), p. 130.

▼8 *OMS*, p. 15.

Garcia Lorca, Nicolas Guillen, and Jacques Roumain (Columbia, MO: U of Missouri P, 2003).『朝露の主たち』(松井裕史訳、作品社、2020年)。
▼10　Michael Chanan, *Cuban Cinema* (Minneapolis: U of Minnesota P, 2004), p. 158.
▼11　「カサ・デ・アメリカス」出版基金部部長のロベルト・スルバノ氏に取材。
▼12　同前。
▼13　Sidney W. Mintz, *Caribbean Transformations* (Chicago: Aldine Publishing Company, 1974), p. 44.
▼14　エリック・ウィリアムズ『資本主義と奴隷制――経済史から見た黒人奴隷制の発生と崩壊』(1944年/山本伸監訳、明石書店、2004年)、34頁。
▼15　Homi Bahbah, *The Location of Culture* (London: Routledge, 1994), p. 86.
▼16　Ian Lumsden, *Machos, Maricones, and Gays: Cuba and Homosexuality* (Philadelphia: Temple UP, 1996), p. xiii.
▼17　Tomás Gutiérez Alea, "¡Cuba Si, Almendros No!" *Village Voice* 29 (October 2, 1984), p. 46.
▼18　Michael Chanan, p. 463.
▼19　Tomás Gutiérerez Alea, p. 47.
▼20　Paul A. Shcroeder, *Tomás Gutiérerez Alea: The Dialectics of a Filmmaker* (NY: Routledge, 2002), p. 106.
▼21　John Hess, "Melodrama, Sex, and the Cuban Revolution," *Jump Cut: A Review of Contemporary Media* No. 41 (May 1997), p. 119.
▼22　Paul Julian Smith, et. al., "The Language of Strawberry," *Sight and Sound* Vol. 4, No. 12 (1994), p. 33.
▼23　Michael Chanan, p. xvi.
▼24　Ian Lumsden, p. 82.
▼25　John Hess, p. 124.
▼26　Nicola Murray, "Socialism and Feminism: Women and the Cuban Revolution, Part I," *Feminist Review* Vol. 2 (1979), p. 66.
▼27　Enrico Mario Santí, "*Fresa y Chocolate*: The Rhetoric of Cuban Reconciliation," *MLN* Vol. 113, No. 2 (1998), p. 418.

最終章

▼1　Ernest Hemingway, *Death in the Afternoon* (New York: Charles

Gómez, Sara. *En La Otra Isla*. La Habana: ICAIC, 1968.『もう一つの島』
---. *De Cierta Manera*. La Habana: ICAIC, 1974.『ある方法で』
Solás, Humberto. *Lucía*. La Habana: ICAIC, 1968.『ルシア』

▼1　ICAICは、自前の映画を製作するだけでなく、敵対する米国を除いて、日本をはじめとする外国からも作品を数多く輸入した。黒澤明、大島渚などのネオリアリスモの芸術作品だけでなく、勝新太郎の演じる『座頭市』を推奨したのも、とうてい二枚目とはいえない主人公が、盲目という圧倒的なハンディキャップにもかかわらず大勢の敵と戦う姿勢が、「革命後、超大国の米国の圧政に苦しめられているキューバにとって、よいお手本になったからである」(ハバナ大学マリオ・ピエドラ教授に取材)。
▼2　カストロの社会主義宣言は、次のものを参照。"Declación del Carácter Socialista de la Revolución: Fragmento del Discurso del Comandante en Jefe Fidel Castro en 16 de Abril de 1961." José Bell, Delia Luisa López, Tania Caram eds., *Documentos de La Revolución Cubana 1961* (La Habana: Editorial de Ciencias Sociales, 2008), pp. 66-68.
▼3　Aurelio Alonso Tejada, *Church and Politics in Revolutionary Cuba* (La Habana: Editorial José Martí, 1999), p. 25.
▼4　立野淳也『ヴードゥー教の世界——ハイチの歴史と神々』(吉夏社、2001年)、52頁。
▼5　Miguel A. de La Torre, *Santería: The Beliefs and Rituals of a Growing Religion in Amercia* (Grand Rapids: William B. Eerdmans Publishing Co., 2004), pp. xii-xiii.
▼6　Lourdes Martínez-Echazábal, "The Politics of Afro-Cuban Religion in Contemporary Cinema," *Afro-Hispanic Review* Vol. 13, No. 1 (Spring 1994), p. 18.
▼7　George Brandon, *Santeria from Africa to the New World: The Dead Sell Memories.* (Bloomington: Indiana UP, 1993), p. 43.
▼8　工藤多香子「90年代キューバ、アフリカ系カルトの行方——『観光商品』化されるサンテリーア」、『ラテンアメリカ・カリブ研究』第6号(1999年)、20-26頁。
▼9　Jacques Roumain, *Gouverneurs de La Rosée*, 1944. *Masters of the Dew*, 1947. Langston Hughes and Mercer Cook trans., *The Translations: Federico*

▼15 Pablo Neruda, "La United Fruits Co.," 1950. Enrico Mario Santí ed., *Canto General* (Madrid: Letras Hispánicas, 1990), p. 344-346.

▼16 George Brandon, *Santeria from Africa to the New World: The Dead Sell Memories* (Bloomington: Indiana UP, 1993), p. 58.

▼17 工藤多香子「郷土への回帰——ラム、カブレーラ、カルペンティエルと黒人の呪術」鈴木雅雄・真島一郎編『文化解体の想像力——シュルレアリスムと人類学的思考の近代』(人文書院、2000年)、279-280頁。

▼18 Miguel Barnet, *Biografía de Un Cimarrón. 1966.* Jocasta Innes trans., *The Autobiography of a Runaway Slave* (London: Bodley Head, 1968). p. 35.

▼19 アレホ・カルペンティエル『この世の王国』(1949年/木村榮一・平田渡訳、水声社、1992年)。

第8章

本章で論じた映画の原題は以下のとおり。(監督名のアルファベット順)

Alea, Tomás Gutiérrez. *Esta Tierra Nuestra*. La Habana: ICAIC, 1959.『われらの大地』

---. *Historias de la Revolución.* La Habana: ICAIC, 1960.『レボルシオン　革命の物語』

---. *Muerte al Invasor*. La Habana: ICAIC, 1961.『侵略者に死を』

---. *Las Doce Sillas*. La Habana: ICAIC, 1962.『12の椅子』

---. *Cumbite*. La Habana: ICAIC, 1964.『クンビテ』

---. *Muerte de un Burócrata*. La Habana: ICAIC, 1966.『ある官僚の死』

---. *Memorias del Subdesarrollo*. La Habana: ICAIC, 1968.『低開発の記憶』

---. *Una Pelea Cubana Contra Los Demonios*. La Habana: ICAIC, 1971.『キューバにおける悪魔との戦い』

---. *La Última Cena*. La Habana: ICAIC, 1976.『最後の晩餐』

---. *Los Sobrevivientes*. La Habana: ICAIC, 1979.『天国の晩餐』

---. *Fresa y Chocolate*. La Habana: ICAIC, 1993.『苺とチョコレート』

Almendros, Néstor, and Orland Jiménez-Leal. *Improper Conduct / Mauvaise Conduite*. New York: Cinevista, 1984.『素行不良』

Giral, Sergio. *El Otro Francisco*. La Habana: ICAIC, 1974.『もう一人のフランシスコ』

---. *Maluala*. La Habana: ICAIC, 1979.『マルアラ』

第7章

▼1　César J. Ayala, *American Sugar Kingdom: The Plantation Economy of the Spanish Caribbean, 1898-1934* (Chapel Hill: U of North Carolina P, 1999). p. 92. Robert A. Hill ed., *The Marcus Garvey and Universal Negro Improvement Association Papers, Vol. XI: The Caribbean Diaspora, 1920-1940* (Durham: Duke UP, 2011), p. 275.

▼2　César J Ayala, p. 90.

▼3　*Op. cit.*

▼4　*Ibid.*, p. 94.

▼5　Sergio Díaz-Briquets, "A Century of Cuban Demographic Interactions and What They May Portend for the Future." Source: For 1900-04 to 1950-54, Oficina Nacional de Estadísticas, 2007, Los Censos de Población y Vivienda en Cuba 1907-1953, Havana, Table 17, p. 37 ñ for 1955-60 to 2005-10, United Nations, Department of Economic and Social Affairs, Population Division, *World Population Prospects: The 2012 Revision*. CD-ROM Ed.

▼6　ミシェル・フーコー『監獄の誕生――監視と処罰』(1975年／田村俶訳、新潮社、1977年) 203頁。

▼7　土屋恵一郎『ベンサムという男――法と欲望のかたち』(青土社、1993年)、111頁。

▼8　波多野哲朗「『局所』としてのキューバと沖縄」映画『サルサとチャンプルー』(2007) の公式ウェブサイト。

▼9　*Op. cit.*

▼10　このとき日系一世で残るは、Shimazu Michiroさん (1907年12月24日生まれ。新潟出身で、青年の島在住) ただ一人だけであったが、後に亡くなっている。

▼11　伊藤比呂美「YAKISOBA」(小詩集『日系人の現在』より)『現代詩手帖』(2011年9月号)、10-12頁。

▼12　エドゥアール・グリッサン『全−世界論』(1997年／恒川邦夫訳、みすず書房、2000年)、14頁。

▼13　メルヴィン・ブラッグ『英語の冒険』(2003年／三川基好訳、アーティストハウスパブリッシャーズ、2004年) 295頁。

▼14　*Op. cit.*

of a Maroon State in Seventeenth-Century Brazil," *Journal of Latin American Studies* Vol. 28, No. 3 (October 1996) p. 545.

▼50　Neo-Griot, "History."

▼51　"African Feminist Forum," http://www.africanfemistforum.com/queen-nzinga-angola　08/08/2021

▼52　R. K. Kent, p. 176.

▼53　Robert Nelson Anderson, p. 559.

▼54　*Op. cit.*

▼55　Roger Bastide, "The Other Quilombos." Richard Price ed., *Maroon Societies*, p. 193.

▼56　Stuart B. Schwartz, *Slaves, Peasants, and Rebels*, p. 124.

▼57　*Ibid.*, pp. 123-124.

▼58　Roger Bastide, p. 194.

▼59　Reis Joao Jose and Gomes Flavio dos Santos, "Quilombo: Brazilian Maroons during Slavery."

▼60　Kathleen Deagan and Darcie MacMahon, *Fort Mose: Colonial America's Black Fortress of Freedom* (Gainesville: UP of Florida, 1995). まず歴史学者がスペインやキューバや北米にある古文書や古い地図を重ね合わせて、かつて集落があった場所を推測する。そして、NASA（米航空宇宙局）の協力を得て、宇宙から地上の熱量を計った写真を撮ってもらい、熱量の高いところ（人間が地面を掘り起こした跡で、「堀」とか「道路」があったと推測される）を探しだし、それを地図と重ね合わせて場所を特定する。その特定した土地をフィールド考古学者が発掘して、家の配置パターン、土器のかけらなどを発見する。そして、発掘で見つかった土や石、植物や動物の骨のかけらをそれぞれフィールド考古学者、動物学考古学者、植物学考古学者が丁寧に時間をかけて検討して、逃亡奴隷がどのような家を建て、どのようなものを食べ、どのような暮らしをしていたのかの仮説を立てた。被抑圧者の歴史は文書による証拠が少なかったり皆無だったりするので、こういう考古学的アプローチが強力な武器になる。

▼61　Kofi Agorsah, "The Archaeology of the African Diaspora," *The African Archaeological Review* Vol. 13, No. 4 (1996), pp. 221-224.

▼62　Kofi Agorsah, "Archaeology and Resistance History in the Caribbean," *The African Archaeological Review* Vol. 11 (1993), pp. 175-195.

▼63　Kofi Agorsah (1996), p. 223.

▼29　Matthew Restall, "Black Conquistadors: Armed Africans in Early Spanish America," *The Americas* Vol. 57, No. 2（2000）. pp. 173-174.
▼30　*Ibid*., p. 174.
▼31　*Ibid*., p. 182.
▼32　*Ibid*., p. 200.
▼33　*Ibid*., p. 202.
▼34　Robert C. Schwaller, p. 612.
▼35　*Ibid*., p. 617.
▼36　Stuart B. Schwartz, "The Mocambo: Slave Resistance in Colonial Bahia." Richard Price ed., *Maroon Societies*, pp. 203-204.
▼37　Slave Voyages, "Trans-Atlantic Slave Trade Estimates." を参照して越川が作成。http://slavevoyages.org/assessment/estimates.　08/01/2021
▼38　R. K. Kent, "Palmares: An African State in Brazil," Richard Price ed., *Maroon Societies*, p. 174.
▼39　R. K. Kent, pp. 171-190.
▼40　Stuart B. Schwartz, *Slaves, Peasants, and Rebels*（Urbana and Chicago: U of Illinois P, 1996）, p. 122.
▼41　Instituto Brasileiro de Geografia e Estatistica, "The Population of Metropolitan Areas in Brazil." http://citypopulation.de/en/brazil/metro 08/03/2021
▼42　Reis Joao Jose and Gomes Flavio dos Santos, "Quilombo: Brazilian Maroons during Slavery," *Cultural Survival Quarterly Magazine*（December 2001）. https://www.culturalsurvival.org/publications/cultural-survival-quarterly/quilombo-brazilian-maroons-during-slavery　06/13/2021.
▼43　R. K. Kent, p. 172.
▼44　Stuart B. Schwartz, *Slaves, Peasants, and Rebels*, p. 125.
▼45　*Ibid*., pp. 126-127.
▼46　*Ibid*., p. 127.
▼47　*Ibid*., p. 123.
▼48　Neo-Griot, "History: Dandara, the Wife of Zumbi, Brazil's Greatest Black Leader, Was a Revolutionary Warrior in Her Own Right," https://blackbraziltoday.com/dandara-the-wife-of-zumbi-brazils-greatest-black/　04/17/2022.
▼49　Robert Nelson Anderson, "The Quilombo of Palmares: A New Overview

(October 2018), p. 610.

▼11　Gabino La Rosa Corzo, p. 252.

▼12　*Op. cit.*

▼13　*Op. cit.*

▼14　*Ibid*, p. 249

▼15　José L. Franco, "Maroons and Slave Rebellions in the Spanish Territories," Richard Price ed., *Maroon Societies*, pp. 35-48.

▼16　*Ibid.*, p. 42.

▼17　Nicolás Guillén, "Ana María," 1964. *Obra Poética Tomo II* (La Habana: Editorial Letras Cubanas, 2004), p. 161.

▼18　Robert C. Schwaller, p. 611.

▼19　Francisco Pérez de La Riva, p. 49.

▼20　Aquiles Escalante, "Palenque in Columbia." Richard Price ed., *Maroon Societies*, p. 78.

▼21　"Cultural Space of Palenque de San Basilio," *Intangible Cultural Heritage, Unesco.* https://ich.unesco.org/en/RL/cultural-space-of-palenque-de-san-basilio-00102　08/19/2021.

▼22　Simon Romero, "A Language, Not Quite Spanish, With African Echoes," *New York Times,* October 18, 2007.

▼23　John M. Lipski, pp. 21-41. この言語学者によれば、パレンケロは過去の遺物ではなく生きた言語として、若者たちによって改変が加えられているという。主な文法的特徴としては、たとえば、複数形の作り方（名詞の後ろにmaをつける。"casa ma" でthe housesとなる）とか、所有格の代名詞の使い方（名詞の後ろにおいて、"mango mi" でmy mangoを意味する）とか、三人称代名詞としての "ele"（通常のスペイン語だとel とella）などである。(Lipski, pp. 22-23.)

▼24　Aquiles Escalante, p. 78.

▼25　Matthew Restall, "San Lorenzo de Los Negros," *Encyclopedia Com.* https://www.encyclopedia.com/history/encyclopedias-almanacs-transcripts-and-maps/san-lorenzo-de-los-negros　07/19/2021.

▼26　David. M. Davidson, "Negro Slave Control and Resistance in Colonial Mexico, 1510-1650." Richard Price ed., *Maroon Societies*, p. 84.

▼27　*Ibid.*, pp. 94-95.

▼28　Matthew Restall, "San Lorenzo de Los Negros," *Encyclopedia Com.*

09/08/2021.

▼7 Arturo Rodríguez, "A Brief History of Bembé." https://arturorodriguez.com/a-brief-history-of-bembe/ 09/08/2021.

第6章

▼1 *The New Encyclopedia Britannica*, Vol. 19, 15th Edition (Chicago & London: Encyclopedia Britannica, Inc., 2002), p. 79.

▼2 "Palenque," *Encyclopedia de Los Municipios de México Estado de Chiapas.* http://www.inafed.gob.mx/work/enciclopedia/EMM07chiapas/municipios/07065a.html 12/05/2021.

▼3 *The American Heritage Larouse Spanish Dictionary* (Boston: Houghton Mifflin Company, 1986), p. 375. Ramón García-Pelayo y Gross et. al. ed., *Diccionario Moderno Español-Inglés* (Paris: Ediciones Larousse, 1976), p. 669.

▼4 Augusto Malaret, *Diccionario de Americanismo* (San Juan, Puerto Rico: Imprenta "Venezuela", 1931), p. 385.

▼5 Fernado Ortiz, *Un Catauro de Cubanismos: Apuntes Lexicograficos* (La Habana: Harana, 1923), p. 31, p. 160.

▼6 John M. Lipski, "The "New Palenquero: Revitalization and Re-Creolization," Richard J. File-Muriel and Rafael Orozco ed, *Colombian Varieties of Spanish* (Madrid: Iberoamericana, 2012), pp. 21-41. キコンゴ語から派生したスペイン語として、当地ではンゴンベ（家畜）、ングバ（ピーナッツ）といった語などが現在でも使われているという。

▼7 キューバは、2021年1月に、兌換ペソの廃止を決め、アメリカ・ドルに変更することを発表した。それによって、国内ではキューバペソとドルの二本立てになった。

▼8 Gabino La Rosa Corzo, *Runaway Slave Settlements in Cuba: Resistance and Repression*, trans., Mary Todd (Chapel Hill: U of North Carolina P, 2003), p. 22.

▼9 キューバのパレンケに関してFrancisco Pérez de La Riva, "Cuban Palenque," Richard Price ed., *Maroon Societies: Rebel Slave Communities in the Americas* (Baltimore: The Johns Hopkins UP, 1996), pp. 49-59. を参考にした。

▼10 Robert C. Schwaller, "Contested Conquest: African Maroons and the Incomplete Conquest of Hispañola, 1519-1620," *The Americas* Vol. 75, No. 4

▼41　*Ibid.*, pp. 384-385.
▼42　*Ibid.*, p. 60.
▼43　*Op. cit.*
▼44　水野知昭『生と死の北欧神話』（松柏社、2002年）、287頁。
▼45　フォルケ・ストレム『古代北欧の宗教と神話』（1961年／菅原邦城訳、人文書院、1982年）、89頁。
▼46　Joseph H. Murphy, p. 16.
▼47　William Bascom（1969）, p. 26.
▼48　*Ibid.*, pp. 34-35.
▼49　*Ibid.*, pp. 32-33.
▼50　*Ibid.*, pp. 34-35.
▼51　*Ibid.*, pp. 36-37.
▼52　Mary Ann Clark, p. 74, pp. 98-99.

第4章

▼1　Mary Ann Clark, *Santería: Correcting the Myths and Uncovering the Realities of a Glowing Religion*（Westport: Praeger, 2007）, p. 107.

第5章

▼1　Margarite Fernandez Olmos and Lizabeth Paravisini-Gebert, *Creole Religions of the Caribbean: An Introduction from Vodou and Santeria to Obeah and Espiritismo*（New York: New York UP, 2003）.
▼2　*Ibid.*, pp. 179-181.
▼3　Yoelrt, "Espiritismo de Cordón: El Mito, la Práctica, lo Cubano," *On Cuba News*. https://oncubanews.com/cuba/sociedad-cuba/tradiciones/espiritismo-de-cordon-el-mito-la-practica-lo-cubano/　04/15/2022.
▼4　Mary Ann Clark, *Santería: Correcting the Myths and Uncovering the Realities of a Glowing Religion*（Westport: Praeger, 2007）, p. 87. Christine Ayorinde, "Regla de Ocha-Ifa and the Construction of Cuban Identity," Paul E. Lovejoy ed., *Identity in the Shadow of Slavery*（London: Continuum, 2009）, p. 21.
▼5　Mary Ann Clark, p. 89.
▼6　*Our Lady of Charity*, www.viarosa.com/VR/Cobre/OurLadyCharity.html

▼13　*Ibid*., p. viii.

▼14　Chiristine Ayorinde, *Afro-Cuban Religiosity, Revolution, and National Identity*（Gainesville: UP of Florida, 2004）, p. 13.

▼15　Mary Ann Clark, p. 16.

▼16　Homi Bahbah, *The Location of Culture*（London: Routledge, 1994）, p. 86.

▼17　Mary Ann Clark, p. 37.

▼18　William Bascom（1969）, pp. 115-116.

▼19　Joseph H. Murphy, *Santeria: African Spirits in America*（Boston: Beacon Press, 1988）, p. 148（note 16）.

▼20　Miguel Barnet, p. 22.

▼21　Mary Ann Clark, p. 85.

▼22　Brett Patrick Gasiorowski, "Egungun Masks in Saint Lucia," *Global Theater*. THEA/ENGL 349 Colgate University. https://cducomb.colgate.domains/globaltheater/caribbean/egungun-masks-in-saint-lucia-2/　2019/07/11

▼23　Joseph H. Murphy, p. 16.

▼24　Chiristine Ayorinde, p. 14,

▼25　Joseph H. Murphy, pp. 17-18.

▼26　*Ibid*., p. 17.

▼27　William Bascom（1969）, p. 40.

▼28　*Op.cit*.

▼29　Bascom（1969）, p. 48. Table 3 "The order of the basic Ifa figures" を参照し、ハバナのものを加えて、越川が作成。

▼30　William Bascom（1969）, p. 47.

▼31　Joseph H. Murphy, p. 20.

▼32　William Bascom（1969）, p. 12.

▼33　*Ibid*., p. 103.

▼34　William Bascom（1969）, p. 122. William Bascom（1980）, p. 28.

▼35　William Bascom（1969）, pp. 240-243.

▼36　*Ibid*., pp. 340-343.

▼37　*Ibid*., p. 343.

▼38　*Ibid*., pp. 350-353.

▼39　*Ibid*., p. 145.

▼40　*Ibid*., pp. 374-375.

11/21/2021.
▼56　“Sugar: World Markets and Trade.”
▼57　“Sugar Consumption Per Capita,” Helgi Library. を参考にして越川が表4を作成。https://www.helgilibrary.com/indicators/sugar-consumption-per-capita 11/23/2021.

第3章

▼1　Fernando Ortiz, *Contrapunteo Cubano del Tabaco y el Azúcar*. 1963（La Habana: Editorial de Ciencia Sociales, 1983）, p. 90.
▼2　Migene González-Wippler, *Santería: The Religion: Faith, Rites, Magic*（Woodbury, MN: Llewellyn Publications, 2007）, p. 3. Christine Ayorinde, “Regla de Ocha-Ifa and the Construction of Cuban Identity,” Paul E. Lovejoy ed., *Identity in the Shadow of Slavery*（London: Continuum, 2009）, p. 73.
▼3　Miguel A. de la Torre, *Santería: The Beliefs and Rituals of a Growing Religion in Americia*（Grand Rapids: William B. Eerdmans Publishing Co., 2004）, p. xii.
▼4　Fernand Ortiz, *Glossario de Afronegrismos*, 1924（La Habana: Editorial de Ciencias Sociales, 1991）, p. 266.
▼5　Arturo Rodríguez, “A Brief History of Bembé.” https://arturorodriguez.com/a-brief-history-of-bembe/　09/08/2021.
▼6　Michael Atwood Mason, *Living Santeria: Rituals and Experiences in an Afro-Cuban Religion*（Washington: Smithonian Books, 2002）, p. 8.
▼7　Ade Dopamu, “The Yoruba Religious System,” *Africa Update* Vol. 6, No. 3（Summer 1999）. https://web.ccsu.edu/Afstudy/supdt99.htm　2018/12/20.
▼8　William Bascom, *Sixteen Cowries: Yoruba Divination from Africa to the New World*（Bloomington: Indiana UP, 1980）, p. 33.
▼9　William Bascom, *Ifa Divination: Communication between Gods and Men in West Africa*（Bloomington: Indiana UP, 1969）, p. 103.
▼10　Mary Ann Clark, *Santería: Correcting the Myths and Uncovering the Reality of a Growing Religion*（Westport: Praeger, 2007）, p. 19.
▼11　Miguel Barnet, *Afro-Cuban Religions*（Princeton: Marcus Wiener Publishers, 2001）, p. 41.
▼12　*Ibid*., p. 67.

ハイチの砂糖市場からの撤退は、キューバを奴隷所有者が支配する社会に変えたのだった。ハイチ革命まで、キューバにいた8万5000人の奴隷は、大半が家内奴隷か都市労働者だったが、1827年には、奴隷の数は28万6942人に、そして1841年には43万6495人に達し、そのほとんどがサトウキビ・プランテーションで働かされていた」Elizabeth Abbott, p. 272. また、別の著者によれば、19世紀初頭、キューバ東部のシエラ・マエストラの山奥のティグアボスという町での奴隷所有の割合は、スペイン系の白人よりも、ハイチから逃げてきたフランス系の白人（ここでコーヒー・プランテーションを経営した）のほうが大きかったという。1811年の統計で、この町には602人が住んでいて、そのうち、フランス系白人は45人であるが、かれらが所有する奴隷は175人で、全人口の30パーセント弱にも及んだ。ちなみに、スペイン系の白人の人口は179人で、その奴隷は45人と少なかった。Gabino La Rosa Corzo, *Runaway Slave Settlement in Cuba: Resistance and Repression*. trans., Mary Todd（Chapel Hill: U of North Carolina P, 2003）, p. 92.

▼46　Philip D. Curtin, *The Atlantic Slave Trade: A Census*（Madison: U of Wisconsin P, 1969）, p. 34. Table 7 "The Slave Populations of Cuba and Puerto Rico 1765-1867." を参照して、越川が表2を作成。

▼47　Sydney Mintz, p. 47.

▼48　Elizabeth Abbott, pp. 271-272.

▼49　David. R. Murray, "Statistics of the Slave Trade to Cuba, 1790-1867," *Journal of Latin American Studies* Vol. 3, No. 2（November 1971）, p. 149.

▼50　*Ibid.*, p. 136. Table 3 "Cuban Population Figures 1775-1861, According to the Official Census." を参照して、越川が表3を作成。

▼51　Manuel Moreno Fraginals, Frank Moya Pons, and Stanley L. Engerman ed., *Between Slavery and Free Labor: The Spanish-Speaking Caribbean in the Nineteenth Century*（Baltimore: Johns Hopkins UP, 1985）, p. 15.

▼52　*Ibid.*, pp. 18-19.

▼53　*Ibid.*, p. 17.

▼54　"Sugar: World Markets and Trade," *United States Department of Agriculture/Foreign Agricultural Service*. https://www.fas.usda.gov/data/sugar-world-markets-and-trade　11/24/2021.

▼55　"Sugar Cane Production Quantity," *Knoema*. https://knoema.com/atlas/topics/Agriculture/Crops-Production-Quantity-tonnes/sugar-cane-production

▼34　杉本明、202頁。
▼35　日高秀昌ほか編『砂糖の事典』（東京堂出版、2009年）、4頁。
▼36「製糖過程についての史料は、紀元後になってしか出現しない。ただし、インドの文献には、もう少し早いものがあり、たとえば、パタンジャリの『マハーバーシュヤ』、つまりパーニニのサンスクリット研究への注釈書——およそあらゆる言語を通じて最初に書かれた文法書で、ほぼ紀元前400年ないし350年頃のもの——には、特定の食品との組み合わせのかたちで、繰り返し砂糖の記述が出現する」Sidney Mintz, p. 19.
▼37「アラブ軍による地中海諸島への攻撃やその後の断続的な統治によって、これらの島々にアラブ・イスラーム文化の影響がじわじわと浸透していった。砂糖きび栽培と砂糖生産もそのうちの重要な要素として数えることができる」佐藤次高『砂糖のイスラーム生活史』（岩波書店、2008年）、38頁。
▼38　エジプトのイスラム社会における砂糖の価値について、佐藤次高は次のように言う。「スルタン・バルスバーイ（在位一四二二—三八年）は、悪化した国庫収入の改善をはかるために、再三にわたって胡椒と砂糖の価格統制と専売政策を実行に移した。（中略）このとき政府が『胡椒と砂糖』の二品目を統制の対象に選んだことは、当時はこの二品目の取扱高が際立って大きかったことを示している」佐藤次高、116頁。
▼39　Sydney Mintz, p. xxix.
▼40　Elizabeth Abbott, *Sugar: A Bittersweet History*（Toronto: Penguin Canada, 2008), p. 120.
▼41「1100年頃、はじめてヨーロッパにもたらされた砂糖は、香料の中に分類されていた。（中略）香料はたいてい、非常に珍しく、エキゾティックで、高価な熱帯産輸入品であった」Sydney Mintz, pp. 79-80.
▼42　Sydney Mintz, p. 108.
▼43　新しくヨーロッパ人に好まれるようになった外来の飲み物について、角山榮は言う。「元来、良好な飲料水に恵まれないヨーロッパでは、ワインやビール、エールといったアルコール飲料の利用は盛んであったが、乏しかった非アルコール飲料の分野に、世界各地からどっと参入してきたのが三大非アルコール飲料である」角山榮「お茶と砂糖とお菓子」、伊藤汎監修『砂糖の文化誌』、13-14頁。
▼44　神代修『キューバ史研究——先住民社会から社会主義社会まで』（文理閣、2010年）、84頁。
▼45　カナダの歴史家エリザベス・アボットの言葉を引けば——「皮肉なことに、

でになった」Manuel Moreno Fraginals, Frank Moya Pons, and Stanley L. Engerman ed., *Between Slavery and Free Labor: The Spanish-Speaking Caribbean in the Nineteenth Century* (Baltimore: Johns Hopkins UP, 1985), p. 9.

▼17　Brian H. Pollitt, "The Rise and Fall of the Cuban Sugar Economy," *Journal of Latin American Studies* Vol. 36, No. 2 (May 2004), p. 320.　ちなみに、世界の生産高は、ポリットによれば、700万トンから2500万トンへ増加している。

▼18　*Op. cit.*

▼19　Benjamin Keen and Keith Haynes, *A History of Latin America: Volume 2 Independence to the Present* (Boston: Wadsworth, 2009), pp. 392-393.

▼20　「世界貿易におけるブラジルのコーヒーと同じように、キューバの砂糖生産は、ライバル国の生産計画や、国際砂糖ブローカーの購入計画に影響を与えずにはおかなかった」Brian H. Pollitt, p. 319.

▼21　César J. Ayala, p. 70. を参照して越川が表1を作成。

▼22　César J. Ayala, p. 70.

▼23　César J. Alaya, p. 236. Michael Fakhari, *Sugar and the Making of International Trade Law* (Cambridge: Cambridge UP, 2014), p. 99.

▼24　Carol Off, pp. 84-85.

▼25　Nick Miroff, "The Cuban Town, Mr. Hershey Built," *The Washington Post*, May 5, 2015.

▼26　Kathleen A. Deagan, *Columbus's Outpost among the Taínos: Spain and America at La Isabela 1493-1498* (Cruxent, José María: Mazal Holocaust Collection, 2002), p. 134.

▼27　アーヴィング・ラウス『タイノ人——コロンブスが出会ったカリブの民』(1992年／杉野目康子訳、法政大学出版局、2004年)、276頁。

▼28　Peter Macinnis, *Bittersweet: The Story of Sugar* (Sydney: Allen & Unwin, 2002), pp. 31-32.

▼29　*Op. cit.*

▼30　杉本明「世界のさとうきび」、伊藤汎監修『砂糖の文化誌』(八坂書房、2008年)、197頁。

▼31　Sidney Mintz, *Sweetness and Power: The Place of Sugar in Modern History* (New York: Penguin, 1986), p. 21.

▼32　杉本明、197頁。

▼33　Peter Macinnis, p. 5.

カからの問い』（平凡社、2011年）、329-363頁。

▼28　Roberto Cobas Amate, "Wifredo Lam: La Espiral Ascendente," *Resistencia y Libertad*（La Habana: Museo Nacional de Bellas Artes, 2009）, p. 21.

▼29　Robert Linsley, p. 292.

▼30　Fernando Ortiz, *Contrapunteo Cubano del Tabaco y el Azúcar*, 1963（La Habana: Editorial de Ciencias Sociales, 1983）, pp. 86-90.

第2章

▼1　八木啓代・吉田憲司『キューバ音楽』（青土社、2001年）、92頁。

▼2　Nicolás Guillén, "Caña," *Obra Poética Tomo I 1922-1959*（La Habana: Editorial Letras Cubanas, 2004）, p. 104.

▼3　Carol Off, *Bitter Chocolate: The Dark Side of the World's Most Seductive Sweet*（Toronto: Random House Canada, 2006）, p. 84.

▼4　César J. Ayala, *American Sugar Kingdom: The Plantation Economy of the Spanish Caribbean 1894-1934*（Chapel Hill: U of North Carolina P, 1999）. p. 87.

▼5　Alan Dye, *Cuban Sugar in the Age of Mass Production*（Stanford: Stanford UP, 1998）, p. 63.

▼6　César J. Ayala, p. 86. Alan Dye, pp. 58-59.

▼7　Alan Dye, p. 59.

▼8　*Op.cit*.

▼9　César J. Ayala, p. 86.

▼10　Carol Off, p. 85.

▼11　"Central Hershey, Cuba: 1916-1946," *Hershey Community Archives*. https://hersheyarchives.org/encyclopedia/cuba-central-hershey-1916-1946 07/21/2020.

▼12　*Op.cit*.

▼13　Fernando Ortiz, *Glosario de Afronegrismos*（La Habana: Imprenta "El Siglo XX", 1924）, p. 532.

▼14　"Central Hershey, Cuba: 1916-1946," *Hershey Community Archives*.

▼15　Carol Off, p. 85.

▼16　専門家は数字を上げてこう述べている。「1860年代には、ビート糖の生産は35万2000トンで、世界における砂糖生産の20パーセントにすぎなかったが、1890年には370万トンにものぼり、砂糖の全生産量の59パーセントを占めるま

Angleria. 'These tempestes of the ayer (which the Grecians caule Tiphones... they caule, Furacanes...violent and furious Furacanes, that plucked vppe greate trees.' "

▼11　Paula Sato, "Wifredo Lam, the Shango Priestess, and the Femme Cheval," *Journal of International Women's Studies* Vol. 17, No. 3 (2016), p. 92. http://vc.bridgew.edu/jiws/vol17/iss3/8　01/20/2021.

▼12　Julia P. Herzberg, "Wifredo Lam: Return to Havana and the Afro-Cuban Tradition," *Latin American Literature and Arts* 37 (January-June 1987), p. 24.

▼13　Inés María Martinatu, *Cuba: Costumbre y Tradiciones* (La Habana: Prensa latina, 2006), p. 34.

▼14　Carol Off, *Bitter Chocolate: The Dark Side of the World's Most Seductive Sweet* (Tronto: Random House Canada, 2006), pp. 84-85.

▼15　Robert Linsley, "Wifredo Lam: Painter of Negritude," Kimberly N. Pinder ed., *Race-ing Art History: Critical Readings in Race and Art History* (New York: Routledge, 2002), p. 292.

▼16　Homi Bahbah, *The Location of Culture* (London: Routledge, 1994), p. 86.

▼17　工藤多香子「郷土への回帰――ラム、カブレーラ、カルペンティエルと黒人の呪術」、鈴木雅雄・真島一郎編『文化解体の想像力――シュルレアリスムと人類学的思考の近代』(人文書院、2000年)、243-283頁。

▼18　Natalia Bolívar Aróstegui, *Los Orishas en Cuba* (La Habana: Ediciones Union, 1990), p. 66.

▼19　『ヴィフレド・ラム展――変化《へんげ》するイメージ』(横浜美術館、2002年)、77頁。

▼20　Robert Linsley, p. 290.

▼21　Max-Pol Fouchet, *Wifredo Lam* (New York: Rizzoli, 1976). p. 183.

▼22　Julia P. Herzberg, p. 29.

▼23　Valerie J. Fletcher, "Wifred Lam: Art of Pride and Anger," *Wifred Lam in North Amrica* (Milwaukee: Marquette University, 2007), p. 55.

▼24　Max-Pol Fouchet, p. 259.

▼25　Paula Sato, p. 98.

▼26　Robert Linsley, p. 300.

▼27　工藤多香子「リディア・カブレーラ――ネグロに理想を追い求めて」、真島一郎編『二〇世紀〈アフリカ〉の個体形成――南北アメリカ・カリブ・アフリ

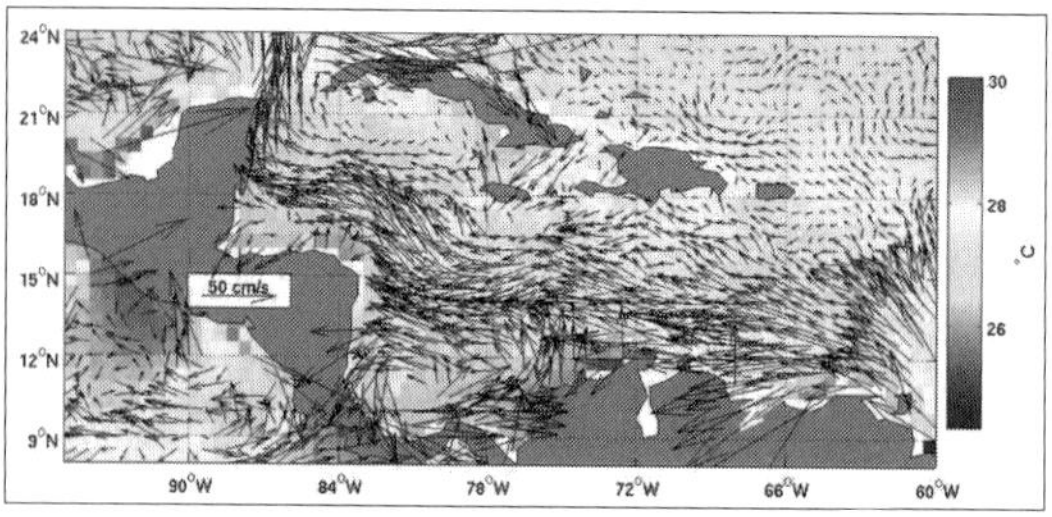

図2　キューバ近辺の海流の方向。"The Caribbean Current," *Surface Currents in the Caribbean Sea.* https://oceancurrents.rsmas.miami.edu/caribbean/caribbean_2.html　08/20/2020.

第1章　2

▼1　Fernando Ortiz, *El Huracán: Su Mitología y Sus Símbolos*（México: Fondo de Cultura Económica, 1947）, p. 65.

▼2　*Ibid.*, p. 70-72.

▼3　J. L. A. Perez, *Winds of Change: Hurricanes and the Transformation of Nineteenth-Century Cuba*（Chapel Hill: U of North Carolina P, 2001）, p. 17.

▼4　*Op.cit.*

▼5　Allen J. Christenson trans., *Popol Vuh: Sacred Book of the Quiché Maya People, 2007*. mesoweb.com/publications/Christenson/PopolVuh.pdf. 05/20/2020.

▼6　Fernando Ortiz, p. 97.

▼7　*Op.cit*. なお、シュラーの論文は以下の通り。Rudolph Schuller, "Zur Sprachlichen Verwandtchaft der Maya-Quitche mit den Carib-Aruac," *Anthropos* XIV-AV（1919）, p. 465.

▼8　杉井正史「プロスペロのいらだち（1）」『大阪市立大学文学部紀要』第46巻第13分冊（1994年）、15-22頁。杉井正史「プロスペロのいらだち（2）」『大阪市立大学文学部紀要』第47巻第11分冊（1995年）、31-38頁。

▼9　*Oxford English Dictionary Online.* https://www.oed.com/view/Entry/198906?rskey=PLxLEt&result=1&isAdvanced=false#eid　10/18/2020.

▼10　『オックスフォード大辞典』の "hurricane" の項目の原文は、以下のとおり。"1555 *Decades of Newe Worlde* i. iv. f. 21v. R. Eden tr. Peter Martyr of

(Review)," *Earth-Science Reviews* Vol. 98, Issue 3-4 (February 2010), pp. 283-293.

▼20　A. C. Kerr, D. G. Pearson, and G. M Nowell, "Magma Source Evolution beneath the Caribbean Oceanic Plateau: New Insights from Elemental and Sr-Nd-Pb-Hf Isotopic Studies of ODP Leg 165 Site 1001 Basalts (Article)," *Geological Society Special Publication* Vol. 328 (2009), pp. 809-827.

▼21　E. G. Lidiak and T. H. Anderson, "Evolution of the Caribbean Plate and Origin of the Gulf of Mexico in Light of Plate Motions Accommodated by Strike-slip Faulting (Article)," *Special Paper of the Geological Society of America* Vol. 513 (2015), pp. 1-88.　なお白亜紀とは、1億4500万年前から6600万年前まで。ジュラ紀はもっと古く、2億130万年前から1億4500万年前までの地質時代である。

▼22　Global Note「世界の年間降水量　国別ランキング・推移」https://www.globalnote.jp/post-816.html　05/10/2022.

▼23　Édouard Glissant, *Le Discours Antillais* (Paris: Seuil, 1981), p. 170.

▼24　エドゥアール・グリッサン『多様なるものの詩学序説』(1996年／小野正嗣訳、以文社、2007年)、10頁。

▼25　より精細な海流の方向についての地図は以下の図1、図2のとおり。

▼26　『多様なるものの詩学序説』、11頁。

▼27　M. Tollis, "Genetic Variation in the Green Anole Lizard (Anolis Carolinensis) Reveals Island Refugia and a Fragmental Florida During the Quaternary," *Genetica* Vol. 142, No. 1 (Febuary 2014), pp. 59-72.

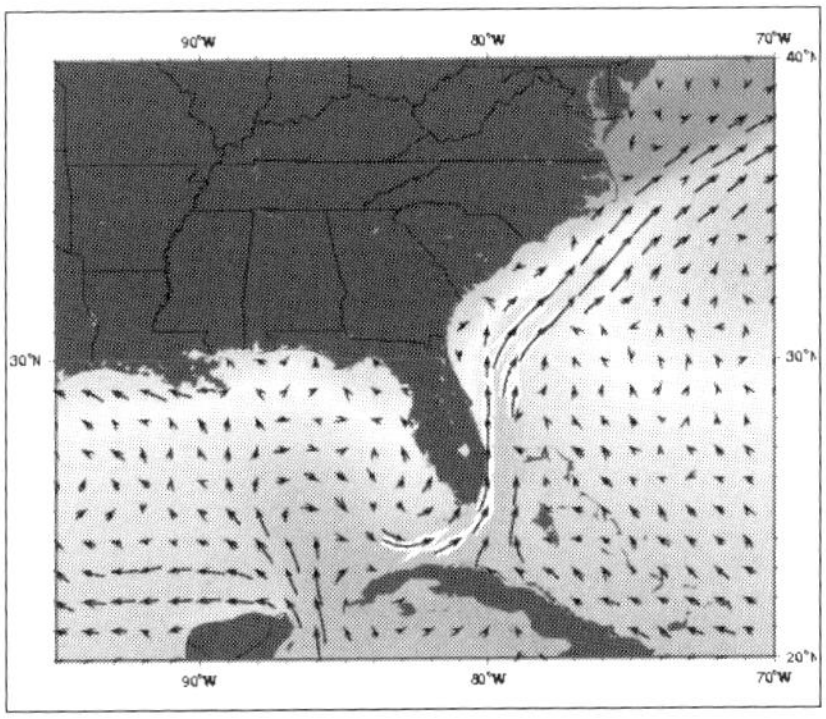

図1　フロリダ近辺の海流の方向。"The Florida Current," *Surface Currents in the Caribbean Sea.* https://oceancurrents.rsmas.miami.edu/caribbean/florida.html　08/20/2020.

るからだ。（中略）アンティリャス諸島、別名、風上諸島（ウインドウォード・アイランズ）は、いまでも『カリブ海諸島』と呼ばれている。カリブという名称は、ずっと昔にヨーロッパのキリスト教徒によってほぼ絶滅させられた先住民の名前に由来する。残りの住民も、黒人（その祖先が先住民によって解放されたり、難破から救われたりした）と混血して、最近はセントヴィンセント諸島で隷属状態にある」Thomas Kitchin, *The Present State of the West-Indies: Containing an Accurate Description of What Parts Are Possessed by the Several Powers in Europe*（London: R. Baldwin, 1778）, p. 5. https://www.loc.gov/resource/rbc0001.2019preimp08613/?sp=14&r=-0.059,0.098,1.293,0.777,0　08/24/2021.

▼14　カリブ海の島々の略奪を目的にしたヨーロッパ諸国の争いについて、伊藤みちるはこう述べている。「17世紀にはトリニダード近隣のカリブ海南東のアンティル諸島の領有権を巡り、イギリスやフランス、オランダやデンマークなどのヨーロッパ列強が進出してきた。そのためカリブ海地域には、1814年にイギリス領となる以前の316年間に、オランダ、フランス、イギリスの間で領有権が31回移動したトバゴや、1674年から1814年までにフランスとイギリスで領有権が13回移動したセントルシアのような島々が少なくない」「旧英領カリブ海地域における白人性の多様性――バルバドスとトリニダードの比較」『人間生活文化研究』（大妻女子大国際センター）No. 28（2018年）、662-663頁。https://www.jstage.jst.go.jp/article/hcs/2018/28/2018_660/_pdf/-char/ja　09/08/2020.

▼15　Ann H. Ross, William F. Keegan, Michael P. Pateman & Colleen B. Young, "Faces Divulge the Origins of Caribbean Prehistoric Inhabitants," *Scientific Reports* Vol. 10, No.147（2020）. https://www.nature.com/articles/s41598-019-56929-3?fbclid=IwAR2mkKqvD-XmziligYvgOxpwOZCj8_Tqlf18tk-EL94-cMsYhAX7IORmXL4　09/20/2020. その他に、アーヴィング・ラウスによる二つの著作を参照。『考古学への招待』（1986年／小谷凱宣訳、岩波書店、1990年）、133-193頁。『タイノ人――コロンブスが出会ったカリブの民』（1992年／杉野目康子訳、法政大学出版局、2004年）、73-219頁。

▼16　Nicolás Guillén, "Largo Lagarto Verde," pp. 8-9.

▼17　Nicolás Guillén, "Vine en Un Barco Negrero...," *Obra Poetica Tomo I*, pp. 85-86.

▼18　Lydia Cabrera, *El Monte*, 1954（Miami: Ediciones Universal, 2000）, p. 554.

▼19　A. R. Hastie and A. C. Kerr, "Mantle Plume or Slab Window?: Physical and Geochemical Constraints on the Origin of the Caribbean Oceanic Platau

ルナンド王とイサベル女王にあてた書簡にそれが見られる。例えば、「両陛下はカトリック教徒として、（中略）マホメットの教えや、すべての偶像崇拝や、邪教の敵として、この私、クリストーバル・コロンを、インディアの先にのべた地方へ派せられ、彼の地の君主や、人民や、さらに土地、その模様や、その他すべてを見聞して、彼らを聖なる教えに帰依させることが出来るような方途を探求するようにと命ぜられ、そのためには、従来から通ってきた東の陸地からではなく、今日まで人の通ったことがあるかどうかが確かではない西方から赴くようにと仰せ付けられました」『コロンブス航海誌』、9-10頁。

▼11　マルコ・ポーロ『東方見聞録2』（愛宕松男訳、平凡社東洋文庫、1971年）、130頁。「チパング（日本国）は、東のかた、大陸から千五百マイルの大洋中にある、とても大きな島である。（中略）この国ではいたる所に黄金が見つかるものだから、国人は誰でも膨大な黄金を所有している。（中略）この国王の一大宮殿は、それこそ黄金ずくめで出来ているのですぞ。我々ヨーロッパ人が家屋や教会堂の屋根を鉛板でふくように、この宮殿の屋根はすべて純金でふかれている。（中略）宮殿内に数ある各部屋の床も、全部が指二本幅の厚さをもつ純金で敷きつめられている。このほか広間といわず窓といわず、いっさいがすべて黄金造りである」

また、訳者の愛宕はこうも述べている。「わが国を豊富な産金国だと報じているのは、マルコ・ポーロによる全くの造り話ではない。朝廷から日本商船に託して遣唐使・遣隋使のもとに届けられた留学滞在費がほとんどすべて砂金であったことは、仁明朝の遣唐使請益僧、後の慈覚大師円仁『入唐求法巡礼行記』に見える所であるし、（中略）こういった経緯から、わが国に対する産金国としてのイメージが唐宋以来の中国人、特に東海方面の貿易に従事する江南の中国商人の間に印象づけられていたのであって、マルコ・ポーロは当時の中国人一般のこのイメージを代弁しているにすぎない」『東方見聞録2』、133-134頁。

▼12　Clements R. Markam trans., *Journal of Christopher Columbus*, pp. 3-9.

▼13　イギリスはスペインやフランスなどに遅れて植民地経営に乗り出したので、まず現状を把握する必要性があったのであろう。18世紀イギリス人による書物『西インド諸島の現状――どの地域がヨーロッパの諸帝国によって所有されているかについての詳細な記述』（1778年）には、船で当地に向かう者にもわかりやすく風の動きが丁寧に説明されている。「これらの島々は、最初のスペイン人の発見者たちが『アンティリャス』と呼んだ、『フォワード・アイランズ（前にある諸島）』だ。その名のとおり、海洋に向かって前進してくるような障壁をなしてい

▼4　現在、「西インド諸島」という呼称は、カリブ海の大小アンティリャス諸島を包括するだけでなく、北のバハマ諸島を含む大きな海域を指す。その由来は、遠く中世の「西のインディア」に遡る。林屋永吉は、コロンブス時代の「インディア」という呼称についてこう述べている。「インディア、又はインディアスは、今日のインドだけを指すのではなく、ヨーロッパから見てさらにアジア全体を意味している。この地域について、十五世紀末のヨーロッパ人は、プトレマイオス［AD一二一―一五一］の天文、地理学の知識と、十五世紀初頭以降のポルトガル人のアフリカ航海によってもたらされた知識しか持ち合わせていなかった。これらによって彼らは、アジアをガンジス川の東のインディアと、西のインディアに分け、東のインディアは大半島を形成しているものと考えていた」（『コロンブス航海誌』、訳注3、253-254頁）

▼5　聖職者デ・ラス・カサスはピサーロについて、こう記述している。「一五三一年、別の札付きの無法者は部下たちを率いて、ペルーの王国へ向かった。彼はその王国へ侵入したが、その時の彼の考えや狙いや方針はそれまでのスペイン人たちが抱いていたものと変わりがなかった。（中略）彼の眼中には神も人もなく、ただひたすら彼は村々を破壊し、そこに暮らしていた人びとを破滅させ、殺害した」『インディアスの破壊についての簡潔な報告』（染田秀藤訳、岩波文庫、1976年）、139頁。

▼6　J. G. Bartholomew, *A Literary and Historical Atlas of America*（London: J. M. Dent & Sons Ltd, 1884）. https://archive.org/details/literaryhistoric00bartuoft/page/n5/mode/2up　08/30/2020.

▼7　Clements R. Markam trans., *Journal of Christopher Columbus（During His First Voyage, 1492-93）and Documents Relating to the Voyages of John Cabot and Gaspar Corte Real*（London: Hakluyt Society, 1893）, p. ii, pp. 3-11. https://books.google.co.jp/books?id=2mvK60VAdCcC&printsec=frontcover&hl=ja&source=gbs_ge_summary_r&cad=0#v=onepage&q&f=false　09/07/2020.

▼8　"Behaim Globe 1492," Joseph Jacobs, *The Story of Geographical Discovery: How the World Became Known*（London: G. Newnes, 1899）. https://commons.princeton.edu/mg/behaim-globe-1492　12/24/2021.

▼9　"#258 Behaim Globe," *Index to Maps & Monographs.* http://www.myoldmaps.com/late-medieval-maps-1300/258-martin-behaims-globe/258-behaim.pdf　09/06/2020.

▼10　キリスト教の布教活動としての航海の意義としては、コロンブスがフェ

註

まえがき

▼1　マルティニーク出身の思想家・精神分析医のフランツ・ファノンは植民地における黒人たちによる「人種主義」の「内面化」（心理機制）について、『黒い皮膚・白い仮面』（1952年／海老坂武・加藤晴久訳、みすず書房、新装版、2020年）の中でこう述べている。「（植民地の黒人が）劣等意識を抱くことは、ヨーロッパ人が優越意識を抱くことの土着的相関物である。（黒人の）劣等コンプレックス症を作るのは（ヨーロッパと植民地の）人種差別主義者である」（115頁）

▼2　八木啓代・吉田憲司『キューバ音楽』（青土社、2001年）、74-87頁。

▼3　Fernand Ortiz, *Contrapunteo Cubano del Tabaco y al Azúcar*, 1963（La Habana: Editorial del Ciencia Sociales, 1983）.

▼4　Homi Bahbah, *The Location of Culture*（London: Routledge, 1994）, p. 86.

▼5　フランツ・ファノン『地に呪われたる者』（1961年／鈴木道彦・浦野衣子訳、みすず書房、新装版、2015年）、205頁。

第1章　1

▼1　Nicolás Guillén, "Largo Lagarto Verde," *Obra Poetica Tomo II: 1958-1977*（La Habana: Editorial Letras Cubanas, 1985）, p. 8.

▼2　林屋永吉によれば、「三隻の船が備えていた武器については、サンタ・マリア号には、砲口十センチメートル（または九センチメートル）、長さ一・五メートルの擲弾砲《ロンバルダ》四門及び石弾が、ピンタ、ニーニャの両船にはそれよりも、やや小型の擲弾砲及び鉛弾、そして各船に小鷹砲《ファルコネーテ》が数門積載されていた」という。林屋永吉訳『コロンブス航海誌』（岩波文庫、1977年）、訳注7、255頁。

▼3　前掲書65頁。ただし、のちに、コロンブスがアラゴン王国の計理官に送った書簡では、あまりに大きいので島ではなく、カタヨ、つまり中国大陸と修正している。「フアナ（現キューバ）島へつきましてから、私は海岸に沿って西へ下りましたが、この島があまりにも大きいので、これこそ大陸すなわち、カタヨ州《プロビンシア》だと思ったのであります」「計理官ルイス・デ・サンタンヘルへの書簡」林屋永吉訳『コロンブス　全航海の報告』（岩波文庫、2011年）、44-45頁。

Como Viene Niño Atocha
Limpiando Sendeno
(colo)
Ay Pero Que Lindo Esa Luz
Ay Pero Que Lindo Ese Luzero
Como Viene Niño Atocha
Limpiando Sendeno

「なんてきれいな光」
(ボーカル)
なんてきれいな光
ああ　なんてきれいな大星
こちらに　アトーチェの聖なる子がやってくる
山の小径《こみち》をきよめながら
(コーラス)
なんてきれいな光
ああ　なんてきれいな大星
こちらに　アトーチェの聖なる子がやってくる
山の小径をきよめながら

＊カトリック教会のアトーチェの聖なる子（イエス）は、サンテリアのエレグアと習合している。だから、これはディアスポラの民にとって、エレグアを讃える歌である。

献辞
ベンベの歌は、2012年冬に、サンティアゴの歌手のマリに依頼して、歌ってもらったものです。歌手のマリの惜しみない親切と、録音の手配をしてサポートしてくれたアルレネ・アントマルチに感謝します。
(En el invierno de 2012 grabé canciones de bembé interpretadas por la cantante Mari de Santiago de Cuba. Estoy infinitamente agradecido por su generoso esfuerzo. También agradezco a Arlene Antomarchi por su inestimable ayuda en la organización de la grabación.)

（コーラス）
木を伐りなさい　私の木が倒れたがっているから

㉒ **“Oshun”**
（solo）
Brilla el Sol
Brilla La Luna
Brilla La Estrella de Oriola Amen
Es Maria Con Se Vida Sin Pecado Original Amen
（colo）
Brilla El Sol
Brilla La Luna
Brilla La Estrella de Oriola Amen
Es Maria Con Se Vida Sin Pecado Original Amen

（solo）
Sin Pecado Fuiste al Cielo
Sin Pecado Original Amen
（colo）
Sin Pecado Fuiste al Cielo
Sin Pecado Original Amen

「オチュン」
（ボーカル）
輝け太陽
輝け月
輝けオリオン座　アーメン
それは　原罪なきマリアの生　アーメン
（コーラス）
輝け太陽
輝け月
輝けオリオン座　アーメン
それは　原罪なきマリアの生　アーメン

（ボーカル）
罪なく天に向かった
原罪なく　アーメン
（コーラス）
罪なく天に向かった
原罪なく　アーメン

＊アフロ信仰で恋愛と黄金を司る川の女神オチュンは、エル・コブレのカトリック教会の黒色のマリア（慈善の処女聖母）と習合している。

㉓ **“Que Linda La Luz”**
（solo）
Que Linda Es La Luz
Ay Que Lindo Ese Luzero
Por Alli Viene el Niño Atoche
Limpiando Sendero
（colo）
Que Linda Es La Luz
Ay Que Lindo Ese Luzero
Por Alli Viene el Niño Atoche
Limpiando Sendero

（solo）
Ay Pero Que Lindo Esa Luz
Ay Pero Que Lindo Ese Luzero

（コーラス）
オグン　アレレ　ペリレ　パロ・モンテ

（ボーカル）
オグン　アレレ　ペリレ　パロ・サント
（コーラス）
オグン　アレレ　ペリレ　パロ・サント

＊アフロ信仰で鉄・鉱物を司る精霊オグンは、カトリック教会の聖ペテロ、聖パウロほかと習合している。サンテリアの民衆的な想像力の中では、オグンは山や森に、犬を友にしてひとりで暮らす、仕事熱心な鍛冶屋である。

⑳ "Ayaba Matanza de Ogún"
(solo)
Ayaba Matanza de Ogún
(colo)
Ayaba Matanza de Ogún

「アヤバ　オグンのための生贄」
（ボーカル）
アヤバ（やりましょう）オグンのための生贄を
（コーラス）
アヤバ（やりましょう）オグンのための生贄を

＊オグンのために山羊を屠《ほふ》るときの歌。ヨルバ語の「アヤバ」には女王という意味がある。

㉑ "21 Palo Tiene Elegguá"
(solo)
21 Palo(s) Tiene Elegguá
Y Él Que Lo Tumbe Sera Buen Achero
Acha Que Tumbe Un Palo
(colo)
21 palo(s) Tiene Elegguá
Y Él Que Lo Tumbe Sera Buen Achero
Acha Que Tumbe Un Palo

(solo)
Acha Porque a Mi Palo Quiere Tumbar
(colo)
Acha Porque a Mi Palo Quiere Tumbar

「エレグアは21本の木を持っている」
（ボーカル）
エレグアは21本の木を持っている
それを伐る人は　よい木こり
木を伐る刀《アチャ》で
（コーラス）
エレグアは21本の木を持っている
それを伐る人は　よい木こり
木を伐る刀《アチャ》で

（ボーカル）
木を伐りなさい　私の木が倒れたがっているから

（コーラス）
私の木を、木を伐ってはいけない
夜の12時に　私の木を崇めなさい
私の木を崇めなさい

（ボーカル）
バルバリタ　あなたの木を崇めなさい
バルバリタ　あなたの木を崇めなさい
（コーラス）
バルバリタ　あなたの木を崇めなさい
バルバリタ　あなたの木を崇めなさい

＊バルバリタは、女性名バルバラの愛称。

⑲ "Monte de Ogún"
(solo)
Ogún Se Fue Pa' Monte
Palo Monte de Dios
Compermiso de Dios
Ogún No Tiene Miedo
Ariba Papa Changó
(colo)
Ogún Se Fue Pa' Monte
Palo Monte de Dios
Compermiso de Dios
Ogún No Tiene Miedo
Ariba Papa Changó

(solo)
Ogún Arere Perire Perire
(colo)
Ogún Arere Perire Perire

(solo)
Ogún Arere Prerire Palo Monte
(colo)
Ogún Arere Prerire Palo Monte

(solo)
Ogún Arere Perire Palo Santo
(colo)
Ogún Arere Perire Palo Santo

「オグンの山」
（ボーカル）
オグンは山に向かった
神のパロ・モンテに
神の許しを得て
オグンは恐れない
山にはパパ・チャンゴーがいるから
（コーラス）
オグンは山に向かった
神のパロ・モンテに
神の許しを得て
オグンは恐れない
山にはパパ・チャンゴーがいるから

（ボーカル）
オグン　アレレ　ペリレ　ペリレ
（コーラス）
オグン　アレレ　ペリレ　ペリレ

（ボーカル）
オグン　アレレ　ペリレ　パロ・モンテ

Mi Madrina Santa Bárbara
Me Dijo un Dia
Que Si Yo Creía en Ella
Que Fuera a Su Altar
Y Que Cojera Su Espada
Y Que al Monte Fuera a Guerrillar

「私のマドリーナ　聖女バルバラ」
（ボーカル）
私のマドリーナ　聖女バルバラ
ある日　私に言った
もし私を信じるならば
私の祭壇にやってきて
私の剣を手にとって
山に行って　ゲリラとして戦いなさい
（コーラス）もっと速く
私のマドリーナ　聖女バルバラ
ある日　私に言った
もし私を信じるならば
私の祭壇にやってきて
私の剣を手にとって
山に行って　ゲリラとして戦いなさい

＊カトリック教会の聖女バルバラは、火や雷や太鼓を司るチャンゴーと習合し、片手に剣を持っている。アフリカン・ディアスポラの民は、チャンゴーの化身として聖女バルバラを拝んだ（図1参照）。

図1
聖女バルバラ

⑱ "No Tumbe Mi Palo"
(solo)
No Tumbe Mi Palo Mi Palo
Se Repeta a La(s) Doce de La Noche
Mi Palo Se Repeta
(colo)
No Tumbe Mi Palo Mi Palo
Se Repeta a La(s) Doce de La Noche
Mi Palo Se Repeta

(solo)
Barbarita Tu Palo Se Repeta
Barbarita Tu Palo Se Repeta
(colo)
Barbarita Tu Palo Se Repeta
Barbarita Tu Palo Se Repeta

「私の木を伐《き》ってはいけない」
（ボーカル）
私の木を、木を伐ってはいけない
夜の12時に　私の木を崇めなさい
私の木を崇めなさい

Alli Tengo Mi Nganga
Kenke Bukenke
(colo)
Negro Cimarrón Dale Pa' Palenque
Alli Tengo Mi Nganga
Kenke Bukenke

「ネグロ・シマロン（逃亡奴隷）」
（ボーカル）
ネグロ・シマロン　パレンケへ向かう
パレンケへ向かう
ケンケ・ブケンケ
（コーラス）
ネグロ・シマロン　パレンケへ向かう
パレンケへ向かう
ケンケ・ブケンケ

（ボーカル）
ネグロ・シマロン　パレンケへ向かう
あそこには　私のンガンガがある
ケンケ・ブケンケ
（コーラス）
ネグロ・シマロン　パレンケへ向かう
あそこには　私のンガンガがある
ケンケ・ブケンケ

＊ンガンガとは、アフロキューバ信仰「パロ・モンテ」で、強力なパワーの宿る聖櫃《せいひつ》。

⑯ **"Madrina Me Dio La Letra"**
(solo)
Okana-e Madrina Me Dio La Letra
Okana-e Madrina Me Dio La Letra
Pero No La Dio Completa
(colo)
Okana-e Madrina Me Dio La Letra
Okana-e Madrina Me Dio La Letra
Pero No La Dio Completa

「マドリーナが占いのことばを告げる」
（ボーカル）
マドリーナが占いのことばを告げる
マドリーナが占いのことばを告げる
でも　すべては告げない
（コーラス）
マドリーナが占いのことばを告げる
マドリーナが占いのことばを告げる
でも　すべては告げない

＊マドリーナとは、カトリック教徒の伝統で、血のつながりはないが、母親代わりをしてくれる人のこと。アフロ信仰では、ディログン（宝貝）占いのできるサンテラ（女性司祭）が信徒のマドリーナになることが多い。

⑰ **"Mi Madrina Santa Bárbara"**
(solo)
Mi Madrina Santa Bárbara
Me Dijo un Dia
Que Si Yo Creía en Ella
Que Fuera a Su Altar
Y Que Cojera Su Espada
Y Que al Monte Fuera a Guerrillar
(colo) mas rápido

⑭ **Obatalá**
(solo)
Obatalá, Oh-batalá Te Llamo
Como Viene la Mercede(s)
Haciendo Obra de Carida(d)
(colo)
Obatalá, Oh-batalá Te Llamo
Como Viene la Mercede(s)
Haciendo Obra de Carida(d)

(solo)
Como Viene La Mercede(s)
Haciendo Obra de Caridad(d)
(colo)
Como Viene La Mercede(s)
Haciendo Obra de Carida(d)

(solo)
Como Viene Ese Santo Lindo
Haciendo Obra de Carida(d)
(colo)
Obatalá, Obatalá
(solo)
Madre Mio
Te Quiero Mucho

「オバタラ」
(ボーカル)
オバタラ　オバタラ　私があなたを呼ぶと
慈悲の処女聖母がやってきて
慈善活動をする
(コーラス)
オバタラ　オバタラ　私があなたを呼ぶと
慈悲の処女聖母がやってきて
慈善活動をする

(ボーカル)
うつくしい処女聖母がやってきて
慈善活動をする
(コーラス)
うつくしい処女聖母がやってきて
慈善活動をする

(ボーカル)
うつくしい処女聖母がやってきて
慈善活動をする
(コーラス)
オバタラ　オバタラ
(ボーカル)
私の聖母
私はあなたを愛します

⑮ **"Negro Cimarrón"**
(solo)
Negro Cimarrón Dale Pa' Palenque
Dale Pa' Palenque
Kenke Bukenke
(colo)
Negro Cimarrón Dale Pa' Palenque
Dale Pa' Palenque
Kenke Bukenke

(solo)
Negro Cimarrón Dale Pa' Palenque

へ逃げてきた。

⑫ “Congo” Para Muerto Africano (Negro)

(solo)
Congoe, Congoe, Congo(e)
Congo La Guine(a)
(colo) mas rapido
Congoe, Congoe, Congo(e)
Congo La Guine(a)

(solo) con varios tones, mas alta
Congoe, Congoe, Congo(e)
Congo La Guine(a)
(colo)
Congoe, Congoe, Congo(e)
Congo La Guine(a)

「コンゴ」(アフリカ人の死者の霊に捧げる)
(ボーカル)
コンゴ～エ　コンゴ～エ　コンゴ～エ
コンゴ　ラ・ギネ（ギニア人）
(コーラス) もっと速く
コンゴ～エ　コンゴ～エ　コンゴ～エ
コンゴ　ラ・ギネ（ギニア人）

(ボーカル) 変化をつけて　ずっと高い音程で
コンゴ～エ　コンゴ～エ　コンゴ～エ
コンゴ　ラ・ギネ（ギニア人）
(コーラス)
コンゴ～エ　コンゴ～エ　コンゴ～エ
コンゴ　ラ・ギネ（ギニア人）

⑬ “Escobita” Con la Danza del Qesto de Barrer las Hojas

(solo)
Escobita Barendera
Bare Con To(do)
(colo)
Escobita Barendera
Bare Con To(do)
(solo)
Hasta el Año Que Yo Vuelva
(colo)
Hasta el Año Que Yo Vuelva

＊「escobita」は小さなほうきを意味する縮小辞。

「ほうきの歌」(葉っぱを掃く仕草の踊りと共に)
(ボーカル)
エスコビータ（ほうきちゃん）バレンデーラ（掃くひと）
すべて掃ききよめなさい
(コーラス)
エスコビータ（ほうきちゃん）バレンデーラ（掃くひと）
すべて掃ききよめなさい
(ボーカル)
私が戻ってくる年まで
(コーラス)
私が戻ってくる年まで

さあパウダーをつけましょう　つけましょう
エレグアの息子たち

(ボーカル)
さあ　食べましょう　食べましょう
エレグアの息子たち
(コーラス)
さあ　食べましょう　食べましょう
エレグアの息子たち

＊エレグアのための生贄を殺すまえに、動物の体を洗い、乾かし、パウダーをつけるときに歌う（夜の1時から2時ごろ)。

⑪ **"Yo No Soy de Aquí"**
(solo)
Yo No Soy de Aquí
Yo No Soy de Aquí
Cruze Siete Mare(s)
Pa' Llegar Aquí
(colo)
Yo No Soy de Aquí
Yo No Soy de Aquí
Cruze Siete Mare(s)
Pa' Llegar Aquí

(solo)
Yo Vengo de Haití
Cruze Siete Mare(s)
Pa' Llegar Aquí
(colo)
Yo Vengo de Haití
Cruze Siete Mare(s)
Pa' Llegar Aquí

「おれ（私）はここの者じゃない」
(ボーカル)
おれ（私）は　ここの者じゃない
おれ（私）は　ここの者じゃない
7つの海をわたって
ここにたどり着いた
(コーラス)
おれ（私）は　ここの者じゃない
おれ（私）は　ここの者じゃない
7つの海をわたって
ここにたどり着いた

(ボーカル)
ハイチからやってきた
7つの海をわたって
ここにたどり着いた
(コーラス)
ハイチからやってきた
7つの海をわたって
ここにたどり着いた

＊ハイチはキューバの隣国。キューバから南に50キロほどしか離れていない。ながらくフランスの植民地だったが、19世紀初めに黒人革命がおこったとき、フランス系のプランテーションの主人が黒人奴隷（バンツー語系コンゴが多い）を連れて、キューバの東部（サンティアゴ・デ・クーバほか）

ジャジャ・イボレレに　一緒に行こう

＊チャンゴーはエレグアを信頼している。サンテリアの神話によれば、チャンゴーは生まれたときに父親に殺されかけ、エレグアによって助けられたことがあるからだ。

⑩ “Lo(s) Hijo(s) de Elegguá”

(solo)
Se Bañan, Se Bañan
Lo(s) Hijo(s) de Elegguá
(colo)
Se Bañan, Se Bañan
Lo(s) Hijo(s) de Elegguá

(solo)
Se Secan, Se Secan
Lo(s) Hijo(s) de Elegguá
(colo)
Se Secan, Se Secan
Lo(s) Hijo(s) de Elegguá

(solo)
Se Tarcan, Se Tarcan
Lo(s) Hijo(s) de Elegguá
(colo)
Se Tarcan, Se Tarcan
Lo(s) Hijo(s) de Elegguá

(solo)
Se Peina, Se Peina
Lo(s) Hijo(s) de Elegguá
(colo)
Se Tarcan, Se Tarcan
Lo(s) Hijo(s) de Eleggua

(solo)
Ya Comen, Ya Comen
Lo(s) Hijo(s) de Eleggua, Ya Comen
(colo)
Ya Comen, Ya Comen
Lo(s) Hijo(s) de Eleggua, Ya Comen

「エレグアの息子たち」
(ボーカル)
さあ水で洗いましょう　水で洗いましょう
エレグアの息子たち
(コーラス)
さあ水で洗いましょう　水で洗いましょう
エレグアの息子たち

(ボーカル)
さあ乾かしましょう　乾かしましょう
エレグアの息子たち
(コーラス)
さあ乾かしましょう　乾かしましょう
エレグアの息子たち

(ボーカル)
さあパウダーをつけましょう　つけましょう
エレグアの息子たち
(コーラス)

（コーラス）
バリの聖フアン
私はバビロニアに行く
私はバビロニアに行く
キリストがそう命じたからだ

＊バビロニアは、ユダヤ教・キリスト教の世界では、バベルの塔（旧約聖書）、退廃的な都市（新約聖書）など、「悪徳」と結びついているが、アフリカ奴隷にとっては、自由を保障された「天国」、あるいは逃亡奴隷の聖域「パレンケ」を意味したのかもしれない。

⑧ "Yemaya"
(solo)
Yemaya La Luna Reina de Lo(s) Mare(s)
Tu Quita Pesare(s) Madre a La Humanida(d)
Tu Quita Pesare(s) Madre a La Humanida(d)
(colo)
Yemaya La Luna Reina de Lo(s) Mare(s)
Tu Quita Pesare(s) Madre a La Humanida(d)
Tu Quita Pesare(s) Madre a La Humanida(d)

「イェマヤー」
（ボーカル）
イェマヤー　月と海の女王
人々の苦難を　とりのぞく
人々の苦難を　とりのぞく
（コーラス）
イェマヤー　月と海の女王
人々の苦難を　とりのぞく
人々の苦難を　とりのぞく

＊サンテリアで愛情を司る精霊イェマヤー（海の女神）は、ハバナ市街の対岸のレグアにあるカトリック教会の黒い肌の処女聖母と習合している。漁師や船乗りの守護神である。

⑨ "Vamo a la Llalla Iborere"
(solo)
Vamo a La Llalla Iborere
Si Tu Eres Elegguá, Yo Soy Shangó
Vamo a La Llalla Iborere
(colo)
Vamo a La Llalla Iborere
Si Tu Eres Elegguá, Yo Soy Shangó
Vamo a La Llalla Iborere

「ジャジャ・イボレレに一緒に行こう」
（ボーカル）
ジャジャ・イボレレに　一緒に行こう
きみがエレグアなら　ぼく（私）はチャンゴー
ジャジャ・イボレレに　一緒に行こう
（コーラス）
ジャジャ・イボレレに　一緒に行こう
きみがエレグアなら　ぼく（私）はチャンゴー

San Salvador Bendicelo
Bendice San Salvador
(colo)
Benidice San Salvador
San Salvador Bendicelo
Bendice San Salvador
San Salvador Bendicelo
Bendice San Salvador

(solo)
Ay Bendice
Ay Dio(s) Mio Bendice
(colo)
Ay Bendice
Ay Dio(s) Mio Bendice

「サン・サルバドール（救世主）にご加護を祈る」
(祈りのことば)
私は　長く険しい道を選んだ
それは　救世主　ああ神の許しを得て
エレグアが　私に　そう命じたからだ

(ボーカル)
サン・サルバドールに　ご加護を祈る
ご加護を祈る　サン・サルバドールに
サン・サルバドールに　ご加護を祈る
ご加護を祈る　サン・サルバドールに
サン・サルバドールに　ご加護を祈る
(コーラス)
サン・サルバドールに　ご加護を祈る
ご加護を祈る　サン・サルバドールに
サン・サルバドールに　ご加護を祈る
ご加護を祈る　サン・サルバドールに
サン・サルバドールに　ご加護を祈る

(ボーカル)
ああご加護を祈る～
私の神に～　ご加護を祈る
(コーラス)
ああご加護を祈る～
私の神に～　ご加護を祈る

＊エレグアはオリチャの中でもいちばん神（オロフィン）に近い存在だと考えられている。それはエレグアが神のメッセンジャーだからである。

⑦ "San Juan de Barí"
(solo)
San Juan de Barí
Me Voy a Babilonia
Me Voy a Babilonia
Porque Cristo Me Lo Ordena
(colo)
San Juan de Barí
Me Voy a Babilonia
Me Voy a Babilonia
Porque Cristo Me Lo Ordena

「バリの聖フアン」
(ボーカル)
バリの聖フアン
私はバビロニアに行く
私はバビロニアに行く
キリストがそう命じたからだ

Que Linda, Que Linda, Que Linda Coronación

(solo) desalollo
Ay Que Lindo-e, Ay Que Lindo-e Mi San Juan
Ay Ay Ay Que Linda-eeee, Coronación
(colo)
Ay Que Lindo, Ay Que Lindo Mi San Juan
Ay Que Linda, Aye Que Linda Coronación

「なんとすばらしい聖フアン」
(ボーカル)
なんとすばらしい　なんとすばらしい　聖フアン
なんとすばらしい　なんとすばらしい　聖フアン
(コーラス)
なんとすばらしい　なんとすばらしい　聖フアン
なんとすばらしい　なんとすばらしい　聖フアン

(ボーカル)
なんとすばらしい　なんとすばらしい　この列聖式
なんとすばらしい　なんとすばらしい　この列聖式
(コーラス)
なんとすばらしい　なんとすばらしい　この列聖式
なんとすばらしい　なんとすばらしい　この列聖式

(ボーカル) 軽快に
ああなんとすばらしい～　ああなんとすばらしい～　聖フアン
ああなんとすばらしい～　ああなんとすばらしい～　この列聖式
(コーラス)
なんとすばらしい　なんとすばらしい　聖フアン
なんとすばらしい　なんとすばらしい　この列聖式

＊聖フアンは、カトリック教会の聖者だが、アフロ信仰の「川のエレグア」と習合している。列聖式（コロナシオン）とは、聖フアン（エレグア）に動物の生贄《いけにえ》を捧げ、心身を清める儀式をさす。表面的にはカトリック教会の聖人を讃えておきながら、裏ではアフリカの神を讃える。

⑥ "San Salvador Bendice"
(rezo)
Yo Cogí un Camino Largo y Espinoso
Porque Me Manda Elegguá con Permiso del Salvador, ay Dios

(solo)
Benidice San Salvador
San Salvador Bendicelo
Bendice San Salvador

Siete Dia(s), Siete Noche(s)
Por Lo(s) Mundo(s) Caminado
Recogiendo Limosna Pa' Mi Viejo Babalu
(colo) con mas alta voz
Siete Dia(s), Siete Noche(s)
Por Lo(s) Mundo(s) Caminado
Recogiendo Limosna Pa' Mi Viejo Babalu

(solo)
Babaluaye Mira a Tu(s) Hijo(s) Como Están
Babaluaye Mira a Tu(s) Hijo(s) Como Están
(colo) mas rapido
Babaluaye Mira a Tu(s) Hijo(s) Como Están
Babaluaye Mira a Tu(s) Hijo(s) Como Están

「ババルアイェ」
(ボーカル)
7日と7夜
あちこち歩きまわり
老ババルのために　お布施を集める
(コーラス) ずっと高い音程で
7日と7夜
あちこち歩きまわり
老ババルのために　お布施を集める

(ボーカル)
ババルアイェは　あなたの息子たちの様子を見守る
ババルアイェは　あなたの息子たちの様子を見守る
(コーラス) もっと速く
ババルアイェは　あなたの息子たちの様子を見守る
ババルアイェは　あなたの息子たちの様子を見守る

＊ババルアイェは、身代り不動尊のように人々を難病や災難から守ってくれる精霊。

⑤ "Que Lindo Mi San Juan"
(solo)
Que Lindo, Lindo, Que Lindo Mi San Juan
Que Lindo, Lindo, Que Lindo Mi San Juan
(colo)
Que Lindo, Lindo, Que Lindo Mi San Juan
Que Lindo, Lindo, Que Lindo Mi San Juan

(solo)
Que Linda, Que Linda, Que Linda Coronación
Que Linda, Que Linda, Que Linda Coronación
(colo)
Que Linda, Que Linda, Que Linda Coronación

ンテーションから逃げた逃亡奴隷《シマロン》を連想させる。とすれば、これは逃亡奴隷を称賛する歌かもしれない。

② **“Paloma”**
(solo)
Paloma Voló, Paloma Voló
Pa' La Casa de Dios
(colo)
Paloma Voló, Paloma Voló
Pa' La Casa de Dios

(solo)
Ay Paloma Voló y Todo Lo(s) Malo(s)
Se Lo Llevó
(colo)
Ay Paloma Voló y Todo Lo(s) Malo(s)
Se Lo Llevó

「鳩が飛んでいった」
(ボーカル)
鳩が飛んでいった　鳩が飛んでいった
神の家に向かって
(コーラス)
鳩が飛んでいった　鳩が飛んでいった
神の家に向かって

(ボーカル)
鳩が飛んでいった
わざわいをすべて
一緒に運んでいった
(コーラス)
鳩が飛んでいった
わざわいをすべて
一緒に運んでいった

＊白い鳩は、サンテリアでは平和・秩序を司る精霊オバタラの象徴である。だから、この歌に出てくる「神」はキリスト教の「神」ではなく、オバタラである。

③ **“Ceiba”**
(solo)
Ceiba Hueca, Ceiba Hueca
Come (Te) Mi(s) Enemigo(s)
(colo)
Ceiba Hueca, Ceiba Hueca
Come (Te) Mi(s) Enemigo(s)

「セイバの樹」
(ボーカル)
セイバのくぼみ、セイバのくぼみ
食べておくれ　私の敵たちを
(コーラス)
セイバのくぼみ、セイバのくぼみ
食べておくれ　私の敵たちを

＊セイバの木（生命の樹）は、ヨルバ語ではアラバと呼ばれる。キューバでは、その木の根本にチャンゴーをはじめ、先祖霊やオリチャへの供物が捧げられる。

④ **“Babaluaye”**
(solo)

附録　ベンベの歌

① "Africano"

(solo)
Africano, Africano, Africanito Soy
Africano, Africano, Africanito Soy
(colo)
Africano, Africano, Africanito Soy
Africano, Africano, Africanito Soy

(solo)
Voy Buscandoe Buena Camino(e)
Voy Buscandoe Buena Camino(e)
(colo)
Voy Buscandoe Buena Camino(e)
Voy Buscandoe Buena Camino(e)

(solo)
Africano, Africano, de Lo(s) Monte(s) Soy
Africano, Africano, de Lo(s) Monte(s) Soy
(colo)
Africano, Africano, de Lo(s) Monte(s) Soy
Africano, Africano, de Lo(s) Monte(s) Soy

「おれはアフリカーノ」
(ボーカル)
おれ（私）はアフリカーノ、アフリカーノ、アフリカニート
おれ（私）はアフリカーノ、アフリカーノ、アフリカニート
(コーラス)
おれ（私）はアフリカーノ、アフリカーノ、アフリカニート
おれ（私）はアフリカーノ、アフリカーノ、アフリカニート

(ボーカル)
おれ（私）は　ただしい道を　さがし歩く
おれ（私）は　ただしい道を　さがし歩く
(コーラス)
おれ（私）は　ただしい道を　さがし歩く
おれ（私）は　ただしい道を　さがし歩く

(ボーカル)
おれ（私）は　モンテ（山）ノォ～アフリカーノォ～
おれ（私）は　モンテ（山）ノォ～アフリカーノォ～
(コーラス)
おれ（私）は　モンテ（山）ノォ～アフリカーノォ～
おれ（私）は　モンテ（山）ノォ～アフリカーノォ～

＊モンテ（山）のアフリカ人は、プラ

初出一覧

第1章　大きな緑色のトカゲとカリブ海の荒ぶる神——ふたつのアフロキューバ表象

・「大きな緑色のトカゲ」（上・下）『現代詩手帖』（思潮社）2022年1月号186-192頁、2月号116-122頁。

・「サトウキビ畑の悪魔——日系キューバ人、ラム、ギジェン」『AALA Journal』（アジア系アメリカ文学研究会）第17号、2011年12月、32-61頁。

・「キューバの離散文学——ニコラス・ギジェンの詩をめぐって」『明治大学大学院共同研究報告書——文学と思想における境界のダイナミックス』、2011年3月、24-39頁。

第2章　サトウキビ物語

・書き下ろし

第3章　カリブ海の黒い神々——変容するアフリカの宗教

・「ディアスポラの民の信仰——サンテリアのイファの思想と実践」『明治大学人文科学研究所紀要』第86冊、2020年3月、107-150頁。

第4章　ハバナのサンテリア——都市化したアフロキューバ宗教

・「ボーダー文化研究——アフロキューバ信仰の実地調査とその映画論的応用」『明治大学人文科学研究所紀要』第70冊、2012年3月、6-18頁。

第5章　サンティアゴのブルヘリア——もう一つのアフロキューバ宗教

・「ボーダー文化研究——アフロキューバ信仰の実地調査とその映画論的応用」『明治大学人文科学研究所紀要』第70冊、2012年3月、18-24頁。

第6章　逃亡奴隷の哲学

・「死者のいる風景——キューバのシマロン」『れにくさ』（東京大学現代文芸論研究室論集）第4号、2013年3月、1-7頁。

第7章　痕跡の思想——キューバの日系移民とジャマイカ移民

・「ボーダー文学研究——移民とキューバ文化」『明治大学人文科学研究所紀要』第73冊、2013年3月、94-115頁。

第8章　キューバ映画とアフロ宗教

・「キューバ革命と映画——トマス・グティエレス・アレアを中心に」杉野健太郎編『映画とネイション』（ミネルヴァ書房）、2010年12月、119-150頁。

最終章　キューバのヘミングウェイ——『老人と海』の謎を解く

・書き下ろし

＊いずれの章も、初出の論文を解体し大幅な加筆修正をおこないました。

あとがき

二〇〇九年夏に初めてキューバを訪れたときに、私は自分に強烈な印象を残すものを探していました。それで、観光ガイドブック（英語版）を片手にあちこち歩きまわりました。アフロ宗教には興味がありましたが、伝手《つて》もなく触れる機会はありませんでした。

ところが、旅の後半に訪れたエル・コブレという小さな町で、コンゴ系（バンツー語系）の人たちのベンベに遭遇することができました。真夜中に始まり夜明けまでつづく太鼓儀礼です。私はこれだな、と直感しました。

翌年の夏には戦略を立てました。ハバナでアフロ宗教（サンテリア）のババラウォ（黒人司祭）に会うべく、あらかじめその道に詳しい慶應大学の工藤多香子教授から情報とアドバイスをいただきました。

私はハバナで黒人司祭に「オルーラの手」と呼ばれる儀式をしてもらい、その司祭に弟子入りして毎日のように占いや厄祓《やくばら》いを見せてもらいました。もちろん、チンプンカンプンのことも多く、その後、毎夏司祭のもとで「門前の小僧、経を読む」を実践しました。

しかし、数年後に「門前の小僧」でいることに限界を感じて、自分も修行をしてババラウォになる決心をしました。それが二〇一三年のことです。

司祭といっても、体験だけではだめで、ルクミ語（スペイン語の影響をうけたヨルバ語）の聖句の暗記、膨大な占いの体系の勉強を毎日しなければなりません。もちろん、サンテリア関係の本も読んでいかねばなりません。

そうして少しずつキューバにおけるアフロ宗教に詳しくなってくると、一般の観光客だったころの自分には見えなかった風景が見えてきたのです。そのことをこの本で書いています。

実は、一九九〇年代の後半から二〇〇〇年代の前半に米墨国境地帯に狙いを定め、スペイン語をゼロから習い、フィールドワークをおこなって、二〇〇六年とその翌年に、アメリカ南西部で「周縁化」されているチカーノ（メキシコ系アメリカ人）たちの文化や詩を論じる本を刊行しました。二冊の本を上梓してから、次のフィールドワークの場を探そうとしました。

自分の年齢や体力を考えても、アメリカ南西部やメキシコで費やした膨大な時間（現地調査以外にも、なんの「研究成果」にもならない放浪も含まれる）を新しい土地で費やせるとは思えません。同時に、それまでのメキシコおよび国境地帯での調査や研究で培った方法論を応用できる土地と文化を探しだせば、それまでの経験から、より一層深い考察ができるかもしれない、と考えました。

とすれば、メキシコと同じスペイン語圏の植民地の歴史をもつ土地として、カリブ海のキューバ、中南米の国々を候補に挙げることができるでしょう。ブラジルも頭の片隅にあったのですが、ゼロからポルトガル語を習って調査に乗りだすのは、語学の天才で優れた文化人類学者でもある今福龍太氏や管啓次郎氏ならいざ知らず、私にはためらわれました。

キューバにはそれまで行ったことがなかったし、木村榮一氏の訳したカブレラ＝インファンテの過激な「青春小説」である『亡き王子のためのハバーナ』（集英社）や、カルペンティエルのマジックリアリズムの傑作『この世の王国』（水声社）などを読んで興味がありました。

というか、そもそもカリブ海のどこかの島に一度は行ってみたかったのです。そういうわけで、キューバを次のフィールドワークの場に選んだのは、とても恣意的なものです。同じスペイン語圏として、グアテマラやコロンビアでもよかったかもしれません。カリブ海ならばドミニカ共和国でもよかったかもしれません。

試しに二〇〇九年夏に一ヶ月ほどかけて、首都ハバナと世界遺産になっているトリニダー、東のサンティアゴをめぐってみました。

翌年からは、結局、毎年夏休みに一ヶ月ほど滞在することになりました。ときには、冬休みと春休みも調査にでかけました。そういう長い付き合いになったのは、最初に触れたようにエル・コブレでアフロ宗教の太鼓儀礼に遭遇したからです。

メキシコでの「グアダルーペの聖母」をめぐる調査から、これは深堀りすべき大鉱脈だと直感したのです。

それからあっという間に十年以上の年月がたちました。その間に折に触れて、アフロキューバ宗教や文化について共同研究やシンポジウム、講演や研究発表などをあちこちでさせていただきました。感謝の意味をこめて、代表的なものだけを記させていただきます。

明治大学大学院の共同研究や科学研究費関係で、二〇一〇年から二〇一五年にかけて、同僚の明治大学文学部・学部長の合田正人（フランス哲学）さん、名古屋市立大学名誉教授の土屋勝彦（ドイツ文学）さんとは、「ディアスポラの文学」をめぐって一緒に考察させていただきました。

国士舘大学名誉教授の松本昇さんには、二〇一一年に日本アジア系アメリカ文学研究会全国大会（青山学院大）のシンポジウム「カリブ海とアフリカをつなぐ――民間信仰と文学」に呼んでいただいて、工藤多香子慶應大学教授と一緒にキューバのアフロ宗教についてお話させていただきました。その翌年にも、同研究会で「サトウキビ畑の悪魔」というタイトルの基調講演をさせていただきました。

カリブ海のアフロ文学に詳しい愛知県立大学教授の梶原克教さんには、二〇一三年に日本英文学会全国大会（東北大）のシンポジウム「環大西洋圏の脱植民地詩学」に呼んでいただき、フランスのクレオール文学に詳しい一橋大学名誉教授の恒川邦夫さんと一緒に、カリブ海のクレオール文学について考える機会をえました。

東海学園大学教授で畏友の山本伸さんには、かれがながらくＤＪをつとめる三重県四日市のCTY-FMの〝Monday Nite GrooVe！（マンデー・ナイト・グルーヴ）〟にたびたびゲストで呼んでいただき、ふたりで楽しいおしゃべりを展開して、四日市市民の皆さんのラテンアメリカ化・カリブ化に協力させていただきました。

二〇〇六年に、山本さんの誘いで、ハイチの首都ポルトープランスで開かれたカリブ海文学をめぐる国際学会にいき、カリブ海の風や匂いを体験できたことは、私にとって大きな刺激になりました。ハイチといえば、写真家の佐藤文則さんの書物『ハイチ――目覚めたカリブの黒人共和国』や『ダンシング・ヴードゥー――ハイチを彩る精霊たち』（ともに凱風社）は、危険を顧みないジャーナリスト＝写真家の突撃ルポで、佐藤さんの本からはキューバに赴《おもむ》く前に大いなる刺激と知見を得ました。佐藤さんの写真展を明治大学図書館（生田キャンパス）で企画した管啓次郎さんのおかげで、佐藤さんご本人と知己を得ることができました。

東京女子大学名誉教授の今村楯夫さんには、二〇一四年に関西学院大学でおこなわれた日本ヘミングウェイ協会全国大会のシンポジウム「訪玖研究者によるヘミングウェイ」に呼んでいただき、本書に収録した「キューバのヘミングウェイ」の核になるものを発表させていただきました。

最後に、古代におけるアンティリャス諸島の形成については、明治大学文学部教授（地理学）の梅本亨さんから、また先史時代のカリブ海の民については、同教授（考古学）の佐々木憲一さんから、それぞれ素人の大雑把な議論を修正する、大変有益なご指摘をいただきました。

いま人類は新型コロナウィルスという疫病に翻弄されています。目に見えないウィルスの人を介した移動が感染を加速させ、ヨーロッパの都市はロックダウンを経験し、日本もまた皮肉なことに、

「緊急事態宣言」が常態化しました。いま、われわれの経験しているコロナ禍を、九・一一の同時多発テロ（二〇〇一年）や、三・一一の福島の原発事故（二〇一一年）、あるいはかつてヨーロッパを襲ったペストなどに絡めて論じる「ディザスター・ナラティヴ」が流行《はや》っています。苦しいいまをどう生きたらいいのか、そのヒントを与えてくれるものとして、過去に人類が被ったり経験した大災害や疫病体験が有益だからでしょう。

それを言うならば、過去の「人災」として、奴隷貿易や奴隷制ほど、未曾有の犠牲者をだしたものはないでしょう。アフリカの人々は十六世紀以降、「植民地主義」というヨーロッパに端を発する「疫病」に侵され、そのウィルスの移動（大西洋の中間航路）を経て、奴隷船や新天地のプランテーションで、自由の剝奪という「ロックダウン」を強制されました。

コロナウィルスは「境界」を越えてやってくる疫病です。コロナウィルスの世界的な流行は、国境という境界が比較的オープンになったグローバリズムの時代特有の現象だという人がいますが、ヨーロッパとアフリカと新天地を経由する三角貿易による奴隷売買も、複数の国境をまたいでおこなわれたものでした。

グローバリズムという言葉はなくても、「植民地」支配を画策するヨーロッパの諸帝国はそうした多重の利益回収システムを熟知していました。かくしてアフリカの人々はディアスポラの民として新天地へ拉致されたのみならず、その地でそれまで誰も味わったことがない辛苦をなめさせられたのでした。

私は新型コロナと奴隷制を同列に論じる気持ちはありません。ですが、少なくとも、奴隷たちが鞭打たれながら、サトウキビ・プランテーションでどう生きたのか、あるいは逃亡奴隷として、そうした悪意のあるシステムからどう逃げたのか、さらには奴隷の末裔たちが見えない差別と闘いながら、どのように自分たちの尊厳を失わずに、自分たちの文化を継承してきたのか、それらを知ることはコロナ禍をきっかけにして窮地に追い込まれた現代人にとっても、生きるための有益なヒントになるはずだと考えました。

アフロキューバ文学・文化・宗教にかんする本を出す計画は、すでに四、五年前に持っていました。折りあしく大学の役職がまわってきたので、一旦棚上げになってしまいましたが、二〇二〇年度にその任からはずれたので、以前の計画を実行に移すべく、かつて作った目次をひっぱりだして再構成し、それまで書いた論文やエッセイに大々的に手をいれたり、書き下ろしの章を書いたりすることにしました。時期もコロナ禍に重なり、大学の図書館がＤＸ（デジタル革命）をおこない、自宅で海外の雑誌論文を取り寄せて読むことができるようになっており、とても便利でした。

また、二〇二一年の秋から半年間、ハワイ大学で研究する機会をいただき、さらに思考をふかめることができました。ほぼ二年をかけてがらりと模様替えして、このたびようやく刊行の運びになりました。

あとで振りかえれば、本書はかつて私が大いなる知的刺激を受けた一冊の名著に対するささやかな返礼かもしれません。その名著とは、管啓次郎氏の『オムニフォン――〈世界の響き〉の詩学』（二〇〇五年、岩波書店）です。

作品社の編集者・青木誠也さんにはいくつもの貴重なアドバイスをいただきました。ここに記して感謝の意を表したいと存じます。

最後に、本書を昨秋急逝した畏友の長谷川浩（集英社『すばる』の元編集長）さんの霊に捧げます。

二〇二二年四月吉日、駿河台にて

著者識

越川芳明（こしかわ・よしあき）
1952年生まれ。明治大学文学部教授。1990年代よりアメリカとメキシコの国境地帯で混交文化をめぐる調査を行なう。2009年よりキューバに通い、アフロ宗教サンテリアの通過儀礼を受ける。2013年、サンテリアの最高司祭（ババラウォ）の位を受ける。著書に、『トウガラシのちいさな旅――ボーダー文化論』（白水社）、『ギターを抱いた渡り鳥――チカーノ詩礼賛』（思潮社）、『壁の向こうの天使たち――ボーダー映画論』（彩流社）、『あっけらかんの国キューバ――革命と宗教のあいだを旅して』（猿江商会）、『周縁から生まれる――ボーダー文学論』（彩流社）、『オリチャ占い』（猿江商会）などがある。

カリブ海の黒い神々

キューバ文化論序説

2022年8月25日初版第1刷印刷
2022年8月30日初版第1刷発行

著　者　**越川芳明**

発行者　青木誠也
発行所　株式会社作品社
〒102-0072　東京都千代田区飯田橋2-7-4
TEL.03-3262-9753　FAX.03-3262-9757
https://www.sakuhinsha.com
振替口座00160-3-27183

装　画　Wifredo LAM "The Jungle", 1943
©ADAGP, Paris & JASPAR, Tokyo, 2022 E4729
装　幀　小川惟久
本文組版　前田奈々
編集担当　青木誠也
印刷・製本　シナノ印刷株式会社

ISBN978-4-86182-926-0 C0095

【作品社の本】

蝶たちの時代

フリア・アルバレス　青柳伸子訳

ドミニカ共和国反政府運動の象徴、ミラバル姉妹の生涯！
時の独裁者トルヒーリョへの抵抗運動の中心となり、
命を落とした長女パトリア、三女ミネルバ、
四女マリア・テレサと、ただひとり生き残った次女デデの四姉妹それぞれの視点から、
その生い立ち、家族の絆、恋愛と結婚、
そして闘いの行方までを濃密に描き出す、傑作長篇小説。
全米批評家協会賞候補作、アメリカ国立芸術基金全国読書推進プログラム作品。

ISBN978-4-86182-405-0

巣窟の祭典

フアン・パブロ・ビジャロボス　難波幸子訳

麻薬密売組織の〈宮殿〉で暮らす少年の一人語りでメキシコ社会の暗部を軽妙に描いた、
ガーディアン賞新人賞候補のデビュー作『巣窟の祭典』と、
続く最新の第二作『フツーの町で暮らしていたら』を併録。
いま最も注目を集めているメキシコの新鋭作家、日本オリジナル作品集！

ISBN978-4-86182-428-9

ル・クレジオ、文学と書物への愛を語る

J・M・G・ル・クレジオ　鈴木雅生訳

未だ見知らぬ国々を、人の心を旅するための道具としての文学。
強きものに抗い、弱きものに寄り添うための武器としての書物。
世界の古典／現代文学に通暁し、人間の営為を凝縮した書物を
こよなく愛するノーベル文学賞作家が、その魅力を余さず語る、
愛書家必読の一冊。
【本書の内容をより深く理解するための別冊「人名小事典」附】

ISBN978-4-86182-895-9

【作品社の本】

すべて内なるものは

エドウィージ・ダンティカ　佐川愛子訳

全米批評家協会賞小説部門受賞作！　異郷に暮らしながら、
故国を想いつづける人びとの、愛と喪失の物語。四半世紀にわたり、
アメリカ文学の中心で、ひとりの移民女性としてリリカルで静謐な物語をつむぐ、
ハイチ系作家の最新作品集、その円熟の境地。

ISBN978-4-86182-815-7

ほどける

エドウィージ・ダンティカ　佐川愛子訳

双子の姉を交通事故で喪った、十六歳の少女。
自らの半身というべき存在をなくした彼女は、家族や友人らの助けを得て、
悲しみのなかでアイデンティティを立て直し、新たな歩みを始める。
全米が注目するハイチ系気鋭女性作家による、愛と抒情に満ちた物語。

ISBN978-4-86182-627-6

海の光のクレア

エドウィージ・ダンティカ　佐川愛子訳

七歳の誕生日の夜、煌々と輝く満月の中、
父の漁師小屋から消えた少女クレアは、どこへ行ったのか――。
海辺の村のある一日の風景から、その土地に生きる人びとの記憶を織物のように描き出す。
全米が注目するハイチ系気鋭女性作家による、最新にして最良の長篇小説。

ISBN978-4-86182-519-4

地震以前の私たち、地震以後の私たち
それぞれの記憶よ、語れ

エドウィージ・ダンティカ　佐川愛子訳

ハイチに生を享け、アメリカに暮らす気鋭の女性作家が語る、母国への思い、
芸術家の仕事の意義、ディアスポラとして生きる人々、そして、ハイチ大地震のこと――。
生命と魂と創造についての根源的な省察。カリブ文学OCMボーカス賞受賞作。

ISBN978-4-86182-450-0

【作品社の本】

骨を引き上げろ

ジェスミン・ウォード　石川由美子訳　青木耕平附録解説

全米図書賞受賞作！　子を宿した15歳の少女エシュと、
南部の過酷な社会環境に立ち向かうその家族たち、仲間たち。
そして彼らの運命を一変させる、あの巨大ハリケーンの襲来。フォークナーの再来との
呼び声も高い、現代アメリカ文学最重要の作家による神話のごとき傑作。

ISBN978-4-86182-865-2

歌え、葬られぬ者たちよ、歌え

ジェスミン・ウォード　石川由美子訳　青木耕平附録解説

全米図書賞受賞作！　アメリカ南部で困難を生き抜く家族の絆の物語であり、
臓腑に響く力強いロードノヴェルでありながら、生者ならぬものが跳梁する
マジックリアリズム的手法がちりばめられた、壮大で美しく澄みわたる叙事詩。
現代アメリカ文学を代表する、傑作長篇小説。

ISBN978-4-86182-803-4

外の世界

ホルヘ・フランコ　田村さと子訳

アルファグアラ賞受賞作！〈城〉と呼ばれる自宅の近くで誘拐された大富豪ドン・ディエゴ。
身代金を奪うために奔走する犯人グループのリーダー、エル・モノ。彼はかつて、
“外の世界”から隔離されたドン・ディエゴの可憐な一人娘イソルダに想いを寄せていた。
そして若き日のドン・ディエゴと、やがてその妻となるディータとのベルリンでの恋。
いくつもの時間軸の物語を巧みに輻輳させ、プリズムのように描き出す、
コロンビアの名手による傑作長篇小説！

ISBN978-4-86182-678-8

密告者

フアン・ガブリエル・バスケス　服部綾乃・石川隆介訳

「あの時代、私たちは誰もが恐ろしい力を持っていた——」
名士である実父による著書への激越な批判、その父の病と交通事故での死、愛人の告発、
昔馴染みの女性の証言、そして彼が密告した家族の生き残りとの時を越えた対話……。
父親の隠された真の姿への探求の果てに、第二次大戦下の歴史の闇が浮かび上がる。
マリオ・バルガス＝リョサが激賞するコロンビアの気鋭による、あまりにも壮大な大長篇小説！

ISBN978-4-86182-643-6

【作品社の本】

カリブ海アンティル諸島の民話と伝説

テレーズ・ジョルジェル　松井裕史訳

ヨーロッパから来た入植者たち、アフリカから来た奴隷たちの物語と、
カリブ族の物語が混ざりあって生まれたお話の数々。
1957年の刊行以来、半世紀以上フランス語圏で広く読み継がれる民話集。人間たち、
動物たち、そして神様や悪魔たちの胸躍る物語、全34話。【挿絵62点収録】

ISBN978-4-86182-876-8

朝露の主たち

ジャック・ルーマン　松井裕史訳

今なお世界中で広く読まれるハイチ文学の父ルーマン、最晩年の主著、初邦訳。
15年間キューバの農場に出稼ぎに行っていた主人公マニュエルが、ハイチの故郷に戻ってきた。
しかしその間に村は水不足による飢饉で窮乏し、ある殺人事件が原因で人びとは二派に別れて
いがみ合っている。マニュエルは、村から遠く離れた水源から水を引くことを発案し、
それによって水不足と村人の対立の両方を解決しようと画策する。
マニュエルの計画の行方は……。若き生の躍動を謳歌する、緊迫と愛憎の傑作長編小説。

ISBN978-4-86182-817-1

黒人小屋通り

ジョゼフ・ゾベル　松井裕史訳

ジョゼフ・ゾベルを読んだことが、どんな理論的な文章よりも、
私の目を大きく開いてくれたのだ――マリーズ・コンデ
カリブ海に浮かぶフランス領マルチニック島。農園で働く祖母のもとにあずけられた少年は、
仲間たちや大人たちに囲まれ、豊かな自然の中で貧しいながらも幸福な少年時代を過ごす。
『マルチニックの少年』として映画化もされ、ヴェネツィア国際映画祭で銀獅子賞を受賞した
不朽の名作、半世紀以上にわたって読み継がれる現代の古典、待望の本邦初訳！

ISBN978-4-86182-729-7

ようこそ、映画館へ

ロバート・クーヴァー　越川芳明訳

西部劇、ミュージカル、チャップリン喜劇、『カサブランカ』、フィルム・ノワール、
カートゥーン……。あらゆるジャンル映画を俎上に載せ、解体し、魅惑的に再構築する！
ポストモダン文学の巨人がラブレー顔負けの過激なブラックユーモアでおくる、
映画館での一夜の連続上映と、ひとりの映写技師、そして観客の少女の奇妙な体験！

ISBN978-4-86182-587-3